THE OHMAE REPORT

Toward a fundamental restructuring of Japan

新 大前研一レポート

JAPAN MUST CHANGE FUNDAMENTALLY:

From a Nation first to People first country

From a centralized to decentralized Doshu republics country

From the iron-triangle of political-industrial-bureaucratic society
to a deregulated and transparent market-mechanism

From the logic of suppliers and producers to the logic of citizens and consumers

From Japanism to Globalism

講談社

新・大前研一レポート——目次

〈第二部〉

装幀　川上成夫

まえがき

日本経済の構造的異常

自民党に替わる連立政権が誕生して、世の中は「変化」に対する期待であふれている。細川内閣に対する支持率は史上最高となっている。だから、すでにもう変化は起きた、とする考え方も理解できる。しかし変化というものを成果、結果で見ることなしに、変化の兆しだけで喜ぶのは早計だ。なぜならベルリンの壁が崩壊した時に、その変化に飛びついたドイツ国民や西側陣営は、その結果のもたらす意味の深刻さに、いまさらのように驚き、かつ落胆しているのである。コール首相も一時はアデナウアー首相以来の英雄となったが、今では見る影もないレイム・ダックになってしまった。ゴルバチョフもペレストロイカでソ連に大変化を誘発したが、着陸できずにソ連はバラバラになってしまった。ゴルバチョフの独裁を批判したエリツィンもまた、今や議会を解散させ、ゴルバチョフと同じ独裁者になった。

「変化」を叫んでブッシュに大勝したクリントンを待っていたのは「変化」の難しさを知ることであった。またクリントンは大統領になるのに専念していたため、その内閣の人事をみればお粗末、の一言である。これでは「変化」は起きない。日本もヨーロッパも停滞気味でアメリカは相対的に調子良く見えるのでクリントンは救われているのだ。しかもアメリカ企業が比較的強く、株式市場も問題を抱えながらも史上最高値をつけている。これらがまさにクリントンの批判したレーガン、ブッシュの共和党政策（規制緩和、市場の自由化）の結果この一〇年間アメリカ企業に吹き荒れたリストラの成果だ、というのも皮肉なことだ。

日本やヨーロッパの抱えている問題はかなり構造的なものである。行革審の鈴木永二会長が「規制緩和こそ最大の景気刺激策」と喝破したように、今の不景気は官僚が市場をいじくりまわし、政治家がニューディール作戦（土木工事主体の景気浮揚）をやりすぎたからである。

日本の経済は異常なのだ。個人貯蓄が六〇〇兆円、GDPの二倍もある一方で、倒産する企業や破産する個人が急増している。その個人貯蓄が株式に向かわず安定性の高い債券や郵便貯金や割引金融債などに向かっている。住宅事情が劣悪なのにその改善に向かわずひたすら貯蓄に回っている。老後の備え、とはいうが、今の日本の年金は額だけみれば北欧さえ上回っている。失業保険一日分でオーストラリアの労働者一週間分の賃金に相当する。円高で輸出競争力が落ちた、と言われているのに当の企業は輸出をやめない。そのため企業の事業収益は大幅な赤字になっているのに、国全体では大幅な輸出超過、貿易黒字である。

それもそのはず。不況で輸入が一向に増えないからである。そこでますます円高に、とこの矛盾は拡大の一方である。円高対策は内需拡大、と決まり文句のように言って輸入とはまるで関係ない過疎地の利益誘導型大規模土木工事をやる。国民の七割が居住する都市、郊外部は疎外されたままである。

値下げを阻むカルテル

一九八五年のプラザ合意の時二三五円であったドルが一〇〇円近くなっても、電気代やガソリン代は下がっていない。しかし第一次、第二次エネルギー危機で原料が高騰した時にはすぐに値上げした。この一年だけみても円が一三五円から一〇〇円になれば、ガソリン代は一リットル一〇〇円を割っていなくてはならない。しかしそんな話はまったく出てこないどころか、最近ではきれいなガソリンスタンドがやたら目につく。自分たちの設備投資にまわしているのだろう。しかも石油危機の直後六万軒あったサービスステーション（ＳＳ）の半分は赤字で、当然倒産、淘汰されると言われながら、どっこい最近では皆オンブにダッコで蘇生してしまった。しかも床屋みたいにカルテルを組んで営業は夜八時まで、とか日曜日は一斉に閉めて、なんて利用者にソッポを向いたことをやっている。

最近長野県の国道二〇号線で夜八時頃ガソリンがなくなり、スタンドを探したがどこも申し合わせたように閉まっている。しかたなく人の車に乗せてもらい、さらにポリ容器をもって四〇分も探し回ってようやく県境に一軒農協系のスタンドがあいているのを見つけた。夏のピークシーズンに、幹線道路でもこの状況なのである。県外の人でもこの県を通過するときは、県のＳＳが決めた操業時間のカルテル申し合わせ事項ぐらい理解していろ、と言わんばかりである。諸外国ではこれと反対の方向、すなわちスーパーやＳＳの二四時間営業とクレジットカードなどによる無人化の方向にどんどん行っている。競争が厳しいので経営の近代化をやらなくては生きていけない。それでアメリカのガソリン代はいま一リットル三〇〜三五円だ。クリントンの大増税と大騒ぎしたものも、一リットル二円にもならなかった。日本では円高差益還元と称して五円下げたところで一三〇円である。最近会ったあるアメリカのメジャーの会長の言葉が耳に残る。

「中近東から日本に持ってきている石油が、アメリカと同じ値段で日本で売れない理由はない。私たちの自由にさせてくれれば……」

省力化をしてサービスレベルを上げる、という発想が日本の官庁にはないのである。銀行のATMを例に出すまでもなく、機械でさえ営業時間についてのカルテル的申し合わせをしてしまう。

すべては役所の自作自演

役所、そう役所がこの国を著しくおかしくしているのだ。ここにあげたすべての例が役所の自作自演なのである。宅地など供給する気になれば有り余っているのに、大規模土地所有者の論理、供給者の保護を先に考える。農地の宅地並課税までしておきながら、宅地転用を促進する法律がない。東京近郊には三万五〇〇〇ヘクタールの緑地化指定農地があるが、今は誰も売ろうとせず、値上がりを待っている人さえいるという。不要な土地を企業がため込んでいても別に何らマイナスにはならず、単にバランスシートの資産に計上されているだけである。株主からこれを換金せよ、という圧力が加われば、それを抵当に借入金が得られる。土地は売る必要がないから市場に出てこない。また転売しようにも懲罰的な税制があって、せっかく値上がりしてもメリットが手元に残らない。わが国では土地が回転しないのである。不動産が流動化しないのである。たまたま八〇年代後半の過剰流動性の最中に地上げ屋などが土地転がしをやったために、従来にも増して懲罰的な税制ができてしまったのだ。

それは金融政策の失敗を税制で解消しよう、という緊急避難的なものであったはずである。しかし、わが国においては法律はひとたびできると未来永劫と言ってよいほど変わらない。そのため、あたりまえの人があたりまえのことをする（たとえば一生懸命働いていい家を買う）ことが異常に難しくなっているのである。

年収の五倍で四人家族の家を持つ。一二〇〜一五〇平方メートルの広さは必要だ。通勤時間も六〇分、いやできれば四五分くらいのところに。夫婦共稼ぎなのでマイカーと五〇〇CCくらいのミニカー二台分の駐車場は欲しい。週末には何かスポーツやレクリエーションをしたい。年に一〜二回は家族旅行も。そして子供とも受験以外の話をしたい。遊びもしたい。そんな生活者の立場からの、あたりまえの生活を、どうしたら実現できるのか、それだけを真剣に考えている役所がないのである。またそのような立場に立って考え、行動している政治家も見当たらない。何も生活者と提供者は対立、葛藤する必要がないのに、あえてすべてを中央集権的提供者の論理で担当業界への利益誘導を先に考えてしまう仕組みができあがっているのである。

電力について言えば、ついに日本はOECDの中で、またアジア諸国と比較して最も高い電気料金の国になってしまった。しかもそれを〝民営化〟した独占企業がやっている。最近では小規模で安価なコ・ジェネレーションなどの技術も開発されているが、わが国においては自家発電は認められているが電気を売ることはできない。地方自治体が自分たちでこの事業に参入することもできない。ましてや外国企業がここに入ることもできない。のみならず、政府は不景気になると傘下の電力会社に設備投資の上乗せを依頼する。事業計画ができ上がっていても一五〇〇億円もの上乗せを政府が要求するのである。もちろん重電系の民間企業もそのおこぼれを頂戴するわけだから、そんな局面で財界は「株主利益を無視した政府の不当な介入」なんてヤボなことは言わない。それどころか、今度はその一五〇〇億円をめぐって受注合戦を繰り広げるのである。その結果、重電メーカーの電力担当の役員は、やがて社長となり会長となる。それで財界活動に入ってゆけば、昔商売で頭を下げた上得意客の電力会社の面々がズラッとご列席である。こんな時に自分の考えを言おうものなら現在の商売にもさしさわりがある、と遠慮しているうちに、経団連はじめ日本の全地域別経済団体連合会の会長は九電力出身者で占められてしまった。

リップサービスばかりの行政

つまり政・官・財の三権癒着と言うが、その原因の源流を探ってゆけば、(各党の)申し合わせや(生活者重視などの)スローガン、自民党から連立政権へ、なんてことで自動的に変わるような代物ではないのである。日本株式会社のルーツ、明治以来の「富国強兵」、そして戦後の「GNP信仰」の中で人々がその恩恵を十分に受けてきた産業優先的考え方、そしてそれを中央集権的に国家政策としてやること、その「最も日本的なもの」にまで行き当たるのである。しかもそのうちの一方である中央集権ということについて言えば、さらに三〇〇年近い「参勤交代」という世界史的にも類のない長期安定政権下での地方の飼い殺し的国家運営手法があるのだ。「陳情は現代の参勤交代！」とはある北陸の地方紙の東京づめ記者の感嘆詞だが、まさに予算編成一つとっても、この国のシステムは生活者や地方が主人公であったことは一度もないのである。

土地は余っており暴落の危険性さえある。しかし、暴落すればバブルで踊った会社や金融機関が危なくなる。だから土地を下げて住宅を安価に、という生活者のことより、提供者の論理を振りかざして、いかに株価を上げて銀行が倒産しないようにするか、ということしか眼中にない。しかしそれだけでは景気刺激にはならないから、緊急予算では住宅ローンもドンドン出す。しかし肝心の土地がない。首都圏では平均年収の五倍、三五〇〇万円で一〇〇平方メートル以上の家を買うには通勤九〇分は覚悟しなくてはならない。一生の勤務時間が八万時間であるとすれば、この通勤時間は実に三万時間にも及ぶ。いつまで政治はこれを放置し、生活者を無視し続けようというのだろうか。その満員の通勤電車の窓から、延々と続く（値上がり待ちの）宅地化用緑地を眺めて通うのである。住宅建設費も坪三〇万〜四〇万円くらいでなくてはならない。しかし今の相場は七〇万円以上である。本当に流通の簡素化、輸入資材の自由化、新規参入の自由化をすれば、坪二〇万円でも可能である。政治や行政はこの一点だけにでも集中してやってくれれば良質な住宅を廉価に、という生活者の希望はかなえられる。しかしここでもアメリカに強く求められた大型プロジェクトへの入札自由化ぐらいしか、つまりリップサービスくらいのことしかやっていない。

経済を好転させるゆとり

私は国民以外に代弁する機関のない「国民生活省」をすべての省庁の上位概念として創設せよ、と『平成維新』（平成元年）の中で述べた。つまり政・官・財の鉄の三角形に組み込まれている今の省庁ではサイレント・マジョリティーのことを四六時中考えてくれる、というわけにはいかない。役所はそれなりに立派な仕事をしてきたが、今の日本の経済、国際社会における役割、国民生活における数えきれないいくらいのゆがみ、自助努力をしない地方や企業の信じられないくらいの甘え、公共工事から発生する利権と腐敗の構図。そのどれを取っても国家運営のゼロベースでの改革しか日本を変える方途《みち》はないと思う。

産業界は景気対策が先だ、と言うが、それ自身がカンフル剤指向なのである。今の富める日本、通貨が独歩高となった日本で景気対策を叫ぶこと自体、異常なことなのである。

自然にしていれば景気はよくなるのである。今の不景気を作ったそもそもの原因が、日本型国家運営の行きづまりを示しているのである。消費不足と言うが、今の日本家庭には物があふれている。誰も餓死はしていない。バブル時代のようなぜいたくはしなくなったが、必要な衣類や食料を切りつめているわけではない。今私たちが必要としているのは四台目のテレビと新型の自動車などではなく、ゆとりなのである。

そう、家族団らんというゆとり、一人ずつが自分の空間を持ち、自分の時間を持つというゆとり、週末にリフレッシュするゆとり。三世代世帯（二つの台所）で可能になる夫婦二人だけの時間、というゆとり。また仕送りであれ、共同生活であれ親の面倒をみる、というゆとり。老後の愉《たの》しみを今からはじめておこうという、趣味、スポーツ、研究などにおけるゆとり。受験、学歴以外にも人生には大切なことがある、とわが子に教えてあげられる（強がりではない）ゆとり。会社の同僚とも仕事以外のつきあいをするゆとり。会社以外の人と知り合う時間的、精神的ゆとり。主婦が家事と子育てから大幅に解放され、より充実した人生を一人の人間として、妻として、母として、子として味わうゆとり。また独身を通す人には世間から変な目で見られずに自分のライフスタイルを確立できる環境。一ドル一〇〇円の日本は、このようなゆとりを十分に享受できる国なのだ。本当に国民がその主役となり、また政府を抜本的に作りかえる主体的努力を惜しまなければ。

おもしろいことに、このようなゆとりがより自然な形で新しい消費をもたらし、経済は好転するのだ。大きな家、充実した家具、二つの台所、通勤通学電車の複々線化、渋滞解消の道路建設、駅前や公共の場所における大駐車場、駐輪場、一家に二台の車、週末の小旅行、（海外旅行も含む）長期リフレッシュバケーション、サマーキャンプ、ウィンタースポーツ、マリンスポーツ、読書、サークル、マルチメディアを使った自宅学習、大規模なシルバータウン、充実した医療、在宅ヘルスケア、廉価なベビーシッターやヘルパー派遣……新しい事業には際限がない。人々は金もあり、また能力もあるのである。価格と価値が一致していないので今のところ誰も手を出せないだけなのだ。

そう、この日本においては経済の仕組みそのものを自由化することによって、よりよいサービスがより安く提供できるようになることによって、まだまだ消費は誘発され、景気も少なくとも一〇年以上にわたって伸び続ける。それだけ「満たされぬもの」が豊富にあるのである。今政府のやろうとしている減税や赤字国債などは的を射ていない。政府主導の景気対策は結局カンフル剤にすぎない。そして今の制度のもつ本質的な消費不足（というより欲しいものは高くて手が出ず、手の出るものはすでにある）と国際的孤立、という点が解消されぬまま、日本は国民から巻き上げた血税をPKOやODAで世界中にバラまく見栄っぱりの成金国家に成り下がってしまうのだ。そうした屈辱には耐えられない、という浅薄な連中は大国日本の役割、なんて言ってPKOからPKF、国連軍への参加、安保理常任理事国入り、という誤った道を選択するだろう。

マフィア化する官僚組織

今一つはっきりしていることは、日本の生活者が本当に私の言うような生活をする、ということは単に景気がよくなるだけでなく、世界各国の日本市場への依存度が増し、孤立を避けるためにも大いに役立つ、ということである。日本は自然体になれば一〇〇〇億ドルもの黒字を毎年貯め込むことはなくなる。政・官・財の鉄の三角形が実に巧妙に（主として非関税）参入障壁を張り巡らしているから黒字がたまるのだ。また旧来の労働慣行から一歩も踏み出せないので赤字をたれ流しながらも飢餓輸出を続けていかなくてはならないのだ。

最近ある家電メーカーが、今の景気ではどうしても労働力が余るので、この人たちに大工や左官の技術を学んでもらい、大規模かつ良質、廉価な住宅提供事業に参入した、と聞いた。平均一二〇平方メートルで通勤四〇〜五〇分、しかも年収の七倍の価格をめざす、と語るその経営者の目は輝いていた。資材なども直接アメリカ、オーストラリア、カナダなどから調達し、中間の業者は入れない、という。これが実現すれば、あとは土地の供給をもっと円滑にし、交通体系をスピードアップすれば（年収の五倍を目標にしている）「平成維新」にグッと近づく。

しかし、このような新しい試みを敢行しようとする企業がこれから遭遇するであろう規制や行政の介入のことを思うと、そう楽観はできない。つまりこの国はある意味で今の中国やロシアと同じようなマフィア社会なのである。中国では官僚マフィア、軍部マフィアが自由経済の恩恵を独り占めにし、拝金主義が国をだめにしている。共産主義とか、人民共和国なんて聞いてあきれる官僚の横暴は無政府状態に近い惨状である。最近広州の街を歩いていたら急にあたりが静かになって人がサッと引けたように思われた。見るとそこにはメタリックのベンツがかなりのスピードで人々をかき分けるように走っている。中国人の同僚がその後ろを指して言う。「あの車を見てください。ナンバープレートがついていないでしょう。あれはよほどの人です。トラブルに巻き込まれたくないので人々は避けているんです」。いくらアメリカのアル・カポネでも日本のヤクザの大親分でもプレートをつけずに街を疾走するなんてことはできないだろう。今の中国ではカネさえあれば権威さえも買えるのである。

ロシアにおいてもゴルバチョフ、エリツィン革命の唯一の土産物はマフィオッソと呼ばれる新エリート成金層の出現であろう。やっていることは商流を通じた利権によるピンハネである。

日本の官僚は、特に戦後人々の貧しかった時には今の中国やロシアのようなことはやらなかった。今もそれほど規模や程度からいえば悪くないのかも知れない。また官僚で大金持ちになっている人もあまり見当たらないので、個人としての官僚を責めるのも気の毒な気がする。それだけにチビチビ民間にたかったり、また存在感を示すための縄張り的いやがらせや、天下りなどに見られる業界許認可指向の持つ国家的マイナス、自分たちも豊かでないからと、国民生活者全体を不便、不快、不安な状態に放置し、かつ自由な経済やゆとりある生活をできなくしている、というジワリとくる弊害、しかもそれから個々には逃れられない、というまさにソフトなマフィア組織となっている。

企業人も、政治家も、あるいは善良な官僚も、若くて新鮮さを失っていない時には皆、自由主義、市場原理、小さな政府なんてことを言うのだ。しかし経験ができ、人脈ができ、分別がつくころには、この鉄の三角形にドップリつかっており、またその方が楽だ、というようになっている。新政府、連立政権もまた自民党と同じように、その三角形の一角をめぐってすでに動き始めている。野党自民党独りにこれを占拠させておく法はないからである。だから鉄の三角形を打破し、国民生活者のための国をつくろう、という声は生活者重視、地方自治などというスローガンでは聞こえてくるが、実際今のガラス細工のような政権では実現できないだろう。

対症療法で政治はよくならない

恐らく今の連立政権は、歴史的にみれば良いところも多くあったが弊害の目立ってきた自民党の一党支配に終止符を打った、という評価に尽きるのだと思う。本文中でも述べるが、連立政権でやろうとしている小選挙区比例代表並立制やその変形、亜形のものには中選挙区制にはないメリットもあるが、今までにはなかった新たなデメリットを生む可能性も高い。小選挙区制の弊害の目立つお隣の韓国では、日本を見習って中選挙区制にすべきだ、という意見が次第に多くなってきている。小選挙区制の持つデメリットに対して（政権維持だけでも労力をすり減らしてしまう）八党連立政権が謙虚に対策を盛り込むだろうと、期待する方が無理というものだ。

やはり「平成維新」はそのことだけを信じ、またいかに苦労があろうともそれをやることを公約した人たちが国会で多数を握らないと本当には成し遂げられない、と覚悟すべきだ。もちろんほとんどすべての政治家が生活者重視と地方自治を唱和してくれるようになったのは良い傾向だ。しかし、私が繰り返し述べてきたように「平成維新」の対極をなす今日の日本株式会社の鉄の三角形は、六法全書のいたるところにはりめぐらされたその根の深さといい、また司法、行政、立法の三権の隅々まで長いものに巻かれるようにできている完成度といい、対症療法的手法を繰り返しても簡単に直るものではない。官僚に規制緩和のリストの提出をお願いしているようでは、変革など望むべくもない。

生活者のための国づくり、と一言で言うが、それがどのくらい大変なことなのかは本書を読んでいただくと分かってもらえるだろう。なぜなら今あるものの悪い点を一つ一つ直していっても良いものは出てこない。法律に裏打ちされた今の政治、行政のやり方を変えるためには新たな立法行為によって、もとのやり方をやめさせるだけではなく、生活者のために本当に政治家や行政官が行動せざるを得ないような新しい法体系を構築しなくてはならない。

この国には平成四年の三月三一日現在で一万九四二の許認可等事項があった。前年から二二五も増えているのである。しかしその前の八年間の平均では、年間五〇〇も増えている。そんな国で官僚の出してきた九四の規制緩和事項を仮に実行したところで、どれだけの効果があると思っているのだろう。

本書で述べる八三の法案を一つでも多く、しかも大切なものは優先的に通していかなくてはならない。この国では法律を変えなくては何も変わらないのだ。官僚にお願いしたり、委員会が行政改革案を出したって変わらない。官僚たちの試合のルールを変えなくてはならない。つまり立法によってしか、この国は変革できないのだ。しかもその立法行為までが今では官僚の独占物になっている。内閣法制局の方が、衆議院法制局よりははるかに強力なのだ。議員の大半は議員立法のやり方さえ知らないのだ。議員や大臣の中には景気対策をやるなどと大きなことを言っている人がいるが、本気なのだろうか。予算に景気対策的なものを盛り込んでみても、またリップサービス的に生活関連を重視、なんてキャッチフレーズをつけてみても、せいぜい（本予算ではなく）補正予算の一五〜二〇％程度が変わるだけである。しかもそんなカンフル剤では本格的な景気対策にはならない。この国の持っている本質的な復元力を信じて思い切って行政の主導権を地方に、主権、選択肢を国民生活者に与えることをしなくてはならない。しかもフランス革命やアメリカの独立戦争のように、わが国においても民衆が民主主義を勝ち取った、という経験を、つまり鉄の三角形から主導権を地方と生活者が勝ち取っていったという成功体験を、このプロセスを通じて積んでゆかねばならない。この国においては政治や行政は与えられたもの、お上のもの、という認識が強い。これを私たちの手で変えなくてはならない。

マッカーサーの与えてくれたものを部分修正もせずに、いまだにそのまま、その限りにおいて使っている。そのようにして出てきた誰の目にも明らかなほころびを自分の責任において、何としても変えていこう、とする人はまだ少数である。しかも多くの国民が最近では政治も行政も信用せず、かつ「税金払ってんだから面倒くさいことは適当にやってくれ」、「困ったときは助けてくれ」、「自分に関係ないことはいちいち相談しないでくれ」という政治代行サービス、行政代行サービスを雇うような感じにさえなっている。民主主義が国民の政治参加によって成り立つものだ、という認識がまだ薄いのである。

もちろんその反面、何とかしなくては、と思って「平成維新の会」などの活動に参加してボランティアで一生懸命やってくれる人も、わずかではあるが増えてきている。問題は臨界値だ。私は昨年の一一月に一〇〇万人の会員が立ち上がれば「平成維新」は達成できると言った。今年になって衆議院選挙を一回経験し、また仙台や堺の市長選などから地方選挙にも積極的な〝平成維新派〟を推薦するようになった。このような経験を通じて、変革の臨界値は三〇万人ではないか、と思うようになった。というのはすでに都心部などでは会員の数が多く、活動も活発なところが出てきている。そんなところでは今の数でも十分に選挙で推薦した候補者を応援することができる。問題はむしろ都市部で良い候補者、推薦に足る候補者が少ないことと、良い候補者のいるところでは会員の数や組織力が十分でない、という点である。しかしこれも貴重な経験を重ねながら一つ一つ克服していく計画である。

日本再構築はこれからが本番

二〇〇五年までに〝世界から信頼され、自分たちも誇りの持てる国〟をつくろうという思いと、それが確かに可能だ、との考え方はこの一年でいっそう強まった。昨年「平成維新の会」発足の時に既存政党はすでに崩壊過程に入った！　と叫んだ時にはマスコミも含めて、ほとんどすべての人が「変わらなきゃいけない、という点は分かるが、とてもこの日本では変わりませんよ」というトーンであった。今やその点については説得する必要もなくなったが、新たな問題も出てきている。多くの友人や知人から「大前さんの言うようになりましたね」とか「平成維新おめでとう」なんて祝福さえされているのである。つまり変革についてのエネルギーがどこかでプッと抜けたような、まあここでひと休みして新政権のお手並みでも拝見してみよう、という感じになっているのである。坂道でエンストしズルズル下り始めていた車がようやく直ったというだけで、登る努力もしないで、もう頂上間近、という感じになっているのである。

「平成維新」すなわち本当にゆとりある人生を暮らせるような生活者中心の日本をつくるためには、そしてまた真に自立した地方をつくり上げ、世界から再び信頼される国をつくるためには、本当の作業はこれからなのである。日本は変わりようがない、という最初の心理的障害は取り除かれたが、新たなものを構築しなくてはならない、その肝心の作業はすべてこれからなのである。その際「平成維新」の実現を約束してくれる候補者を一人でも多く国会に送り込み、党派と関係なく生活者主権と地方自治に関する立法をやってもらわなくてはならない。

本書に掲載した八三本の法案のスケッチは、今回「平成維新の会」の推薦を受けて当選した八二人の代議士に、去る八月一〇日の日に祝賀会を兼ねて説明し、手渡した。もちろんこれを法案とするためにはこれから専門家も入れ、また衆議院や内閣の法制局の協力も得ながら作業をしていかねばならない。しかし何より大切なことは、こうした立法行為を通じて、われわれがどのような国づくりをめざしているのか、その目標とするものがどんなものなのかを明らかにし、またその実現を阻んでいるものが何であり、どのようにしたらその障害が取り除けるのかを誰の目にも分かるようにすることだ。

「平成維新の会」では毎月一回アドバイザーの方々の意見を聞く機会があるのだが、去年の一一月以来、これらの諸先生方が一貫して私に対して忠告してくれたことは、超党派議員による「平成維新」の法案提出であった。私もこれらの人々の好意ある忠告を聞き、自分の余暇のほとんどすべての時間をこれにあてた。今の国会における決まりでは、二〇人以上の議員がまとまれば議員立法のための法案提出をすることができる。予算をともなうものは五〇人である。「平成維新の会」の八二人の推薦議員や賛同者が協力すれば、いくつでも法案を提出することが出来るのである。

私は本書で述べた八三本の原案のうち比較的易しいと思われるものについては、数名の議員がアメリカのようにその人の名前を冠《かぶ》せて立法したらどうだろう、と思っている。渋滞解消法というかわりに田中・佐藤法案と呼べば、その恩恵をこうむる人々は田中さんと佐藤さんのことをいつまでも忘れないだろう。政党が法案を独占し、党議拘束をかけてそれを通す、という時代では明らかになくなっている。特に「平成維新」関連法案は保守、革新という区分けにもなじまないし、自民党的、新生党的という区分けにもなじまない。むしろ私はすべての政党にわれわれの提案を先を争って通してもらい、その功績を競ってもらいたいと思っている。名前やスローガンだけの盗作はごめんこうむりたいが、本当にここで提案したものを通して、生活をよくしてくれるのならどの政党でも、また推薦議員でも、その他の議員でも大歓迎である。要はこの国が変わればよいのであって、自分の手柄にしたり、「平成維新」のブランドを刷り込むつもりはない。

潜在力を変革に生かせ

読者諸氏におかれても、私のたたき台をさらに良いものにし、私の考えに誤りがあれば大いに修正していただきたい。民主主義は政治に参加することからはじまる。

変化を希求する人が多ければ多いほど、またその希求が明示されればされるほど変化は早く起きる。文句だけを言ったり、あきらめたりしてはいけない。日本の持つ潜在力を本当に私たちのため、あるいは世界のために使っていく意志があれば、今は役人も、業界も、政治家も、いかようにも変わり得るのだ。既存政党や省庁、経営者が自信をなくしている、ということは本気でかくあるべし、という提言を引っ提げて一気呵成にかけ上がれば、本当に大きな変化が起こるものだ。変わり得る、ということをすべての人が実感している今こそ、方向はこれだと言ってその流れを正しい方向にもっていかないと、一党支配時代の自民党と同じものが二つも三つも出てきたり、（一つにまとまっているとは言っても）いつか来た道という大政翼賛的な衆愚的、かつ専制的な体制に早変わりしてしまうだろう。

きっと変わる。しかしその方向を変え、その変化に意味を与えるのは私たち自身でなくてはならない。

終わりに、講談社学芸図書第三出版部の富田充部長、須藤寿恵さんに心から感謝する。富田部長の建設的批判と須藤さんの献身的とも言える熱意がなかったら、本書は世に出ていなかったろう。

大前研一

第一部

第一章　日本の将来

リーダーに見る歴史の皮肉

世の中の指導者と言われる人には、歴史を変える人と歴史の変化に逆らう人がいる。しかも歴史はそれ自身で一つの力を持っている。今、日本を取り巻く国際環境は、日本のどんな保守的な指導者が逆らおうとしてもできない大きな力を持っている。国内優先でやろうとしても、それが許されない通貨や貿易などを通じた国際的なシステムが、国の隅々にまで深く入り込んでいるからだ。だからこそ歴史の皮肉というのはタカ派のニクソンが中国との国交回復をやったり、レーガンが「強いアメリカ」政策でソ連との対決姿勢を強め、結果的にゴルバチョフと抱き合うことになったりする。

ブッシュ「外務大臣」を批判、内政オンリーで大統領になったクリントンを待ち受けていたのは、医療や税金に関する内政の不人気に反し、東京サミット、中東和平などの大得点である。これで一一月のシアトルでのAPEC（アジア太平洋経済協力閣僚会議）などを契機として中国・台湾問題を解決すれば、まさに歴史的「外務大臣」となるだろう。

いま世界を支配しているのは情報である。人々は「国」とか「国家」というものより、「民族」、「地域」、「言語」、「宗教」という身近に触れるもの、見えるもの、感じられるものを中心に行動するようになっている。反面、情報が世界をかけめぐる結果として、より世界と共通の価値観、平和、良い生活、家族、友人、余暇、贅沢などを希求するようになった。自転車の次はバイク、バイクの次は自動車、と人々は、一人あたり一〇〇〇ドルのGNPから三〇〇〇ドル、一万ドルへと移るにつれて宗教や人種に関係なく同じものを欲しがる。生活程度という共通の尺度には、世界商品という共通の資材が提供されるようになった。一万ドル経済においてはエンゲル係数が三〇を割り、人々は物質的な充足もさることながら精神的、かつ人間的欲望の充足を求めるようになる。政府の役割もまた国民生活の充足と共に変化していかなくてはならない。そうでなければ政府は国民にとって味方ではなく敵となってしまう。

先進国ではクーデターや武力で政府を倒すということはほとんどないが、民主的な制度が働いている限り、より国民のニーズを充足させてくれる政党に力が集まるようになる。先進国共通の問題は民主主義の陥った高価なシステムをいかに簡素化するかにある。ドイツのコール首相が東西ドイツ統一後急速に人気を失ったのは、西ドイツのシステムを東に保証したため西ドイツの人々の負担が急増したからである。

「われわれはすべての人のすべてのニーズを満たすことはできない！」

これは、そのコール首相が今年の九月に行った演説の中での悲痛な叫びである。

かけ声運動にすぎない行革

クリントン大統領も医療改革を妻のヒラリーに、行政改革を副大統領のゴアに委ねている。大きな政府を伝統的に標榜してきた民主党が、積年のバラまき行政のツケを払って小さな政府に急転換しているのも皮肉な話である。ゴア副大統領の提言は何と連邦政府職員二五万人の削減である。これとクリントン自身が東京サミット出席直前に行った基地の閉鎖、半減策を合わせれば、税金を浪費してきた連邦政府にいかに大ナタが振るわれているかが理解されよう。これに比べれば日本の行革なんてかけ声運動の域を出ていない。韓国の政治浄化と金融実名制も日本では考えられないような徹底したものになってきている。日本では自民党の一党支配が崩れ、大きな改革ができるチャンスであるが、連立政権は基本的に自民党の政策を踏襲する、なんてとんでもないことを言っている。それなら何のために政権交代をしたのか？　政党による選挙の公営化（公費助成）や企業団体の献金に対する甘い態度（五年後に見直し）を見ると、政治浄化も期待できそうにない。結局連立与党の指導者たちは歴史の変化に逆らうことになるのではないか、と恐れる。

歴史の変化を起こすためには十分な準備とゆるぎない理念が必要である。規制緩和や地方自治、という言葉を使ったとき、その裏には資本主義、民主主義というものの本来あるべき姿に対する哲学がなくてはならない。先進国における自立した単位としての地方やコミュニティーの概念、また資本主義、自由経済における市場メカニズムというものを信じて、情報の公開と規制の撤廃をしていく、という哲学がなくてはならない。そうでないならば、今までの政府・自民党のやり方を是認し、〝日本的〟と言われる官僚による国家の統制的運営手法の部分的手直しをするにすぎない。しかしそれでは間に合わなくなったところから「日本株式会社」のつまずきが起こっている、という共通認識は、どこにいってしまったのか？　日本新党やさきがけ、あるいは新生党までもが、その結党の精神に謳《うた》っていることは、美辞麗句にすぎないのか？

まだまだ甘い国民の認識

日本の将来を考えたときに、私たちの前途には明らかに二つの流れ、二つの選択肢がある。これをもとに二大政党を創設しても良いし、またこれを単に政策提言のそれぞれの著作に盛られた主張からたとえば「小沢型」（『日本改造計画』講談社）と「大前型」（『平成維新』講談社）と呼んでも良い。この二つとは、拙著『平成維新』（平成元年）の中で導入したA党、B党という概念である。すでに当時と違って今日では日本新党など具体的な政党も出てきているので、あえてこの二つに今名前をつければ自由共和党（リベラル・リパブリカン）と民主国家党（デモクラティック・ナショナリスト）ということになる。もちろんマスコミ的雰囲気論でいえば、チェリー党とかアセロラ党、なんて名前でも良いのだが、イデオロギーに比較的忠実に命名すると、前出の二つが良い。

A党＝自由共和党＝小さな政府、市場経済重視、道州連邦型地方自治、生活者主権、非軍事的

国際貢献
B党＝民主国家党＝大きな政府、産業政策（インダストリアル・ポリシー）型経済重視、中央集権（現状の都道府県を前提とした地方分権）、提供者（政府、産業界）優先、大国としての軍事を含む国際貢献

もちろん私はA党の熱烈な提唱者である。本書をはじめ、この一〇年間の著作のどれを読んでいただいても一貫して日本がA党によって抜本的に改革されることを望んでいることは、読者諸賢が認めてくれるところだと思う。しかし、なぜ日本がB党的体質からA党的体質に変わらないのか、変わらなくてはならないとすべての人が同意してもその変革がいかに容易ではないのか、についてては（失礼ながら）多くの人の認識がまだ甘いと思われる。なぜ人々が変革を望みながらも、自ら変革の旗手として立ち上がらないのか。なぜある朝起きてみたら変わっていた、そんな（ソバ屋に出前を注文する程度の）変革を望み続けるのか。なぜ政治家や官僚には変革ができないとわかっていても、変革の期待をちりばめた作文が出てくると、とりあえず様子をみよう、という感じになってしまうのか。これらが解明されねばならない。

二〇年遅れの外務省

要するに日本はまだそこまで追い込まれていない、という認識、政治や行政の現状は目に余るが、昔に比べれば今の方がましだ、という現状肯定。日本にはひどいところもあるが、諸外国に比べれば安全で住みやすい。外国にだって腐敗や汚職はある。高望みしなければ食い詰めること

もない現状に満足、という保守化傾向。これらのすべてについて私は正しいし、一面の真理であると思う。

問題は社会システムとしての国家が健全に維持される条件が満たされているかどうか、という点である。身近なところではソ連邦の崩壊がある。科学や軍事にいくら力を入れても民生を怠ったために情報化時代、生活者主権の世界的傾向についていけなかった。そのソ連でも一九九〇年くらいまでは現状を維持しながら悪いところを直し、徐々に市場経済に移行しようと考える人が大半であった。ペレストロイカの提唱者であるゴルバチョフでさえ国家としてのソ連邦が崩壊するとは考えていなかったろう。私が一九九〇年の四月にドイツのシュトゥットガルトで行われた国際会議で国家としてのソ連の終焉について語ったとき、出席したアメリカ、ヨーロッパの政・財界の重鎮の誰一人として私の意見に賛同しなかった。中国と台湾は中国人連邦（コモンウェルス・オブ・チャイナ）を作って同盟の中でお互いに「地域国家群」として存在すべきだ、と私が言い始めたのはもう五、六年も前だが、今ではそのような流れに沿って当事者と米国などの大国が、いかに双方の面子《メンツ》をつぶさずに実現するかの「応用問題」に入ってきている。つまり英語で言うWHETHER（やるべきかどうか）からHOW（どのようにしてやるのか）の議論に入ってきている。

『世界の見方・考え方』で指摘したように、我が外務省の考え方は二〇年は古く、アメリカが動くまで自ら動こうとすることはない。最近のAPEC強化やカンボジア問題でイニシアチブを取ったのはオーストラリアである。アジア・太平洋に活路を見いだすしか自分たちに将来のないことをよく認識し、時代感覚がいまもっとも鋭いのはオーストラリアである。ポール・キーティング首相（四九歳）以下閣僚の大半が三〇代と四〇代で、もっとも若い大臣（法務）にいたっては何と三二歳である。

インドネシア、シンガポール、マレーシア、台湾、カナダ、メキシコなど、アジア・太平洋諸国の大臣や首相・大統領と話をしていて、私がいつも感じることは、大国（中国、日本、アメリカ）ほど国内優先で世界の潮流、時代感覚にうとい、ということである。しかし、その中国では朱鎔基副首相のような革命児が出てきた。クリントンもＡＰＥＣなどでは時代を先取りするスタンドプレーをするだろう。アジアでもっとも大きな問題は「体制そのもの」の官僚の作文から抜け出せない日本と、自らの将来像を描き切れていない中国である。

日本が学ぶべき今日的教訓

ヨーロッパにおいては民主主義の行き着く先としての国家運営の諸問題点が今大きく突出《クローズ・アップ》してきている。ヨーロッパの国家運営はお互いに似ているようで非常に異なる。そのいずれのやり方も大きな問題に突き当たった、ということはヨーロッパから多くの政治システムを移入してきた日本にとっても他人事ではない。ヨーロッパ諸国から日本が学ぶべき今日的教訓をみてみよう。

イギリス＝イギリスは戦後一貫して労働党と保守党の二大政党が政権を担当してきた。しかしその国政運営の方法はアメリカなどに比較して、きわめて労働党の影響が強く、「富の分配」という組合の論理が中心であった。国民もその思想を受け入れ、基本的には金持ちに重税を課し、労働組合の力が強くなった。この結果、平等、民主という考えは育ったが、資本家が一攫千金を狙うということがほとんどなくなり、「富の創出」能力が国としては衰えてしまった。企業家は海を渡ってアメリカで活躍はしたが、イギリス財界はおしなべて低調であった。

この一〇年くらいを見ると、その反省からサッチャー革命が起こり、所得税の累進税率や法人税も日本に比較してずっと軽くなった。ビッグバンと呼ばれるシティーを中心とした規制緩和で、第三次産業にはかなりの改善（保険、証券、銀行、情報、放送）が見られるものの、一度失われた「富の創出」能力の回復には至っていない。産業界と政治の間には、信頼関係がほとんどなく、国民もECの一員として十分にやっていける、という自信がない。

イギリスの良い点は流通などが比較的自由で物価が安定していること（特にポンドの下落を考慮すれば生活必需品のインフレが抑えられているのは驚くべきことである）、土地や不動産において市場メカニズムが働いており、一部バブルで乱高下したところを除けば需要と供給の原理がかなり正確に機能している、などの点である。日本でもここ二〇年は富の配分が都市から地方へ、金持ちから低所得者へ、大企業から中小企業、商工者へと再配分されてきた。問題はこれをいつまで続けるか、その程度と期間である。企業に国際競争力と収益力がなくなっている今日、イギリスの轍《てつ》を踏まないようにしなくてはならない。日本もイギリスと同じように年金や個人貯蓄の大きな国となってきているので、金利政策などで産業優先にして低金利に誘導すると逆に不景気になる、という局面を迎えている。

フランス、イタリア＝これらのラテンヨーロッパの国々は国の産業政策が強く、自由主義経済メカニズムが十分に機能していない。証券市場も十分に発達していないため、たとえばイタリアのオリベッティなどを見ると半分以上の資金調達、子会社などの上場をロンドンで行っている。

今から一四、五年前頃に両国とも大企業の国営化をやった。理由は雇用の維持である。国際競争力が失われ企業収益が悪化してくると、大量失業が社会問題化してくる。その時には「国が面倒をみろ」ということになって安易にやってしまうのだが、今になってみると、それでうまくいったケースは一つもなかった。むしろフランスではかたくなに私企業を守り通したラファジェ・コペー、エアリキー、リオネーズ・デ・ゾなどが国際化を果たし、国策会社化した自動車や化学などが勢力を落としてしまった。イタリアにおいてもENIやIRIなどの国営巨大コングロマリットが生まれたが、やはり結果は芳しくない。一〇年前のフィアットのアニエリ兄弟や、オリベッティのカルロ・ドゥ・ベネディティ会長（今ともに政財界スキャンダルがらみでとかく噂をたてられてはいるが）や、最近のアルマーニやベネトンなどの企業家の方が国営企業よりも国際的には活躍している。

フランスもイタリアもECの推進者ではあるが、本当に国境がなくなり、ドイツの化学会社、イギリスの金融機関、アメリカや日本のハイテク企業が土足で入ってきたら大きなダメージを受けることをよく知っている。したがってこれらの国、またいまだに社会主義政権を持つスペインなどはＥＣの砦化《フォトレス》を要求しているのであって、真に世界に開かれたＥＣは望んでいない。イタリアやフランスのように左翼勢力の強いところは、ともすると国の名を借りて雇用維持を優先し、世界の中でどのように競争力を維持していくのか、弱い産業や弱い地方をどのように処遇するのか、などについて政治的英断ができない。イタリアでは南部の貧困を北部の富で救済する政策をあまりにも長くとり続けたので、南は政府の援助がなければ生きていけないようになり、北部はいつまでもローマに搾取されるイラ立ちから、ミラノ、トリノなどの工業地帯を含むロンバルディ三州が独立を真剣に考えるところまできている。

ラテンヨーロッパ各国の良い点は、人々が生活、人生、個人の価値観などを守り続けていること、政府や政治に多くを期待していないこと、エリートでない人々（一流の大学などにいけなかった人）にもそれなりの役割と人生があること、などではなかろうか。反面、これらの国の試行錯誤を他山の石とすべきは、国が産業政策に過度に介入してもうまくいかないこと、官僚には企業経営ができないこと、政治を汚いもの、政府を特殊なものとして自分たちは関係ない、という態度をとると、結局失業率一五～二〇％、生活水準改善せず、国際的には二流国になって世界の博物館として先祖の建てたものを巡る旅行業で生きていかなくてはならなくなる、などの点であろう。

スウェーデンなど北欧四国＝言わずと知れた修正社会主義の国々もその国家運営のイデオロギーを修正せざるを得なくなった。思うにこれは世代、時代、年代の相乗効果であったのではなかろうか。すなわち今から五〇年前といえば、スウェーデンはヨーロッパの辺境で、生活も苦しく、国も貧しかった。人々が自由主義と社会主義の選択を迫られたとき、民主主義の理想として共に働き、苦難をわかち合う、西欧主要国に追いつき、追い越すのではなく、小国として独自の繁栄を築き、エブリワン・ハッピーにしてみせる、そんな決意と雰囲気が国民の一人ひとりにあったのではなかろうか。

私が今日スウェーデンの人々と話をしていて感じるのは、彼らには一世代前までは貧困であった、という強い記憶が残っている、ということである。そのため事業を世界化し、生活を改善し、人々とその富をわかち合う。政府は自分たちの手作りのものであるから、また良くなければ投票によっていつでも変えられるから、政府に国の運営システムづくりを任せよう、という意識である。税金が高くても政府がやることをやってくれるから、しかもそれは自分たちの選択であるから我慢できる、というものである。

しかし、その第一世代が去り、共同経営としての国家像を「与えられたもの」として育った第二世代が人口の過半数となってくると国家運営の前提条件が狂ってくる。テニスの世界チャンピオン、ビヨン・ボルグが重税はいやだ、と言ってモナコに移住してしまう。ノーベル、テトラパック、アセア（ブラウン・ボベリと合併）などの超優良企業が重税を嫌って法人税の安いスイスに本社を移してしまう、ボルボもフランスのルノーと合併してしまう、ということになるともはや国家としての存亡がかかってくる。気がついてみると過剰サービスの公共福祉政策だけが残り、年代的に福祉を受ける人と公僕を足した数の方が、働いて税金を払う人の数よりも多くなってしまっている。若い人はますますの重税感から勤労意欲をなくし、老人は将来を悲観して自殺してしまう。つまり人間の幸せを求めて手作りで作り上げている途中にあった緊張感が、時代、世代、年代の移り変わりとともにスーッと抜けてしまい、今ではどこからどう手をつけて活力を取り戻したらよいのか、よく分からなくなってしまった。

とりあえずEFTA（ヨーロッパ自由貿易連合）に入ってECとは一線を画しているが、いずれECに入るとなれば厳しい競争にさらされることになり、まさにこの社会システム自体のオーバーホールをしなくてはならない。税金を下げたりいろいろな手を打っても経済はなかなか浮揚しない。何しろ軍隊までが八月には一ヵ月間バケーションをとってしまうような民主的、平等の国なのである。八月になくてもよいような軍隊はいらない、と言っても雇用問題が悪化するだけだから、誰にも手がつけられない。

去年の秋には日本やイギリスと同じような不動産不況がストックホルムを直撃した。これはノルウェー、フィンランド、デンマークと連鎖反応を起こし、通貨（クローネ）を切り下げたり、緊急対策室（エマージェンシー・ルーム）を作って金融機関の救済にあたったりして、現在は回復過程に入っているが、要するに、国の富の創出能力に比して大きすぎる福祉システムを作ってしまったツケは、あまりにも大きく重い。

日本では北欧をモデルとした福祉大国論などが民社党などを中心にかなり真剣に論じられているが、日本はすでに北欧を上回る過大な福祉大国になっているのである。失業保険だけでもどこの国の労働者の一日分の給料より高いのである。また税収のほとんどない市町村でも身分不相応な予算が毎年天から降ってくる。年金だけをみても今の北欧よりは手厚い。もちろん、老人医療など質の面でデンマークやスウェーデンに劣るものもたくさんあるが、お金の絶対額で見る限り日本は北欧を越えている。それでも今までは何とかなっていたのは、世代、年代、時代が良かったからである。これから先一五年もたてば、日本は今の制度では確実に破綻する。スウェーデンより一五年遅れているだけである。

まだ日本は八五％の有権者が働いている。これは今のスイスと同じレベルだ。納税者がマイノリティーとなり、税の受益者がマジョリティーとなってしまったとき、民主主義の手法で、すなわち投票によって、多数に不利なことを本当に国民は選択するだろうか。私たちの老後はどうなるのか。親のスネをかじりながら育った私たちの息子や娘たちは黙々と働きながら私たち二人を養ってくれるだろうか？

スウェーデンの今日的意味は日本にとって深刻である。多数が働いている今の間に、明日のこと、明らかに明日起こるであろうことを解決しておかなくてはならないのだ。景気対策と称して三〇年国債を出したり、選挙のことを考えて課税最低限を二七〇万円にまで上げ、また累進税率も法人税も世界最高という絶倫国家日本。その税金で土建工事をし、雇用をつくり、年金から失業対策まで社会主義国を上回る民主的配分を行ってきた政府。この流れに逆らうのは容易ではない。誰にとっても苦痛を伴う選択を今やらなくてはならない。単年度予算とタライマワシのポストにある役人や選挙の恐い政治家にはこんな不人気なことはできっこない。現状では大蔵省のごく一部の人がこの問題を真剣に考え悩んでいるだけなのだ。今こそ政治家に長期ビジョンに基づく勇気が求められるのはこのためである。

しかし、国民も勉強し考える必要がある。いままではこのような選択を政府に任せ、自分たちはひたすら働いてきた。また子供たちにもよい生活をさせてやろうと地獄のような受験戦争にも甘んじてきた。しかし、そのような受動的な態度ではこの国はよくならない。刻一刻と北欧化の危機が迫っているのである。

ドイツ＝私はドイツのことを考えると胸が痛む。日本に比較してドイツは立派だと思うからである。同じ敗戦国でありながらドイツは祖国を分断されてしまった。この点だけをとっても日本がいかに好運だったか分かるだろう。親、兄弟、親戚、生まれ故郷を、政治的に分断されながらひたすら働き続け、戦後の驚異的発展を成し遂げた西ドイツ。そして憲法は祖国統一まで定めずに待つ、という姿勢。それでいながらユダヤ人や周辺諸国には疑いをはさむ余地のないような「戦後処理」をした。生活者優先でいち早く住宅政策に力を入れ、今では一家族一〇六平方メートルの良質な住居を提供し、バケーションはフランス並み、社会福祉は北欧並みのものを「常識」としてしまった。しかも年間労働時間は一六〇〇時間と日本より二〇％以上も少なく、賃金はスイスと並んで世界のトップレベルである。アメリカとは大幅な貿易不均衡があるが、〝不公平〟といった非難のかけらも聞こえてこない。ドイツの大企業はアメリカで次々と企業買収を重ねてきているが（コンチネンタルがゼネラルタイヤを、ヘキストがセラニーズを、ダイムラー・ベンツがフレイトライナーズを、バイエルがマイルズを、等々）、たいした非難の声も聞こえてこない。アメリカ議会とのパイプも太く、事前根回しは驚くほど良い。しかもヨーロッパで突出した強さを持ち始めたこの一〇年間はフランスとの関係強化、共同軍事演習、ＥＣ（単一市場）の促進、対ソ支援などなどノブレス・オブリージェの見本のような行動である。そのドイツがゴルバチョフを支援し、持ち上げ、ついにホーネッカー東独議長とソ連との縁切りに持ち込んだ外交手腕はたいしたものだ。

そして待ちに待った一九八九年一一月九日のベルリンの壁の崩壊とそれに続く電撃的東西ドイツの統一、とまあそこまでは良かったのだ。しかしコール首相は東ドイツの統合に関して通貨や土地できわめて甘い条件を出したのみならず、社会福祉などのシステムまでそのまま西ドイツのものを提供してしまった。当時私は「政治的、感情的決定は社会的、経済的に高くつく」という論文を書いたのだが、ドイツの雑誌はどこも日本人が何を言うか、と取り上げてくれなかった。

日本には沖縄という歴史がある。返還時に「済まなかった」「苦労をかけた」と思う気持ちをそのまま政治的、行政的言語に置き換えてしまうと、長期にわたって納税者に高いものにつくだけでなくその地方が自立する機会を失う。沖縄に二兆円つぎ込んでも自立的な産業が育ってこなかったように、今のまま旧東ドイツに四〇兆円つぎ込んでも自立的な産業は興らないだろう。まして移行措置として旧西ドイツの納税者は、五年間にわたって二〇％のサータックス（余分な追加税）を払わなくてはならない。しかも旧東ドイツ部分での失業率は今や四〇％にもなり、よく働く西ドイツ人を前提にできあがっている失業保険（八〇％くらいがうまくやれば約一八ヵ月間も出る）を悪用する人が後をたたない。結局六〇〇〇万人の人が二〇〇〇万人の扶養家族を背負い込んだ形となり、さしものドイツ人もやる気をなくしてしまった。
日本にとってドイツから学ぶべきことは多い。勤勉な人々を前提に社会制度を作ってしまったときに、必ずしも働かない人、必ずしも自立しない地方、必ずしもまじめにやらない企業、などが時代とともに蔓延してきたとき、働く気のある人々でさえやる気をなくし、またそれを民主的に（すなわち投票などの多数決で）直すことはきわめて困難となる。そうなれば社会は分断され、ネオナチのように無責任な人たちが、本当は旧東ドイツの人々を非難したくてもできないので、外国人排斥などの極端な行動に走ってしまうのである。これから日本でも失業などが急増すると予想されるので、似たような国民性を持つドイツの経験は、他人事ではないのである。

さて、以上みてきたようにヨーロッパの最近の経験には、日本にとって学ぶべきものが多い。スペースの都合でもっと細かな国別の各論ができないのが残念ではあるが、オランダの高失業率や社会的停滞、スイスのEC参加をめぐっての国民投票の状況など参考になる点はまだ山のようにある。スイスでは国内企業を守るカルテルが三三〇〇もあり、とてもECの一員になれない、などが明らかになっている。永世中立で見事な国家運営をやり、一人あたりGNPも二万六〇〇〇ドルと世界最高を維持してきたスイスにも、カルテルという秘密兵器があったことが国民の前に明らかになり、これをEC並みにしたらとても今の繁栄や雇用は維持できないのではないか、という議論が出てくるに及んで、一九九二年一一月に行われた国民投票では、EC加盟にNOと僅差で判定を下してしまった。日本の繁栄や雇用もまた、数々のカルテルや規制に守られてもたらされていることが次第に明らかになってきている。

深い谷を渡りきれ

アメリカの言い分も正しくないが、しかしだからといって今の日本でいいわけはない。真に国民生活者の方を向いた政府を作り「新たな繁栄」を築かなくてはならないが、しかしその前に越えなくてはならない深い谷がある。その深い谷こそ今、日本株式会社が何とか橋をかけて静かに渡りきろうとして渡れないでいるものである。国民をだまし、一部のバブルで浮かれた産業を救おうとして、株式や不動産の市場をゆがめ、税金を大量に景気対策に投入し、金融機関救済のために低金利にしながら、国民や健全な企業からソッポを向かれ、政府が対策を打てば打つほど傷口の広がっている今の日本経済の現状である。この問題を考えたとき、私は「日本の真実」を冷静に見つめるリーダーの出現なくしてこの日本の再生はあり得ない、とつくづく思う。この谷の向こうにまた「すばらしい大地」が開けていることを信じて、どんなに苦しくても真実の開示と、それに伴う苦痛を乗り越えて、勇敢に下っていくしかないと思う。

その「日本の真実」と「すばらしい大地」について次に述べてみたい。これを読めばいかに今の袋小路的閉塞状況がB党的体質によってもたらされているか、なぜ私がA党、すなわち自由市場と共和制（道州連邦）的国家運営にまで進まないといけないと考えているかがお分かりいただけると思う。そして、これらが国民の選択の問題であり、B党的なるものが漸進的にA党的なるものに移行することはありえないことも分かるだろう。B党的なものの悪いところを直してもA

にはならない。AとBとは所詮血液型のように混ざり合うことができないのである。だからまず国家運営のシステムを立法で変え、はっきりとAにした上で、Bの良さがあるならそれをいろいろと加味していく、という方法が最善の道となるのである。

第二章　日本の真実

マキラドーラはプレNAFTA

九月にアメリカを旅行していたら、いたるところでＮＡＦＴＡ（北米自由貿易協定）の議論が進行していた。ロス・ペロー氏がクリントン大統領に反旗をひるがえしてＮＡＦＴＡ反対に回ったため、クリントンは四人の元大統領を動員してＮＡＦＴＡ支持を訴えていた。驚いたことに、あの「輸入車反対」「日本人はアメリカ人の職を奪う」と大声で叫んでいた、元クライスラーのリー・アイアコッカ氏までがクリントン支援に回っていた。

それもそのはず。いまアメリカで最大の輸入業者はクライスラーそのものになっているのである。それもデトロイトからは五大湖をへだてた対岸のカナダで作っている車種が好調だからである。工場を対岸に移しただけで貿易統計上は輸入になってしまうのだ。アメリカ政府にとってはこれは大事に違いないが、しかしアメリカの会社にとっては、儲けるために必要とあらばメキシコでも中国でもどこでも行ってしまう、ということである。政府が介入できる問題ではなくなっているのである。

ところで、そのアメリカが今、製造業の国として立派に復活してきてしまった。ホンダが、基本車種については日本からの輸出をやめて、アメリカで生産することにした、と発表している。これによりホンダは、クライスラーよりもアメリカ的な会社、クライスラーよりもアメリカに貢献する会社となった。しかし、ホンダがカナダの工場で作ったものをアメリカに輸入しようとした二年前にはこれにストップがかかり、アメリカ部品の使用率が五〇％以上だったにもかかわらず、〝アメリカ製〟とは認めない、という時代錯誤なことをアメリカ政府はやった。しかし、クライスラーが今やっていることは、それよりももっと非アメリカ的なことであるが、誰一人、何一つ言わない。良くて安ければいいじゃないか、ということである。これに対して日本政府も何一つ文句を言っていない。

アメリカにおけるNAFTAの反対論を聞いていると、ジョブ（雇用）が奪われる、という言い方をするが、これは意味のない議論である。というのはメキシコではすでにマキラドーラ・ゾーン（保税地区）というのが随所にあり、アメリカから出るのも入るのも税金なしでやれる。メキシコにあっても生産などの諸条件はアメリカ国内と変わらない。モントレーやティワナのマキラドーラ・ゾーンにおいては日本の部品メーカーなども活躍し、まさにNAFTAそのものとなっている。正式にNAFTAができようとできまいと、いますでに〝奪われる〟可能性のあるジョブは奪われてしまっているのだ。NAFTAが発効されればむしろアメリカ企業にとってはメキシコ市場に自由に参入できるということでメリットの方が大きい。アメリカにおける職は増えるのである。

一ドル＝一〇〇円の誤り

この一〇年間で最大の変化は、アメリカが再び製造業で力をつけてきたということである。現地に進出した日本の自動車メーカーは、例外なくアメリカで作った方が安くできるようになった。それもそのはず、日本の部品メーカーを一二五社も連れて行っているし、ほとんどのものは現地で手に入る。その他にカナダやメキシコのマキラドーラ・ゾーンから、さらに安いものも入手できる。

日本の労働者が一ドル一〇〇円で換算した場合、年俸七万〜一〇万ドルにもなってしまったのに、アメリカではまだ三万〜四万ドルでよい。特に間接業務の簡素化、ＯＡ化はアメリカの方がはるかに進んでいる。日本では大企業ともなると、直間比率が三〇対七〇などというのも珍しくないが、アメリカでは逆に七〇が直接、というやり方が普通である。会議ばかり開いているような効率の悪い仕事の進め方もしない。日本では留守中の部長に電話がかかってきたら、課長が受けて長々とメモを書くなんてことも珍しくない。年俸一〇〇〇万円の人が秘書代わりの仕事をしていることになる。アメリカでは今やボイス・メール（留守番電話）が普通である。直接部長に言うべきことを、不在の部長に録音で伝える。それを部長は出先からひんぱんにチェックして、どこにいても仕事だけは前に進むようになっている。これはほんの一例だが、一人一〇〇〇万円の間接人員をかかえた日本が、これからよほど真剣に取り組まなくてはならない課題である。

いまの為替レートでは日本からアメリカに輸出して儲かる商品は、皆無と言ってよい。日本企業は日本国内の価格を高く維持しながら、企業全体の収益を何とかもたせている。外国には昔の値段で出して何とか市場シェアを維持しているが、輸出は赤字である。だからこのままいけばダンピング訴訟を受ける危険も大きい。かといって値上げを国内市場並みにしたら売上げは一挙に落ちてしまう。そうなれば工場閉鎖に追い込まれる。アメリカの圧力で現地化した企業も、窮地に追い込まれている。アメリカの工場がようやく立ち上がった。そこで日本からの輸出部分に現地生産分を上乗せできると思っていたら、そうはいかなかった。販売力が追いつかないからである。またアメリカ企業の競争力もついてきた。立ち上げたばかりのアメリカ工場を閉めるか、日本からの輸出をストップするか、問題は深刻である。貿易不均衡を政治問題化してしまい、経済原則、企業の競争力、経営力などの問題を無視してきた〝官主導〟のやり方が、日本企業を窮地に陥れてしまったのである。

もちろん一ドル＝一〇〇円などというとほうもないレートが間違っているのだから、これは早晩修正されるであろう。しかし仮に一三〇〜一五〇円くらいのレートになっても、アメリカが十分に競争力をつけてきたという状況に変化はないだろう。また今の労賃や、アメリカならメキシコやカナダを自在に使える、という利点をフルに利用できるようになった多くの日本の現地企業は、もはや日本の工場を必要としなくなっている。つまり、日本には雇用問題というツケが残るのである。

中国に浮上する七つの地域国家

さて、これは自動車、事務機、ＯＡ機器など日本が強いと言われた商品について広くあてはまるのであるが、ＡＶやＯＡ商品の一部では逆にアジアが主流となるだろう。中国が少なくとも七つくらいの〝地域国家〟（リージョンステート）として浮上している。ＡＳＥＡＮの主要五ヵ国と比較してみると、広東省などがいかに力を持ってきたかが明らかである。

私はこの八月下旬に広州で、朱森林広東省省長はじめ、政財界の人を集めた国連主催の会議で、広東の地域国家化について一日かけて講演をしてきた。いわば中国版道州制の提唱である。広東がその気になれば、六番目のタイガー（日本、韓国、台湾、香港、シンガポールを称して五虎という表現が使われている）になれる、という主旨の演説である。十分な自治が保障され、広東省が正しい長期戦略を持てば、という条件つきではあるが……。というのは広東には海外に広東省出身の華僑が二〇〇〇万人もいる、香港に隣接している、安価な労働力（人口六〇〇〇万人）がある、肥沃な土壌がある、石油が見つかった、等々の好条件が揃っているからである。

今すでに一人当たりＧＮＰは一五〇〇ドルになっており、これはタイ並みの国と言っていい。人口も南北朝鮮を合わせた大きさである。このようなところが、組立加工から機械加工型の工業に入っていけば、大きな競争力を持つだろう。すでに深圳あたりの工場では、かなり高度な技術を使えるようになっている。現地でほとんどの電子部品も手に入るし、ないものは近くのマレーシアやシンガポールから持ってこられる。ＡＶやＯＡ商品はほとんど現地でできてしまうのである。同じ日本の電子部品でも、日本で買うよりシンガポールで買った方が安い（ここにも日本企業の悪しき習慣が出ている）。広東省の労賃が上がってくれれば、湖南省や江西省、四川省などから廉価な人材を輸入できるし、またメキシコのマキラドーラみたいに、部分的に労働集約的作業だけそちらに出かけて行ってやってもよいのである。特に外資系企業との交渉権が地方に委譲された去年の春からは、北京の影響力が著しく落ちてしまった。だから、広東と同じことは福建省、上海特別区、大連、天津などにも今日ではあてはまる。つまり中国には六つか七つの商業上の国家ができあがりつつあるのだ。これは、国家統制や国内産業保護色の強い韓国や台湾の工業化に比較して、中国が巨大な香港、シンガポールになる、というのと同義語である。外資系企業に対するアレルギーのなさは驚くほどである。また賃金も、少し工業化が進んで高くなってくると、内陸部から人を連れてきたり、内陸部に工場を移したりする。つまり、先進地域が次々と後進地域を「植民地化」しているので、ほぼ無尽蔵の労働力が今の賃金で得られる、ということでもある。この衝撃は大きい。

日本は電子部品（液晶など）やセラミック部品、精密加工などで優位に立ってはいるが、CAD・CAMを使った自動化が進み、ワークステーションのネットワークが高度化してくれれば、大半の労働集約型産業は失ってしまうだろう。よく考えてみれば、彼らが年俸六万円でハッピーになれる時期に、同じものを作って年俸六〇〇万円では、生産性が一〇〇倍は違わないといけない。もっと逆の言い方をすれば、日本の賃金の高さは生産性の高さや創造力に裏打ちされたものでなくてはならないのだが、実際には（生活者にツケをまわした）高い国内価格によって救済されているに過ぎないのである。
また多くの産業が保護され、市場価格形成上の透明性がなかったために、弱い産業の生産性はこの二〇年間少しも改善していない。安い外国製品に対して許認可、規制といった有形、無形の非関税障壁を設けることによって、むしろ高コストを国内価格に転嫁してきた。消費者は救われないが、企業は経営努力をあまりせずに救われてしまってきたのである。ごく少数の、ほんのひと握りの産業の強さに支えられて、皆がそのご利益《りやく》にひたりきってきた、ということである。

アメリカのリストラに学べ

今回の円高で一気に日本の厳しい現実が目の前につきつけられた。中国やASEANがすぐ背後に迫ってきたということで、もはや避けられない問題となってきた。これが五、六年前のように台湾や韓国だけならそれほど恐ろしくはない。人口も台湾で二〇〇〇万人、韓国は四〇〇〇万人だから、むしろこれらの国には日本に追いつき繁栄してもらった方が日本企業にとっても市場として得るところがある、と言ってすましていられる。しかし中国のほぼ無尽蔵といえる労働力が、かなり先鋭的に整備されたいくつかの地域に注がれてきたときには、楽観論が吹き飛ぶのである。うまくやれば中国の人々の生活も向上し、安いものが入ってくれれば日本の消費者にも富をもたらす。しかし早すぎる中国の工業化はASEANから競争力を奪い、また日本の産業構造を抜本的に変えてしまう。ちょうどアメリカの産業構造が日本やヨーロッパの挑戦によって変わったように。

肝心なことは、アメリカでは産業構造の転換が国民生活者に大きな犠牲を強いていない、という点である。国際競争力を失ったために、この一〇年くらいは、知的ワーカーと呼ばれる上位四分の一くらいの人を除いては、給料が実質的に上がっていない。しかし市場の透明性が高く内需が大きいために、世界中の国がアメリカ市場によりよいものを提供しようと競争し、結果的に物価は安定している。ドルが下落したのだから物価が上がらなくてはいけないのに、むしろその分を提供者である日本や韓国などの企業が負担し、ステレオにしても自動車にしてもこの五、六年でみるとほとんど値段は上がっていない。

今年クライスラーは、九〇〇〇ドル台のモデル（ネオン）を出した。まさに「昔の値段で出ています」という感がある。日本でいえば軽自動車並みの値段である。アメリカはこの間、失業率五〜七％を行ったり来たりしている。しかし二五歳以上の白人男子をみれば完全雇用に近く、失業の大半が特定クラスの人々、特定地区の人々に限られていることがわかる。一年間に一二〇万人もの移民が流入する国で、これだけの失業率に抑えられていることの方が驚異的なことと言わなくてはならない。

競争力を失ったと言ってアメリカは死んだふりをしたり、大騒ぎをしている間に、組合もおとなしくなったので、企業はちゃっかり思い切った人員削減などを含むリストラをやってしまった。昇給を抑えている間に、いつの間にか日本や欧州の方が賃金も高くなり、危機を脱することができた。もちろん麻薬、教育、医療、拳銃などの大きな社会問題を抱えてはいる。しかし国全体のリストラは欧州や日本よりはるかにしっかりと、自由経済メカニズムの中でやり遂げてしまった。二一世紀に必要な第三次産業の中でも、とくに知的産業の大半の分野で圧倒的な世界制覇をしてしまっているのだ。日本がこれから生きていくための教訓がここにある。

インパール作戦のような政府の対策

本当に市場のメカニズムをいきなり発動すれば、日本は恐慌にさえなりかねない。それに不況が続き大量失業の時代が来る。日本は強い強い、と言われながら、実は弱い産業を大量に温存してきたからである。

細川内閣は規制緩和とか市場開放とか言っているが、冗談ではない。今まで政府がだましたりすかしたりしながら、信じられないくらいいじくりまわした市場経済の本当の姿を知らずに規制緩和を不用意にやれば、ガラ（相場の暴落）が来るのがオチだ。大切なことは、何をなさなくてはならないかを言うのではなく、今の日本産業の虚構がどうなっているのかを正確に理解することだ。

この国の経済運営はそれほど簡単ではない。かなり複雑な状況に追い込まれているのだ。その証拠に、いくら政府が緊急対策なるものを打っても、いくら公定歩合を下げても、景気は一向によくならない。それはむしろ景気後退の原因そのものにさえなっているのだ。バブルを起こした過剰流動性が急激に冷えたあと、一九八九年から政府がやってきたことが特に重大な問題となっているのだ。

一つは市場があまりに急激に冷え込んできて、金融機関やディベロッパーなどの倒産が恐れられた。特金やファントラも帳尻が合わなくなっていた。だから損失補塡や飛ばしという離れ業をやらなくてはならなかったのだ。しかしこれも、原因の究明もなされぬまま一部企業の反社会的行為として、お尻ペンペンでマスコミの批判を乗り切ってしまった。そして株がいよいよもたなくなってきた九二年には、不良債権を延滞債権と呼びかえ、しかも、六ヵ月以上利払いが滞っている貸付金ではあっても銀行団がまだ金利の追貸しをする気があれば損金計上しないでいい、などと次々に金融のルールを変えてしまった。また一部とはいえ年金や郵便貯金などをリスクの高い株式市場でも運用できるようにしたり、金融機関の大口売買にいちいち口を出したりして株価維持を始めてしまった。

もちろん九二年は米国大統領選挙の年で、そのまっただ中で日本市場が暴落すれば、アメリカ市場も連鎖することは避けられないので、このような処置もやむを得なかったかも知れない。官僚のやることは、一つ一つをとっていけばやむを得ぬ事情があるのである。しかし全体をつなげてみると、おそるべき方向に確実に向かっている。第二次大戦も一つ一つの作戦をみれば「開戦」という愚行を認めてしまったら、あとはやむなし、ということになるように。インパールのような、後からみたら頭がどうかしているのではないか、と思うような作戦も、とにかく一つは勝たなければ停戦のテーブルにもつけない、という論理に従えばやむなし、となるのである。

これほど深刻な日本の現実

日本の現実でもっとも深刻なのは、今回の円高一〇〇円というのが、日本の官製不況に対する

「ポツダム宣言」だということである。それを無視し、国民生活者や世界がまだ騙せると思って今までの調子でやり続ければ、市場暴落、金融破綻という原爆につながる可能性さえある。日本経済が世界の常識からどのくらいかけ離れたものになっているのかは、この本の中でも、また私の著作（大前・丸山著『利用者の立場に立った証券・金融市場改革』プレジデント社・一九九一年一二月）などの中でも様々な面から検証しているので、ここでは多言を要しないと思う。いずれにしても、政策当局者がこれを正確に理解していないことの方が、問題は大きいのだ。すなわち、日本の現実を整理してみると、

・土地が大量に余っているのに市場に出てこない（いまだに値上がりを待っていたり、売れたときの損失計上を恐れている人が多い）
・六〇〇兆円もの個人貯蓄があるため、金利を下げた方が不景気になる
・住宅に値頃感がないため、住宅ローンを奮発しても本格的な需要につながらない
・公共工事を中心に景気対策を打ってもGNPの中心である民需は反応しない
・法人税を中心に大きな歳入欠陥が発生してきている（企業収益が大きく悪化している）
・財源がないのに減税や景気対策の話ばかりが先行している
・人材の余剰感が大企業を中心に急速に広がっている
・消費が冷えきっており個人貯蓄が増大している
・商業ビルの余剰が東京、大阪を中心に急速に広がり、九五年には空室率が一五％となる（これは今建設中の商業ビルが全部完成してしまうので避けられない）

・このため賃貸料の急落がさらにディベロッパーや金融機関を直撃すれば護送船団方式――利ザヤを政府が大きくしてあげるから何年かかけて皆で軟着陸せよ、という利用者無視の政策――では乗り切れなくなる

・これらのことを察知して株式市場が回復しない（のみならず、何か悪い契機《キッカケ》があれば急落する可能性も大きい）

・株式市場や不動産の暴落にともなうパニックを避けるための仕掛け（アメリカのＦＤＩＣやスウェーデンの緊急対策室《エマージェンシー・ルーム》など）が貧弱である――ガラは避けられない、という前提のもとに対策を作っておかなくてはならない

・日本人の平均年収（四人家族で七二〇万円）はアメリカでは部長クラス、オーストラリアでは重役クラスの給与となった

・今後五～一〇年は賃上げが期待できない。ということは生活の質を上げてもコストは下がる、ということに国家の総力をあげて取り組まなくてはならない

・インフレは収まったといっても高値で止まったままとなっており、円高とともに内外価格差は急拡大している

・このような状況のときに規制緩和と市場開放をやれば、今まで保護されていた産業から大量失業が出る

あまりに低次元な規制緩和

細川内閣は規制緩和をあたかも景気対策の目玉のように言っているが、認識不足もはなはだしい。そもそも規制緩和《ディレギュレーション》という言葉を理解していないのではないかと思われる。携帯電話の売り切りとか、劇場などにある緑の誘導灯の規制を解除して、どんな景気浮揚効果があるのだろう。細川首相自ら官僚に迫り、ひねり出してきた六〇、プラス経団連の三〇項目などを見て、私は笑い出してしまった。しかし、これをアメリカに持って行って、日本の内需拡大の一環として景気対策の目玉として説明するつもり、と聞いて、私は心臓が凍る思いがした。日本病はいよいよ深刻だと思った。レーガンやサッチャーのやった規制緩和がどんなものだったのか、まったくご存じないのだ。

アメリカではレーガンの就任した八一年以前の四〇年間にもわたって新規参入がゼロだった航空業界で、規制緩和によって二一五もの新しい航空会社が参入してきたのである。しかもそのうちの三分の二はすでに倒産している。また古くからあった会社の、実に五六％が倒産に追い込まれている。実質的には航空会社が三社しかなく、参入の自由もなく、運賃さえ区間ごとに許認可、と官営とまったく違わない日本の航空業界に、アメリカで用いられている「規制緩和」という言葉を使って説明できるような要素は何一つ見つからない。機内食についてさえ業界申し合わせで競争を制限している国なのである。しかし、アメリカで生き残った会社は世界的にみればメチャクチャに強くなり、今やアメリカン、ユナイテッドなどのコストは、同じくビッグバン（規制緩和）のあったイギリスの英国航空（ＢＡ）と共に、グローバル化に大きく乗り出している。

銀行業における規制緩和は主として金利と参入の自由化であった。このため特に中小のS&Lと呼ばれる中小銀行を中心に、実に一〇〇〇行以上が今日までに倒産している。しかし生き残った銀行は、今や史上最高益を二つの四半期連続して出しており、(日本の金融機関がこれから通らなくてはいけない)ドシャ降りの悪路を抜け出してきたすがすがしささえ感じる。預金者側からみても選択肢が広がり、ニーズに応じた商品が豊富になった。

いや、それどころではない。今の低金利時代に日本の銀行は昔のローンに対して知らん顔しているが、そんな状況を競争の激しいアメリカの業界なら見逃すわけはない。今の低金利のうちに違約金を払ってでもローンを組み替え、史上最低の金利で長期的に固定してしまった方があなたの場合にはこれだけ得ですよ、というDMが毎日のようにくるのである。客に文句を言われなければトボケて利ザヤを稼ごうとする日本の銀行など、アメリカでは一日として生き抜いていかれないのである。生活者重視、利用者重視を考えれば当たり前のことであるが、日本では当たり前ではないのである。

だいたいアメリカ人は、携帯電話の売り切りがなぜ規制緩和の項目に入ってくるのか不思議に思うだろう。そもそも売り切りかリースかなんてことをどうして政府が決めなくてはならないんだ? と聞いてくるだろう。そしてそれに答えているうちに、日本ではたとえば東京—大阪間の時間帯別電話料金など細かくみれば八〇〇〇項目にも及ぶ事項が許認可の対象となっていることを知らされて、日本株式会社のおぞましい官僚支配の実態に薄気味悪ささえ覚えるに違いない。

九四項目を得意げに説明する首相や大臣を見て、世界の事情も何も知らず、まんまと官僚に騙される人々に本当に日本の難局が乗り越えられるのか、と正直に言って思った。だいたい中曽根首相の頃、八〇〇〇項目あったと言われる許認可項目が、現在一万一〇〇〇項目にも増えている。つまり年間五〇〇項目も増やしてきているのである。そういう自己増殖しか考えない連中の規制と許認可の海の中で、九四項目とか「もう一押し!」、なんて努力の姿を見せていること自体、国民をばかにしている。問題となっている鉄の三角形そのものである官僚と財界に規制緩和のリスト提出を頼むくらい政治家が堕落しているのだ。いやしくも立法府の人間なら、法律を変え、この国の運営ルールを変えることで許認可などできないようにしてしまうべきではないか。

また、政府がハシの上げ下げまでうるさく言ってきた時には、地方自治体や企業、個人がいつでも拒否できる、あるいは訴訟できるように法律を変えればいい。許認可行政をやめさせるのに、当の規制当局にリストを出させる、という神経が問題なのだ。またそのやり方は中曽根元首相が、もっとものすごい迫力で一〇年前にやって、結局官僚体制については何も変わらなかった。今の大臣たちはわずか一〇年の内閣の歴史さえ覚えていないのだろうか。

歯止めの利かない政府の暴走

さて、本題に戻ろう。日本経済の舵取りが困難な状況にあることは間違いないが、だからといって何もしなかったり、従来のような緊急経済対策的なことをしていたのでは悪化の一途である。私は今の政府の対応を見ていると、羽田沖事故を起こしたJALの機長のことを思い出す。

「機長、何をするんですか」「行くんだ、行くんだ」

政府には、操縦桿を離してもらうのがいちばん良いのだ。経済には自力回復力があり、自然にしておけば日本のように金もあり、技術もあり、人的資源もあるところではおかしくなりようがない。もし本当におかしくなれば、それ自体が事業チャンスなのだ。

優秀な人が大量に失業すれば、将来性のある中小企業が大きく伸びる機会になるし、地方で土地や人件費が下がれば、そこに本社を移そうとする会社も出てくる。日本企業がそれをやらなければ、世界中からそこに企業が進出してくるだろう。大市場日本に来られない理由は、株が高く、土地が高く、いい人の採用が難しいからだ。「機長、手を離してください」と言ってもオートパイロットで航行でき、自力で軟着陸できるだけの良い素材が、この日本には残っているのだ。

もう一つ、日航機のことばかりで申し訳ないが、例の御巣鷹の尾根事故を起こしたJAL123便である。機長が「ハイドロプレッシャー・オール・ロス」と叫ぶのである。つまり三系統ある油圧系のすべてが破断されていて、操縦桿とフラップとがつながっていないのである。今の政府の緊急対策がこれに似ている。いくら操縦桿を引いても浮揚しない。左に切っても右に切っても言うことをきかない。万策尽きて最後にこの機長が言う言葉も今の政府と似ている。

「ドーンと行こうや」

つまり減税も一、二兆ではなく五兆に、景気対策も八兆、一三兆ではなくもっと思い切って。金利もチビチビ下げずにドーンとやれ。

「政府、何をするんですか」「行くんだ、行くんだ」「ドーンとやってみよう」。昨今の政府と財界のやりとりはこんな会話に私には聞こえる。これは第二次大戦につき進んで行ったときの事情とも相通じるものがある。日本の政府と国民の関係は「まかせて安心」のうちはいいのだが、それをいいことに政府が暴走をはじめたとき、不思議と歯止めがかからないのである。国民が集団主義で勇気がないのか、また黙って大勢に従うよう訓練されているのか、いずれにしても昔の産学軍共同体と、今の官僚を中心とした鉄の三角形は驚くほど似ているのである。またマスコミも勉強不足で大臣や財界有力者の発言を批判もなく載せるだけである。

事故が起こるときには、あとでみるといくつかの逃げ道があったことでも、当事者がのぼせてしまって全体像が見えなくなっていることが多い。いわゆる冷静な判断ができない、という状況である。アメリカのペンシルベニア州で起きたスリーマイル島の原子炉事故も、オペレーターの気が動転し、手を離せば暴走が止まるようになっているのに、それを三回も自動から手動に替えて、判断ミスを重ねていった。電車の事故も、運転手がうるさいと言ってATCを切ってしまうために起こることが多い。

企業ではなく国民を守る「原則」を

今の日本経済は、フルスピードで走ってきたので、止まれば前倒しになる人もあり、けが人も出るだろう。だから瞬時に止まるよりも自然に止め、再起動することを考えた方がよい。私はまず政府が操縦桿を離し、下がるものは下げ、つぶれるものはつぶし、その上で住宅を中心としたダイナミックな成長を促進するのが最善と思っている。この際大切なことは、企業や銀行を守るのではなく、社員や預金者を保護するという考え方である。ダメな会社を税金で救えば、資本主義の社会的コストが高くなり、しかも競争力のないものがいつまでもユーザーに割高なものを提供することになる。一方、政府の役割は市場が暴落したときに出る、倒産やパニックを最小に防ぐための仕掛けを作ることにある。これにはスウェーデンでやったように、国有財産を抵当とした緊急の信用機構を、大蔵省や日銀から独立した組織で作ることが望ましい。今の金融当局は加害者でもあるので、これ以上操縦桿を握らせるべきではない。彼らは傘下の金融機関の救済を中心に考えてしまうので、本当に手を離すということはしないだろう。

また利用者は守るが、バブルで失敗した企業は救済しないという「原則」を確立すべきである。不動産・土地についても買い取り会社ではなく整理会社を作るべきだ。これにより不動産に自然な価格がつけられる。「お買い得」の値段にまで落ちてくれれば、この日本では住宅などを中心に、一気に買いが入る。金はあるのだ。いま市場が動いていないのは、相場が鉄の三角形によって人為的に高止まりしているからだ。

市場が落ちるときの対策と同時に、自然な需要が起こるための対策、そしてこのあと一〇年くらいのビジョンを示し、人々、あるいは企業が迷うことなく正しい投資ができるようにするのがもう一つ非常に大切なことだ。つまり、いまは目の前にある深い谷を下りてゆくが、いずれは緑の平原、花咲く丘に出てくる、というこの両方のストーリーを書かなくてはならない。そしていま必要なことは、その二つのことをやる勇気を持つことと、第一の下り坂で十分なブレーキがかかるよう、つまり暴落がパニックにならぬよう、細心の注意を払うこと。それから、新しいエネルギーをすぐに開放できるよう法整備、とくに許認可や規制で需要の立ち上がりに時間がかかるということのないよう、全面的な法の見直しをしておく必要がある。

次の章では、この新しい富や需要の創出について、そして本書の後半ではその豊かさを早く実現するための法整備についてのデッサンを示した。

第三章　新しい需要の創出

「富の創出能力」の誤解

細川護煕首相は、日本の経済構造改革のあり方を検討し、いわゆる〝新前川レポート〟をつくるための機関として「経済改革研究会」(通称平岩研究会)を新設した。中曽根元首相の私的諮問機関で故前川春雄・元日銀総裁が座長を務めた「国際協調のための経済構造調整研究会」が、従来の経済政策や国民生活のあり方を歴史的に転換させるべきだという報告書、世間で言う〝前川レポート〟をまとめてから、すでに七年が過ぎている。政府はこの報告に基づいて内需主導型経済政策を打ち出し、貯蓄大国から消費大国への転換を推し進めたが、その結果、バブルが拡大し、やがてはじけ、金融・証券の不祥事が多発した。

〝前川レポート〟のような経済改革プランを作成するには、いま日本が置かれている立場を正確に理解することと、経済運営の今後の方向を明確にするための座標軸や哲学を持つことが大切である。ところが、〝前川レポート〟はこの二つとも、つまり現状認識と、経済政策のフィロソフィーの両方に、そもそも大きなあやまりがあったのではないか、と私は考えている。

その一つは、「富の創出能力」についての見解である。

過去の日本の産業を振り返ってみると、富の創出能力についてはズバ抜けたものがあった。とくに昭和四〇年くらいまでは、産業資本を創ることを一生懸命にやってきて、富は右上がりに拡大した。ところが、オイルショックをはさむ次の二〇年に政府が何をしたかと言うと、右上がりの富の創出能力を信じて、富を分配することにのみ腐心したのだ。その結果、本当は富を創出していないのに、あることを前提に使うことだけを考える、配分されることだけを期待する、おんぶにだっこの甘えの国家構造ができてしまった。

富の創出能力に急激なブレーキがかかりはじめたのに、富の分け前にあずかることを、相変わらずみんな期待している。不景気になっても「減税をしよう」とか「赤字国債を出そう」など、富の配分のことばかりに気をとられてしまって、どうすれば日本の産業マシンが再び富を創出できるようになるのか、ということについては目が向かない。たまに向く人がいても具体的なアイデアがないという状況だ。

日本の通産省は、戦後、比較的早い頃には産業別に縦割りに富を創出させる方法で成功してきた。まず「鉄は産業のコメだ」と言って鉄鋼業を押し上げ、続けて造船、家電、自動車、……と、同じ方法で産業を育てた。そして最近では「産業のコメは半導体になった」と言い、コンピュータだ、ＯＡだ、通信だという具合にいまだに次々と進めている。では、今後こうした産業のなかから自動車のような非常に大きな富を生産する産業が出てくるかといえば、これと言ってめぼしいものはない。主流であるはずの第三次産業の中にも、世界の市場で競争に勝っていけるようなものは見当たらない。ソフトウエア産業がいいと言っても、急激な円高による第二次産業の衰退や空洞化をカバーするレベルには至っていない。

それなのに通産省は、過去の成功法則にしがみついて、新たな縦軸（産業）を見つけだそうと躍起になっている。力を入れたはずの次世代コンピュータのプロジェクトも、当初から予想された並列処理などの一部のものを除いては、目立った成果は何もなかった。十数年前にあったVLSIなどに匹敵する成果をもつプロジェクトはもはや出てこないだろう。

つまり、縦割り、産業別という通産省の従来のシナリオでは、もう富の創出はできないのである。日本がまだ途上国だった時代は、このやり方が都合よく機能して、産業が順序よく育ち、右上がりの成功を実現することができたのだろうが、一人当たりGNPが一万ドルを越えた七九年以降、すなわち日本が先進国の仲間入りをした頃から、このやり方は次第に色褪せたものとなったのだ。

産業界の足を引っぱる通産省

現在の日本は一人当たりGNPが三万ドルを越えている。金融や商社など一部の業界では平均年収が一〇〇〇万円を越えるようになった。連合系の組合員の平均年収は七二〇万円である。年収一〇〇〇万円というのは、一ドル一〇〇円で換算すると、アメリカの会社の役員と同じレベルだ。アメリカでは一〇万ドルクラブといって、特別な役員だけが一〇万ドルを稼げると言われている。フォード社は一〇万ドルの給料をもらう人が四〇〇人もいるといって「ウォールストリート・ジャーナル」紙に叩かれたが、日本では多くのサラリーマンがそれに近い額か、それ以上をもらっているのだ。

一方で前述のように中国の大企業の社員の平均年収は、日本円に換算すると六万円である。つまり、六万円の給料を取る人と、一〇〇〇万円を取る人が同じものを造っているという、とんでもない状況に、いまの日本の産業界は置かれてしまっているわけだ。また間接人員も多く、非効率的な仕事を延々とやっている。それも非常に急速にこうした状況になったので、その対応がうまくいかない。つまり、産業界は困っているのだ。こういう時に通産省は何をしているかというと、産業界の足を引っ張るようなことばかりしている。富の創出機能を維持するための支援をするどころか、競争力がなくなるから嫌だと言っている企業に対して、アメリカから部品を買え、購買品のリストを出せと言ってみたり、輸出奨励策はもうやめたなどと言っている。大蔵省もかつては産業用ロボットを導入したら三年で償却していいというような企業に対する優遇をいくつもしていたのに、いまは税収が足りないので研究開発への優遇も後退させて、六〇％近い法人税等をばんばん取っている。放っておくと企業は何をするかわからない、儲けすぎて外国から睨まれては困るので、とれるだけ取ってしまおうというやり方をしている。ＯＥＣＤ諸国の中で法人税が五〇％にもなる国は日本しかないのだ。これでは富の創出能力がどんどん失われてしまう。政府が自国の産業を元気づけるのではなく、富の創出能力を破壊してばかりいるのだから話にならない。

実は八〇年頃から、先進国においては、富の創出を維持、拡大することが、非常に難しい問題になり出していた。富の創出という問題は、実はここ一五年くらいの最大の政治・経済的課題であったのだ。ところが、日本では自動車、オーディオ・ビジュアル（AV）、OAなど競争力があるといわれる産業があまりにも強かったために、次の世代の富の創出を真剣に考えてこなかった。通産省は依然として花形産業を生み続け、強くなりすぎたといっては対米交渉などをやり続けるものだから、弱さの研究、対策、というものが置き去りにされているのだ。強い産業から税金をどんどん取って、それを弱い産業にバラ撒くというやり方を続けてきたので、弱い産業は甘えてばかりいて相変わらず競争力を持ちえていない。逆に、通産省が目にもかけなかった産業、つまり育成に力も貸さず保護もしなかったような産業——たとえば、任天堂やセガやエニックス、ハドソンといったところ——が外貨を稼ぐ先兵になっている。

先進国の産業育成策というのは、政府主導のケインズ的なやり方やニューディール方式では絶対にダメなのだ、ということを、もういいかげんに理解すべきなのである。

日本に起業家の育つ余地はあるか

いま世界に冠たる産業をみると、一人のアントレプリヌール（起業家）が強力に企業を引っ張っているところが多い。マイクロソフトのビル・ゲイツ氏、ロータスのジム・マンジー氏、インテルのアンディー・グローブ氏、ＥＤＳやペローシステムを興した例のロス・ペロー氏など、例をあげればきりがない。日本ではパソコンを大量につくっているが、これらもマイクロソフト社のオペレーティング・システムやインテルのプロセッサーを使わないと動かすことができない。だからおいしいところはみんなインテルやマイクロソフト社に持っていかれてしまう。残ったハードの部分でさえ、エイサーやマイタックのような台湾の会社にコスト競争力では抜かれてしまった。

アメリカではワークステーションをベースにした、サンマイクロやHPといった会社も勢いがよい。オラクルとかノベルとかいった情報産業の会社も急成長しているが、そういうネットワーク・インテグレーションの有力会社が日本には一社も出てきていない。ハードでもおいしいところは残っていない。では、日本のパソコンとは一体何だったのかというと、結局はあだ花にすぎなかったのではないか。

大型コンピュータの分野でも、国内では富士通がIBMを負かしたかに見えた。通産省の援助を受けて日の丸コンピュータが外国勢と競争をしている間に大型コンピュータは構造不況に陥ってしまった。情報産業以外の分野でも、たとえばバイオテクノロジーなどでも、並外れた創造力を持った起業家の人たちがどんどんいい会社をつくっている。つまり、個人の感性で世界的インダストリーを支えられる時代になってきたのだ。〝前川レポート〟が出た頃から日本企業の経営のやり方は、世界で非常に注目されるようになり、「日本の経営に学べ」などと言われて得意になっていたが、実際の勝負では日本的大艦巨砲主義ではなく、アメリカン・ドリームを追い求める起業家の率いる身軽な新企業のほうが勝ってしまっているのである。

では、日本にアントレプリヌールが育つ素地はあるのだろうか。幸いテレビゲームなどの分野では何人か出てきている。とはいえ、ファミコンソフトの会社のいくつかは大きなものになっているけれど、本来ならマルチメディア産業を世界的スケールで本当にやらなければならないところ、たとえば松下やソニーなどの日本の企業は会社の規模があまりにも大きすぎるようだ。この一〇年の間にアメリカで大型企業買収などをやってさらに規模を大きくしたが、稼ぎ頭の家電やＡＶが非常に苦しくなっている。また、こうした日本の超優良企業は一ドル一〇〇円という政府の失策によって不必要なダメージを受けている。とてもこれから情報産業に大きな投資をする余裕は残っていないだろう。したがって、いままでにない優秀な人材や、新しい産業を引っ張り込む、すなわち企業の体質転換をしながら、集中的な投資をしていく力がなくなっている、というのが現状ではないか。

企業は大きくなると自分自身でまわりの景色がよく見えなくなる。アメリカやドイツなどでは大企業のトップが小さな会社から来ることが多くなっている。日本では官僚が天下りするケースはあるが、中小企業の優れた経営者を大企業が迎えた、などというのは聞いたことがない。大企業が大組織の論理から抜け出せないのも、こうした人材面での硬直化した慣行と無縁ではないように思う。なんとなく大企業は昔の貴族でいう「格」が上、なんて変な階級意識があるような、そんな保守的雰囲気さえ、この日本ではできあがっているのだ。

急速にパワーダウンする巨大産業

日本経済、日本産業は強い、強すぎるということで世界からたたかれた。だから、摩擦が起こらないように、産業構造を変換しようという発想は、「日本の産業は強い」という最初の認識からして間違っていると私は思う。

世界的に見て、たしかに強いという産業分野は一部にはあるが、そこが弱い産業をずっと引っ張って来たから、全体的に強いというイメージになっているだけなのだ。富の分配の理論を振りかざして、今日まで一心に弱いところを保護してきたので、いまだに生産性の低い生糸やこんにゃく、合板などの産業が成り立っている。だが、とうの昔から、そんなところに富の創出能力などはないのだ。

「日本の産業は国際的に強くなりすぎた。市場開放を要求されている。だから、開放の障害になっている既得権益を壊して、規制緩和などをどんどんやるべきだ。国民の貯金をどんどん吐き出させて消費大国にしなければならない」という〝前川レポート〟も、そのへんの理解をあやまっている。

日本の問題は産業構造の歪みにあって、強くて開放できるものと、弱くて保護され、政治的に生息している産業が混在しているところにあるのだ。これを貯蓄から消費へ、と全体的トーンでとらえることはできない。なぜなら産業構造の転換は大量失業を生み出す。そのことを従来型の官主導で調整しながらやるのか、それとも市場メカニズムで一気にやるのかの選択を迫られているのだ。

日産の工場閉鎖や、ホンダの社員削減政策を見てもわかるように、かつて強い力を持っていた特定の産業は、いまや急速にパワーダウンしている。そのもっとも大きな原因は、政府のあやまった指導による富の垂れ流しにある。たとえば、日本の自動車産業はそれほど強くないうちから「強い、強い」とバッシングされて、しかたがないのでアメリカに生産拠点を移していった。半導体もアメリカから二〇％輸入することを政府が勝手に決めたので、業界は否応なしに買わざるをえなくなった。本来なら強い産業をさらに強くしていくべき政府が、それも本当に強い産業は一握りしかないというのに、国内の富の生産能力を下げるような奨励を次々におこなったのだ。

アメリカにおける自動車の総需要約一〇〇〇万台の二五％、すなわち二五〇万台を日本は安定的に輸出していた。これにケチをつけられて二三五万台の輸出枠ができた。しかも日本の政府はこれに合意しながら、アメリカに生産拠点をつくることを奨励して、二〇〇万台分の自動車工場が新たにできた。つまり、足し算をすれば四三五万台である。総需要に対して四三・五％の日本ブランド車をアメリカ国内で販売するのは、販売能力からいっても、それこそアメリカの国民感情からいっても不可能である。急速な円高がなくても行き詰まることは見えていたはずなのに、政府はこれを奨励し、メーカーもこれに乗って大きな工場をアメリカにどんどんつくってしまった。しかも、政府はアメリカから三万台を買うというばかげた約束までしてしまった。日本の自動車産業の実力を盲目的に過信しているか、現状をまったく見ていないかのどちらかであろう。

果たして、現実はアメリカで二五〇万台はおろか、輸出枠の二三五万台も売れていないのである。余った二〇〇万台はどうするつもりなのか。日本の工場を次々にクローズできる経営者は誰もいない。かといって建てたばかりのアメリカの工場を閉鎖すれば、日本企業がレイオフをしたといってアメリカで大問題になってしまう。日本はいま、最大のドルの稼ぎ手だった自動車産業を放棄するか、それとも米国工場を閉鎖して修羅場を見るのか。そのどちらかを選択しなければいけない瀬戸際に立たされているのに、真剣にこの問題に取り組んでいる人はいない。このまま放っておけば自然解決するような兆しもまったくないのに、だまって息をひそめている状態なのだ。

半導体の業界もまったく同じ状況におかれている。こうなってしまったら少々のリストラや小手先の細工では状況は変わらない。もっと大胆な改革をしていかなければならないのである。

時代遅れの政府の対応

何度も言ってきたが、もっとも大切な課題は雇用の創出である。つい三年前まで日本では、単純労働者がいない、外国人を入れさせてくれ、そうじゃないと経営が成り立たないと言って大騒ぎをしていたが、外国人労働者受け入れの法律ができたのは今年になってからだった。これから失業の山ができそうだという時になって、やっと法律ができたのだ。政府の対応は明らかに三年遅れた。当時、私は労働省に行って、これからの日本では失業者があふれることが最大の問題だから、景気と連動した受け入れ策を考えてほしいと説明したのだが、そんな心配はないとみんな反対した。それよりも人手不足倒産のほうが心配だと言っていた。

では、なぜこういった認識の違いがおこるのか。それは、いくつかの強い産業の陰に、旧態依然とした業界が多く残っているということを忘れているからだ。さらに始末が悪いのは、不景気になっても政府支出を拡大すれば、いくらでも雇用を増大できるというケインズ経済学の理論がいまだにまかり通っている。だが、先進国における雇用はそんな形では創出できるものではない。無理にやろうとすれば、納税者にものすごい負担がかかってくるのだ。

日本がこれから本当に国際競争力のある産業をつくろうと思えば、稼ぎ頭の自動車から始めて、ほとんどすべての業界で血の出るような改革を断行しなければならない。前に述べたような理由で自動車さえも四苦八苦しているし、円高が国際競争力を不必要なまでに下げている。

このような窮地に立ちながらも、相変わらずやめない富の配分によって、競争力のない産業もみんな生き残っている。いざ危篤状態となると、政府が緊急対策というカンフル剤を注射して守ってしまうからだ。それならば一体誰が富を創出してくれるのか。もう、ほとんど誰もいないのだ。いままで富を創出していた企業のほとんどが赤字体質になってしまった。立派な商品を作っているソニーも日産も赤字転落なのである。したがって、法人税収は前年比半分になってしまうし、当然、国民の所得も上がらない。こうした現状をベースに考えてみると、「産業を構造転換しろ」といくら言っても、いまの日本では非常に難しいことがわかる。それに、どんなふうに転換するのかという具体的なアイデアが政府にはない。ニューマテリアル、バイオテクノロジー、セラミックス……など、通産省はこの一〇年くらい必死になって新しい産業をつくろうと試行錯誤したが、どれもこれも海外のアントレプリヌール率いる新企業に勝てないというのが現状なのだ。

長崎活性化へのビジョン

通産省や政府主導のもとでは新しい産業が興らない。それならば、どういった方向が今後あり得るのか。長崎の開発を例にとって考えてみよう。

長崎というところは鉄鋼や造船といったいわゆる斜陽産業が多く、古いタイプの漁業や農業が依然として強い地域である。離島も多い。ここを開発しようとする場合、従来からの政府のやり方だと、諫早湾《いさはや》を埋め立てて干拓工業団地を造ろうということになるのだが、しかし、いまのような景気の状態では、工業団地を造って工場を誘致しても誰も来ない。結局はペンペン草が生えるだけで、開発に使った何千億円もの費用が無駄になってしまう。秋田県の八郎潟がいい例で、コメの生産量を上げようと干拓して広大な水田をつくったものの、できあがった時にはコメ余りで減反政策が進んでいた。お金をかけ、自然破壊までして開発しても何にもならなかったのである。こうしたニューディール的な産業政策で成功した先進国はないし、またそれで育った産業もないのである。

では、どうすればいいのか。まず、大村湾に浮かぶ長崎空港を考えていただきたい。ここは海上空港なので騒音問題の心配がなく二四時間離着陸できる。そういった意味では成田よりも立派な国際空港である。そのうえ、上海までは一時間半、北京へは二時間。台北なら二時間かからない。韓国の釜山へは三〇分だし、ソウルへ飛んでも一時間の距離だ。さらに大連や天津にも近い。ということは、世界でもっともダイナミックな発展を見せている経済圏（黄海経済圏）のなかにあって、先進国型のインフラを一番備えた都市機能を持ち、しかも立派な空港を持っているのは長崎だということだ。それにこの圏内で良質な空港が造られる計画はいまのところ一つもない。建設中の第二金浦空港（韓国）は二〇〇〇年までオープンしない。つまり、世界で唯一成長するといわれている地域にあって、核になり得る空港を持っているのは長崎だけなのだ。

だから長崎は東京のほうばかり向いていないで、独自の空港ネットワークをつくればいい。そのためには航空業界を規制緩和して、長崎空港は地元が管理し、航空ネットワークを自由につくれるようにすべきなのだ。圏内の主要都市とどのくらいの頻度で結ばれ、どこの航空会社を入れるのか、自由に決められるようにすべきなのである。アシアナ航空、大韓航空、チャイナ・ノースウェスト、チャイナ・インターナショナル、台湾の中華航空（ＣＡＬ）、ＥＶＡなど、周囲を見回しても有力なところがたくさんある。

中国のマーケットにも、韓国のマーケットにも、もちろん東京や大阪のマーケットにもアクセスがあり、台湾から瀋陽までもカバーできて、しかも先進国のインフラが整っているのが長崎だ、ということが明らかになれば、間違いなく世界の大企業の中国、韓国戦略のヘッドクオーターが、みんな長崎にやってくる。するとそこに人材が集まる、情報が集まる、情報をコーディネートする会社がくる。会計会社、法律事務所、設計事務所もどんどんでてくる。そうなれば黙っていてもあらゆるサービス産業が集まってくるし、当然それらを求めて金融機関もやってくる。

長崎の本部でワークステーションのキーを叩いたら、天津や上海の部品工場が動いて、大連の組み立て工場に運ばれ、そこから世界に輸出していく、ということが可能になれば、それが日本の貿易輸出になるかどうかは別として、ともかく長崎は繁栄するのだ。気がついたら産業が興り、雇用が起こり、世界中からレベルの高い人たちが集まってくる、という状況になるのである。若い人も東京から目をかがやかして戻ってくるだろう。そして週末は大村湾でヨット、釣り、離島にマイボートで行って食事をして帰ってくる。そんな生活様式が十分可能なのである。

これこそが、私の言う地方自治、開放経済社会における世界との関わり方であり、地方都市の理想的な発展のしかたなのである。長崎がこういったビジョンを持って進めれば、旧来の通産省的な、まずは鉄鋼です、次はOAです、というプロセスを辿らずに、雇用が増大して地域が活性化してくるのだ。アメリカやヨーロッパから直行便が日に何度もやってくるような都市になるかもしれない。

これは一面でシンガポールの発展形態に似ている。シンガポールはASEANという情報インフラの後れた地域のなかにあって、サービス産業的なインフラをたくさん整備したところ、いつの間にか金融業界から設計業界まで、世界のトップ企業が次々に拠点を出して、南アジアの中心都市になってしまった。

私がここで言いたいのは、新しい需要、新しい産業、新しい経済を起こそうと思ったら、通産省の一品料理型ではなく、建設省のニューディール型でもない、そういった過去の発想を越えたやり方をしなければダメということだ。鉄こそ国家とか、全国一律エレクトロニクスなどという考え方はもはや成り立たない。ここで思い切ってオールクリアボタンを押し、今までのノウハウをすべて忘れて、その上で新しい富の創出方法を考えなければならないのだ。

地方自治のアメリカ、ビッグバンのイギリス

アメリカというのは面白い国で、中央政府が産業政策を持っていない。とくに共和党は産業政策論そのものを共産主義理論と同じように嫌っている。民主党のブレーンでいまの労働長官のロバート・ライシュ氏は産業政策論者として知られていたが、そんな彼でさえも四、五年前に宗旨替えをしている。そういう国だからこそ、日本株式会社が産業政策論で成功したという話を聞いて、必要以上に動揺し、アメリカも国家として産業戦略が必要ではないかと考えはじめた。だが、産業政策としてソフトを起こそうとか、ニューセラミックスを起こそうとやってみても、うまくいかない。国家は産業が興りやすい雰囲気をつくることが大切で、それ以上やってもうまくいかないことがわかった。そして結果として、地域経済の振興ということになった。

いまアメリカで一番勢いがあるのは、これまでマウンテンズ（山岳地方）と言われて無視されてきたコロラドとかユタである。こういった地域に、ニューヨークやロサンゼルスのビジネス街でネクタイをして働きたくない人たちが集まって来て、情報分野の産業を興した。最先端のコンピュータ技術やワークステーションを駆使し、その成果を世界中に売って、残った時間は釣りをしたりして楽しんでいる。起業家的な発想によるこうした会社がどんどん成長しているのだ。

テキサス州でも、オースチンやダラス、フォートワースのあたりに、ＥＤＳやコンパックという世界的な企業が続々と誕生して、五万人、一〇万人という単位で雇用を創出している。政府が五万人の雇用をつくるといったら大変なことだが、ここでは地域の企業が平気でやっているの

だ。なぜ、テキサスやマウンテンズにこうした産業が興ったのかというと、理由の一つは情報インフラがちゃんと整備されていたこと、もう一つは立派な飛行場が近くにあって、全米および世界にネットワークを持つ航空会社がどんどん乗り入れていたことである。

一方、イギリスはケインズや社会主義の影響の強い国なので、有効需要の原理にそった産業政策をやろうとして、そのたびに失敗を繰り返し、国力を落とし続けてきた。こうした状況は八〇年代に当時のサッチャー首相がビッグバン政策という完全な規制緩和をするまで続いたのだ。この政策は、ある意味では強いやつだけが生き残ればいい、アメリカ企業や日本企業に買収されてもいい、という開き直りに近いもので、たとえばロンドンのシティーの企業がどんどん日本のものになったとしても、「シティーはシティーであって、イギリスからシティーを持っていくわけにはいかないだろう」という考え方によっている。

ビッグバン政策の結果、イギリスの企業は力をつけ、予想以上に生き残ることができた。一方では確かに何百社、何千社という会社が倒産したり買収されたりしたが、反面生き残ったところは非常に強くなり、フィナンシャルタイムス、ロイター、エコノミスト、BBCなどに代表される情報産業や金融機関、医薬品など多くの分野でイギリスが再びリーダーシップをとるようになった。航空業界を見ても、規制緩和でエアラインがワッと参入したため、体力のない会社は路線を撤廃したり身売りをしたが、競争に勝ち残った英国航空は、世界中で圧倒的に体力のある航空会社になった。同じボーイングの飛行機を飛ばしているのに、日本のエアラインの半分くらいしかコストがかからない。自助努力によって、安全でしかもコストのかからない体質をつくることができたのだ。

比べて日本では、運輸省がエアラインをがっちり守り、儲かるルートを割りふって、国民に高い航空運賃を押しつけている。これでは、日本株式会社のどこが強いのか、何が日本の良さなのかわからない。日本の航空会社の体質を強化するという名目で、アメリカで買えばすごく安いチケットを国民に高く買わせているのに、肝心の航空会社は国際競争力を持てるようにならない。こういったごまかし、富の垂れ流しはすぐにでもやめるべきなのだ。

ビジョンのない地域振興

したがって、この日本にとっての緊急の課題は、富の創出能力を根本からつくり直すことなのである。それは、通産省のように産業別に指導するようなものではなく、むしろアイデアに富んだ個人が思い思いに事業チャンスを得られるような環境をつくるということだ。

日本では航空政策一つとっても、政府が全部決めて東京中心にやっている。そして地方には余ったところを押しつけるようなことをしている。地方も、待っているか陳情しているだけで、長崎の例で示したような空港を軸にして国際化をはかるなど、将来計画を自ら作ろうという発想がない。どういうネットワークを持とうということなどは考えず、二五〇〇メートルある滑走路を三五〇〇メートルにしろとか、設備をグレードアップしろとか言って、そのための土木建設予算をとってくることしか考えていない。八重山諸島を活性化しようと思ったら、今あれだけ繁栄している台湾や福建に直接飛べるよう対外交渉に努力したほうがいいのに、新しい空港を造ることしか考えていない。それでサンゴ破壊をする、という反対派からの反発を受け一〇年も無駄な時間を費やしているのである。日本には土建業を兼ねているような町長や村長が多いから、土木工事のための大きな予算を国から取って来て、それによって地域が潤うという発想しかできないのだ。私の好きなダイビング場所に沖縄の本島に近い慶良間《けらま》諸島というのがある。世界的に誇れる美しいサンゴ礁と白砂の地なのであるが、最近はご多分にもれず漁港建設と橋づくりで台なしになってきている。このままいけば沖縄は、人の住んでいる島で陸に近いところは皆、橋がかかってくるだろう。今人口五〇人の島に立派な橋をかけている。もしここでやめれば不公平だ、という議論がまかり通ってしまう。こんなことだから八兆円、一三兆円と政府が資金をバラ撒いても、一向に景気浮揚効果が上がらないのだ。

こういう問題を考えると、地方経済というのは、地方側でイニシアチブがとれるようにしなければいけない。しかし、その地方なるものもあまり小さくてはうまくいかない。たとえば、佐賀県はいま佐賀空港を造ってくださいという陳情に成功して、空港の建設をはじめている。福岡、長崎、熊本などの隣接県に立派な空港があるのだから、本来はその利用を考えて、空港までの交通手段を整備すべきなのに、隣の県にあってオラが県にないのは不憫だ、というはなはだ情緒的な要求に国も金を出してしまう。では、空港を造ったらどんな路線が欲しいのか、エアラインはどこがいいのか、空港を地域の産業育成にどう結びつけるのか、というようなことは誰も考えていない。もっとひんぱんに陳情に通えるよう、東京にさえ行ければいいのである。そして資金が土木業者、建設業者に落ちることを喜ぶ人たちはいても、地域振興についての議論をする人など全然ないのだ。

福井県では、空港がだめならせめて新幹線を……というわけで、誰と会っても新幹線の話になってしまう。私も心情的には米原までの新幹線があれば便利だなあ、と思う。しかし、新幹線さえできれば産業の振興になると信じてそれだけを皆で待っているようでは何も新しいものは生まれない。なぜなら、そういう発想であの北陸自動車道を建設したはずなのだが、通る車の数はわずかである。配分されることを願い、富の創出について考えることを忘れてしまっている。この日本ではすべての発想がニューディール式になってしまっているのだ。

地方経済は、基本的に地方側でイニシアチブがとれるところまで持っていかなければならない。その地方というのは狭い範囲ではだめだ。産業政策が立てられ、雇用創出について十分な施策の打てる単位（それを私は道州と呼んでいる）に再編しなくてはならない。

そして国はよけいな干渉をしたりせずに、やる気の出る雰囲気と公平なシステムをつくってくれればいい。ひもつきの予算などはいらない。これは諸外国でもまったく同じで、官主体でうまくいくのはせいぜい途上国までである。

日本は貯蓄大国のウソ

〝前川レポート〟のもう一つのあやまりは、「日本は貯蓄大国だ」という認識である。

私は「貯蓄大国」という概念自体が間違っていると思う。また、アメリカは「消費大国」だと言われているが、これも一面的な見方だ。では、何がおかしいかと言うと、そういった見極めの基本データ、および認識が日本とアメリカでは違うのだ。

日本にはたしかに異常なほど貯蓄がある。GNPを超える、六〇〇兆円という個人金融資産を持っている国は、世界にも例がない。不景気だといわれるこの一年間に限っても貯蓄は増えている。だが、結論から先に言うと、こうした日本と、消費大国とされるアメリカの貯蓄率の差はほとんどないのだ。私は前川レポートの出たあと、八八年に基本認識をそろえるとどのようになるか検証してみたことがある（『文藝春秋』八八年五月号）。

当時、日本の貯蓄率は一六・一％、アメリカは五・二％だとされていた。これを見る限り、日本はアメリカの三倍も貯蓄をしていることになるが、いろいろ調べていくうちに、鵜呑みにはできない数値であることがわかった。この比較はイコール・ベースに基づいていないのだ。なぜかと言えば、それは貯蓄率の定義に由来している。

一般に貯蓄率は、《貯蓄÷可処分所得》という公式から算出される。つまり、一般家庭の可処分所得に占める貯蓄の割合のことだ。「可処分所得」とは、個人所得から所得税とそれ以外の税金や保険料などを差し引いたもので、「貯蓄」とは、この可処分所得から消費支出を引いたものだ。ということは、貯蓄といっても銀行預金や郵便貯金のことだけを指すのではないのである。ここに注意していただきたい。たとえば、日本人とアメリカ人が生命保険に加入したとする。同じ生命保険でもアメリカの生命保険のほとんどは掛け捨てなので「消費」として扱われるが、日本の生命保険の多くは満期に保険金を受け取れる積立て型なので「貯蓄」の扱いになる。さらに、企業年金の掛け金も日本では「貯蓄」と見なされる。余談だが、日本において企業年金というのは、もともと家計所得には計上されなかった企業法人部門の退職引当金から移行したものである。その掛け金はサラリーマンの手に渡らないのに所得として扱われ、しかし消費にまわることはないので貯蓄としてカウントされてしまう。したがって、かりにこれを所得と見なさずに退職引当金として処理すると、貯蓄率は一・四％も小さくなる。

また、企業形態の違いから貯蓄率がイコール・ベースでなくなることもある。たとえば日本やイタリアにはパパママストアと呼ばれるような小さな個人営業が多く、この人たちが事業用に蓄えるカネも「家計貯蓄」と見なされる。自営業の場合は家計部門と営業部門とが画然と切り離されていないため、事業用の貯蓄までが「家計貯蓄」として扱われてしまうわけだ。

すなわち、《貯蓄率＝貯蓄÷可処分所得》《可処分所得＝個人所得－税金－保険》《貯蓄＝可処分所得－消費支出》という定義は日米ともに共通であっても、税制や社会習慣が異なるために、貯蓄率として出てくる数字の意味合いが違ってしまう。

ＯＥＣＤではこうしたことを一部ふまえて補正した数字を発表しているが、それによれば差は七％に縮まってしまう。さらに、私が念のため私の指摘したことすべてを入れて計算してみたら、日米の貯蓄率の差はわずか五％になってしまった。

それから、「貯蓄」というのは購買力平価で割り算する必要があるのではないか、という指摘もある。すなわちドルベースで換算すると、一ドル二〇〇円だったのが一〇〇円になれば、日本は何もしなくても貯蓄が倍になったことになるからだ。貯蓄額がその国の生活においてどのくらい役に立つかを割り出すためには、購買力平価で割り戻す必要がある。そうすると、アメリカの貯蓄の方がずっと大きくなってしまうのである。

投資が浪費になる日本

では、次に日本人は本当に消費していないのか、あるいはアメリカは本当に貯蓄していないのか、について考えてみたい。

日本人の個人金融資産が六〇〇兆円もあるというのに、このカネがなぜ消費にまわらないのかには、きわめて単純な理由がある。そもそも日本には消費をしたくなるような安くて良いものが少ないし、それに日本でいう消費は、すなわち浪費になってしまうからである。このことを説明するために、日本とアメリカの住宅を例にとって、その違いを述べてみたいと思う。いま、日本で中古住宅を買うと、住宅本体に対する投資は貯蓄に計上されるが、設備や内装は消費支出の扱いになることに留意しつつ、以下を読み進めていただきたい。

アメリカの場合、二〇万ドルで土地付きの中古住宅を買うと、内装をきれいにしたり備え付けの家具を入れたりするために、さらに二〇万ドルほどつぎ込むケースがよくある。この二〇万ドルは消費として計上されるが、もし五年後にこの家を売ろうとした場合、内装にかけた費用の領収書などをそろえて出すと、不動産屋は四〇万ドルくらいの価値を認めてくれる。住宅を美化するために投資した部分、暮らしやすくするために投資した部分については、そのまま評価されるのである。

一方、日本では五〇〇〇万円の住宅を買い、その後二〇〇〇万円かけて改装修理をしても、売る時は土地の値段にしかならない。五〇〇〇万円のうちの三〇〇〇万円が土地の値段で、建屋二〇〇〇万円と改装費の二〇〇〇万円、合わせて四〇〇〇万円が家の値段だったとしても、売る時はほとんど価値にならない。すなわち、家にかけたカネは買ったとたん、あるいは改装した瞬間に消えてなくなってしまうのである。日本では消費が浪費になる。だからこそ貯蓄せざるを得ないのであり、積極的に借金してまで住宅の改修をしたり、ライフステージに合わせた買い換えができないのである。

こうした日本とアメリカの差はいかなる結果を生じるだろうか。日本では七〇〇〇万円かけた家を持っていても、いざというときに三〇〇〇万円にしかならないのに対し、アメリカでは家にかけた金額がそっくり戻る。四〇万ドルを注ぎ込んだとしても、かけたぶんだけそっくり戻ることがわかっているから、アメリカ人は安心して家に投資することができる。改築などに「消費」した分も、実際は「貯蓄」と同じなのだ。

日本だってバブルの前に四〇〇〇万円で買った都心のマンションなら、いま一億円はするだろうから、投資になっているのではないか、という反論があるかもしれない。当時の都心のマンションに限っていえば確かにそれは事実である。しかし、それを売った時に得る六〇〇〇万円のキャピタル・ゲインがそのまま手元に残らないことを考えてもらいたい。分離課税と所得税の両方がかかり、かなりの重税となって、それほど得にならないのが実状だ。

住宅だけでなく、自動車も同じである。日本では二〇〇万円の自家用車が五年を過ぎると下取りの査定がなくなって、事実上、廃車同然の価値しかなくなる。ところが中古車マーケットが発達したアメリカでは、日本の二倍近くの価格が維持されているし、五年を過ぎても市場で相応の価格で売られている。もちろん、目減りはするものの、「貯蓄」の役割はちゃんと果たしている。

日本では、一〇年乗ると毎年車検を受けなければならない。これは国家が国民に対して「古い車には乗るな」と指導しているようなものだ。しかも車検（前点検整備）の費用は一〇万円以上もかかる。私が住んでいたアメリカの州では、車検費用はたった二ドル七五セントだった。なぜ、日本にはこんなに大げさな車検制度があるのか。それくらいやらないと危険なのだろうか。そんなはずはない。車検のない国で古い自動車が人身事故を起こして困るという話は聞いたことがない。国がメーカーや修理業者のために浪費をあおっているだけなのだ。

これらのことは、戦後の大量生産、大量使い捨て消費の産業政策を抜きにしては考えられない。日本はモノを売る人に有利に、買って使う人に不利なように、政治や経済のシステムができあがっているのだ。新政権は「生活者重視」、と言葉だけは私の言ってきたことを使ってくれているが、その根本的なものまで本当に直そうという気があるのだろうか。

貯蓄率の逆転現象

アメリカ人は借金してもモノを買う、ローン漬けになっているとよく言われる。では、貯金してからモノを買うのと、ローンで買うのでは実質的にどこが異なるのか。マクロ経済的な立場ではなく、ミクロの目、すなわち消費者の目から見れば、前者と後者は決済の時期に差があるだけだ。クレジットでモノを買うというのは、架空の貯金でモノを買うことと同じなのである。ところが、従来の貯蓄率の定義に従えば、貯めてから買う習慣の根強い国では貯蓄率が高くなり、買ってから返済する習慣の国では低くなる。実際は同じことをしているのに、文化、習慣の差で、貯蓄率の数値が変わってしまうのだ。

そこで、貯蓄率と消費者信用依存度（可処分所得に占める消費者信用利用額の割合）とを加算して考えると、日本＝二九・〇％、アメリカ二九・八％という数字が出てくる。どちらもほぼ三〇％と同じなのである。

さらに言えば、老後に備えて蓄えるという点においては、スウェーデンなどの高社会福祉国では、蓄えゼロでもいいはずだ。その代わりに税金がきわめて高いので、可処分所得は少なくなる。言葉をかえれば、スウェーデンでは老後の蓄えを税金のかたちで政府に積み立てているのである。それが日本の場合は、積み立て先がたまたま（産業界にとって都合の良い）銀行であるがために「貯蓄」となってしまう。

それから、もう一つ日本人の貯蓄率が統計的に高くなってしまう理由がある。それは日本の金融機関の与信行為が非常にコンサーバティブ（保守的）、つまり一般個人に対しては、まとまった資金の貸し出しをなかなかしないことだ。さらに、どうしても借りたい人には預金を強要する悪習があるので、貯蓄がいやでも増えてしまうのだ。

たとえば、日本では住宅ローンを借りようとすると、かなりの額の頭金の積み立てが必要となる。統計によると、住宅取得価額の三二％が頭金、残りの六八％がローンとなっている。なぜ、頭金の積み立てが必要かというと、理由は二つあって、その一つは、おカネを貸す代わりに口座を開いてくれと、一種のレシプロシティー（互恵主義）のようなものを銀行が求めるからであり、もう一つは、日本では直接税の比率が高いために、税引後の所得でローンを返済してゆくのはたいへんだからである。

面白いことに、大蔵省の指導では、そうした拘束性預金（レシプロシティーによる口座開設）は認められていないので、頭金を積み立てていると年に一回「これは拘束性預金ではございません」という白々しい通知が銀行から届く。だが、これはタテマエであって、ローンの見返りに定期預金を積み立てさせるのは、立派な拘束である。

アメリカの金融機関のなかには、購入した住宅そのものを抵当に取りはするが、基本的には信用さえあれば必要額を全額貸してくれるところもある。だから全国平均で見ても頭金は住宅取得価額の二三％でしかない。さらに、アメリカの金融機関の鷹揚さについて付け加えておくと、あちらでは元本を返済しないで金利だけ払ってすむローンがある。なぜそういうことが可能かといえば、先に述べたように、四〇万ドルのカネをかけた家は中古になっても四〇万ドルの価値が持続するからで、金融機関にすれば、その家を抵当に押さえ、月々の金利を払ってもらうだけでいいのだ。このことが、アメリカ人が借金をしてでも住宅にカネをかけられる理由でもある。もう一つ付け加えれば、アメリカでは金利の支払いは、個人であっても企業と同じように必要経費として非課税となる。そのぶんを消費にまわせるし、また、借りたほうが得だというケースも多くなる。つまりアメリカでは安心して消費できる税制や社会システムができているのだ。日本は貯金していなくては何もできないように、個人に不利で企業に有利な制度ができ上がっているから浪費大国になってしまったのだ。これを直さずに「貯蓄大国から消費大国に」などと表面的なことを言う〝平岩レポート〟が少しでもこの反省の上に書かれるなら、日本の消費不足の原因のそのまた原因にメスを入れなくてはならない。

さて、ここまで私は「貯蓄率」の話を続けてきたが、厳密にいえば「貯蓄率」は「貯蓄」そのものではない。たとえば四〇万円の可処分所得があって八万円の貯蓄をすれば、貯蓄率は二〇％になるが、累計でその人がどのくらい貯蓄を持っているかは、すっぽり見落とされている。どれだけ貯蓄しているか、言い換えればトータルでどれだけの資産を持っているか、ここがもっとも重要なポイントになる。

簡単に結論だけいえば、個人ベースではアメリカ人は日本人の約二倍の資産を持っている。なぜこういった数字が出てくるのかと言うと、それは日本とアメリカの金融商品のパフォーマンス（金利や値上がり）の違いによるものにほかならない。彼らは何か耐久消費財を買おうとするとき、現金があってもそれを使わずに借金して買う。そして現金の方は、借金の利率よりも高い金融商品に投資する。大きな買い物をすると貯蓄の余裕などなくなる日本人とは、たいへんな違いである。金融資産以外の資産、不動産や耐久財にしても、先に述べたとおりアメリカの方が市場価値が高い。

結局、月々の貯蓄率が高いから資産も多いというのはたいへんな誤解で、日本人は貯蓄率（フロー）こそ高いけれども、資産（ストック）としての貯蓄はアメリカ人の半分にすぎないのである。

この概念を加えて（資産の増加分もまたその年の収入であった、と見なして）貯蓄率を計算し直してみると、日本＝一四・四％、アメリカ＝一九・六％という数字が出る。なんとアメリカの方が五・二％も大きいのだ。

一般にアメリカは、個人の家計は負債が多くてマイナスになっていると考えられているが、実際には資産がどんどんふえている。だからこそ借金してまで消費しても問題がない。アメリカにおいては、負債も資産形成に使われているのだ。対して日本は、消費してしまえば何も残らない。まさに、消えてなくなるという本来の意味での消費であり、浪費なのである。

もう前川レポートはいらない

私がこの本の冒頭で〝前川レポート〟を引き合いに出したのは、はじめに述べた富の創出への考え方と、次に述べた貯蓄の現状認識について、どちらもあまり議論がなされずに、これまでの政策とアメリカの言い分だけを頼りに、まとめられていることについて懸念しているからである。

富の創出ということを考えずに、次世代の国家の富を創出する貴重な糧であるはずの十数兆円もの税金を各自治体に無造作に分配することによって、消費が増え、雇用も増して、景気が回復すると日本人のすべてが本気になって思っているとしたら、あまりにもおめでたい。だいたい不景気で何が悪いのか、この点が十分に議論されていない。苦しい、苦しいとは言っているが、何に比較してどう苦しいのかはっきりしない。自由主義社会では不景気には陣痛のような役割がある。苦しいからこそ生き残った人々には強さと喜びが与えられるのである。地方の自治体や競争力の弱い産業が、棚ぼた式の援助なしにやれないのでは情けない。子どもと同じで助ければ助けるほど自助努力をしなくなるからだ。大切な富の創出能力を壊しておいて、摩擦解消だ、国際協調だと言っているようでは、この国は滅びてゆくばかりだ。

また、「貯金もたくさんあり、失業も少なく、貿易黒字で潤っている」と言われて、なんとなくその気になる日本人は、あまりにも人が良すぎる。消費を回復させるためには金利をさらに下げるしかないと思っている人は、不勉強すぎる。消費大国になれなれと言われても、消費が浪費になってしまう日本では、恐ろしくてカネを使う気になどなれないのだ。現在のような生活を強いられている日本人が、「お前は世界一の金持ちだ」と統計上の理論を持ち出されても、実感などわいてくるものではない。

したがって、細川首相の諮問委員会が現在まとめようとしている〝新前川レポート〟は、こうしたいい加減な認識の上にたってつくられては困るのだ。大蔵省など官僚出身の人が多数メンバーになっている経済改革研究会で、ちゃんとした認識を持っている人がいるとは思えない。仮にそういう人がいたとしても、省益や産業界の大合唱の前で、本当に生活者の立場から発言できる人がいるだろうか。少なくともこれらの人々の今までの論文や発言には、その根跡さえ見えない。御用学者である国立大学の教授や、電力という独占企業の経験しかない平岩外四経団連会長に、担当役所のニラミの中で思い切ったことがいえるだろうか。

では何を目指せばいいのか。

それは、一人当たりGNPが三万ドルを突破して、世界一の経済大国となった現在の日本に見合った新しいパラダイム——つまり、法律や制度をつくって従来のパラダイムをゼロベースで置き換えればいいのである。〝新前川レポート〟は官僚的作文や対策の羅列ではなく、基本的には住宅、通勤というものを中心として安心して消費できる国をつくる。それを生活の改善、つまり生活の質を上げてコストを下げることにつなげていけばいい。そうすれば富の創出に関しても、強いところはそれをさらに強くすることができるし、新しい創造もどんどん増える。消費が浪費でなくなるので、消費という名の貯蓄が右上がりに増えて、一〇年以上にわたって景気対策などいらなくなる。そのためには金融制度、税制、建設、建築などに関するあらゆる規制や拘束を、一度ゼロベースで見直さなくてはならない。土光臨調のとき、大蔵省分割案に対して官僚が抵抗したと言われている。しかしあの時の提案通り「金融庁」を作り銀行の監督と金融政策を分けていれば、今日のような悲惨な状態にはなっていなかったろう。官僚と取り引きする前の生の提案を開示すべきだ。そうすれば委員会の力がなかったのか、政治家や官僚が圧力を加えたのか国民にもわかる。

生活の質を上げてコストを下げる。そのためには生活者に選択肢を与え、地方に自立の道を与える——これが私の言う「平成維新」であり、この本では立法の見地からパラダイムの大変換のためのシナリオをまとめてみた。

もう官製前川レポートはいらない。やらなくてはいけないことはわかっているのだ。これから述べるような法律をつくれば、生活はきっと改善できる。いまの日本ならそれは可能なはずだ。

しかしそのためには立法府の改革をしなくてはならない。法律を変えるには国会議員の意識が変わる必要がある。

次に、この問題、すなわち日本における変革の媒体として、どのような政党、政治家が必要となるのか、またそれが現状でどのくらい可能性のあることなのか、について考察してみよう。

第三章　新しい需要の創出

第四章　改革の担い手はいるか

ガムテープで貼り合わせたような新政権

先の特別国会で日本新党代表の細川護熙代表が第七九代、五〇人目の首相に指名された。新首相はテレビのインタビューに応えて「ひとつのチャプター（章）がめくられた」と新時代の到来を匂わし、マスコミもこぞって政権交代を囃し立てたが、だからといって「これで日本が良くなる」と手放しで喜べる状態になったわけではない。政治改革が胎動をはじめた足音は聞こえるものの、その姿は明らかではないし、行き着く先も不透明である。

その最大の理由は、政治改革はともかく、この日本をどうしようとしているのか、また世界との関係がどうなるのかなど、いわゆる天下国家のことについて明確なビジョンが示されていないことである。そもそも今の日本の置かれている立場をみたとき、政治改革（選挙区制度）がそんなに大切な問題なのかどうか。外交や経済の難問が次々に出てきている、「政府・自民党」のやってきたことのツケがドッと出ているこの時期に、「とりあえず自民党の政策を引き継ぐ」などと、(ハプニングだったとはいえ) せっかく四〇年ぶりに政権交代があったという歴史的意義を減殺するようなスタートを切ってしまった。このようなことでは保守的な傾向のある官僚が日増しに優位となり、変革は起きにくくなる。むしろ何をやらかすかわからないという緊張感をつくりだした上で、冷静に考えた全体の改革プランを一気に出せば、国民一般は受容したと思われる。

今回の政変の発端、つまり宮沢内閣の不信任案をめぐる自民党の分裂も、党内の権力抗争から起こった単なるアクシデントにすぎない。時代の潮流という大河から必然的に生まれた政策論のぶつかり合いではなく、国家の政治を云々するには実にマイナーな離反劇だった。新生党はそれまでの権力の中枢にいた半数の人たちが党内抗争に敗れ、出るべくして出たのだ。自民党内にも党内改革を訴えてきた若手や、改革派を自任する人たちが一〇〇人くらいいて、その人たちが社会党の右派や日本新党、民社党と手を組んで政治改革をやろうというのならわかるが、かつて保革対立時代の保守の真ん中にいた人たちが、社会党の左派も巻き込んで国を運営しようというのでは、ポリシーが不明瞭になるのは自明の理であろう。どちらにせよ、今の政権はいくつもの風穴や隙間をガムテープで貼り合わせたような政権なのだ。

ただ、ここに到るまでの過程を見ていると、国民のなかに新しいマジョリティーが形成されつつあることがわかる。今の連立政権とは異なる (あるいはその一部を中核とした) 新しい胎動が起これば、それが単純多数を取れる可能性があるのである。六〜七年前から国政のレベルで国民の七割が積極的な支持政党を持たないと言われ、その結果、選挙のたびに自民党から社会党、社会党から自民党へと大きく振れたり、地方選でも橋本大二郎氏や鈴木俊一氏など「よい選択肢」と思える候補者がたまたま出てきたりすると、たとえ自民党に反旗をひるがえしても極端に票が集まるという現象が続いていた。北海道の横路知事にしても社会党支持者ではない支持層を多くつかんでいる。こうしたことは、すなわち大多数の日本人が特定の政党へのこだわりを捨てて、政策または〝人〟を重視するようになったことを意味する。自民党にも社会党にも魅力を感じないが、この人ならまあいいだろう、という選択である。これまで自民党は圧倒的な支持率を誇ってきたとは言っても、実はそれは表面的なもので、他によさそうな選択肢がなかったために、たまたま延命していたにすぎない。

そこに度重なる自民党の汚職事件。相も変わらぬ社会党。拙著『新・国富論』（講談社、八六年）でも述べたが、中曽根政権時代に、私は支持政党なしの人たちは潜在的な保守層であろうと見ていた。それが保守新党という選択肢が与えられるやそうした人たちは反自民、反社会に動いた。保守新党群が誕生して、サイレントマジョリティーにも動意が少し出てきた。今、もっとしっかりした、この人々を正面からとらえる政党が出てくればマジョリティーは取れるのである。

先の衆議院選で顕著となった既成政党への国民の不信感は、働いて働いて日本を世界一の経済大国に押し上げたにもかかわらず、生活実感のなかの豊かさがさほど向上しないばかりか、国際的に信用が低く、国際舞台での発言力が弱く、国連のＰＫＯ要請にオロオロと色を失い、アメリカに何か言われるたびに首を縦に振ってしまう……など、国家運営の根幹に対するフラストレーションの表出であろう。日本人の大多数は高度成長時代の置き土産のような既成の政党にも、古い体質の政治家にも、ほとほと愛想が尽きているのだ。

ホンネとかけ離れていた政策論議

では、中央政界の政治家たちの意識はどうなのだろうか。ここに面白いデータがある。九三年の衆議院解散直前に、私がある老舗《しにせ》の雑誌編集部に頼んでアンケートをしてもらったものだ。当時の衆議院議員一六七名から回答があり、党派別の内訳は自民五五、社会六九、公明二〇、共産一三、その他一〇である。各党とも当選一回の新人議員もいれば、八回以上の古参まで、ほぼまんべんなくカバーしている。自民党議員の回答が少ないのはちょうど内紛と重なったためで、そんな余裕などない人も多かったのだろう。しかし、今の与党を構成している人々も十分に入った、政党、経験、年齢ともあまり偏りのない、価値のあるサンプルであった。

アンケートでは「政治改革」「ＰＫＯと日本外交」「地方自治」「憲法」「食糧と貿易」「長期ビジョン」の六項目について、二一の質問を投げかけ、無記名（ただし属性だけは明記）で、ホンネの回答を求めた。

まず、「政治改革」では懸案の選挙制度について見ると、同じ自民党内にあっても、「選挙制度の改革がすなわち政治改革である」と考えている人たちと、「中選挙区のままでも政治浄化は可能だ」とする人が、ほぼ同数あった。面白いことに社会党もほぼ半々であった。ということは、選挙制度改革においては、すでに選挙前から既成二大政党による政策の違いは基本的になかったということだ。要するに、自民党vs.社会党の相違ではなくて、両党のなかで「何が何でも選挙制度を変えよう」というグループと、「中選挙区をいじりたくない」というグループが、たがいにぶつかり合っていたことになる。もっと真剣に政策論争や政治闘争をやっていたら、おそらく両党とも真っ二つに割れていたことだろう。結果的には自民党が敗れて五〇名ほどが党を出てしまったが、自民党は政策論で負けたのではなく、戦術をあやまったのだ。むしろ小沢氏らは、政治改革という武器で自民党の守旧派と呼ばれる人々を追いつめ、新しい勢力を作ることにその主眼があったと見てよい。この問題に関しては最初から保守vs.革新のスタイルではなかったわけで、それぞれの党の議員はみんなホンネではないところで戦っていたことになる。国際情勢が目まぐるしく変化しているなか、何年にもわたる論議をあえて無駄にしていたのだから、愚行もはなはだしい。しかも、両党とも小選挙区制への移行の方向に自らを無理やり押し込んでいったので、よけいに収拾がつかなくなった。社会党には「選挙区をいじらず、腐敗防止などを中心に法案をまとめよう」とホンネで思っている議員が解散直前まで半数以上もいたのだ。党内の軋《きし》みがどれほどのものであったか、想像に難くない。これは今日に至るも解決はしていない。

国民のイメージでは、社会党は公明党と一緒に選挙制度の抜本的な改革を自民党に迫ったように見えたが、中身はグラグラだったわけで、もし自民党守旧派がヘンなゴリ押しをせずに、あのまま小選挙区比例代表並立制に突っ走っていたら、逆に社会党のほうが持ちこたえられずに分裂していた可能性が高い。余談だが、このアンケートでは、あのときに単純比例代表制を本当に支持していたのは自民党内でも三〇%に満たなかった。つまり、お互いに党内の合意とは別のところで一部の幹部が走っていたのだ。選挙区の問題から手をつけようというコンセンサスが得られていたのは公明党だけで、与野党の不毛の攻防のなか、実情をもっとよく見ている人がいれば、不信任案可決という幕切れにはならなかったはずである。これも歴史のいたずらかも知れない。しかし歴史は偶発であっても既成事実であり、その後の展開にはまたまったく新しい力が働くことがある。今の段階ではそのどちらになるか予断を許さないが、政治改革を政争の道具とし、政治家の火遊びが続く限り、国民の求めている政治浄化、金のかからない民主主義のシステム作りなどというものにだけはならないと思われる。

党議拘束を越える新しい力

政党に所属する議員は通常党議に従わなくてはならない。党議でA案を推すことが決まれば、B案に賛成していた議員も国会ではA案に票を入れる。それが当たり前のように長い間考えられていたが、そうした意識もすでに変わりつつあることが今回の調査でわかった。「政党である以上、党議拘束はやむをえない」という人が各党を平均すると六〇%くらいいるのだが、「歴史的変革期にあっては党も議員個人の意見を尊重すべきだ」と答えた人が、自民三八%、社会二二%、公明二六%もいた。自民党では三分の一、社会、公明ではおよそ四分の一の議員が、日本の将来を大きく変えるような重要政策については、党議を越えて自分の考えを押し出したいと思いはじめているのだ。さらに同じ質問に対して「政策ごとに超党派で同志を見つけて議案を通していくほうがよい」と答えた人も自民七%、社会四%、公明にいたっては二六%いるので、この人たちを合わせれば政治家個人として納得のいくまで自由に討議したいというコンセンサスが、党派を横断してマジョリティーになりつつあることがわかる。

すなわち、政党や派閥に所属する議員たちを党議や取り決めで縛りつけて、頭数で国会を運営していくやり方は、すでに通用しないということだ。政治制度改革のように、党内で意見が割れているにもかかわらず、党議で縛って突破しようとするとどうなるか、今後の教訓として残ると思う。政党とは何か、派閥および政策集団とは何かを問い直すと同時に、ホンネの議論ができるシステムに早急に変える必要がある。

政治改革を遅らせる「議員の質」

「政治改革を断行する」と約束した海部政権も宮沢政権も国民を裏切った。ホンネの議論よりも党利党略がはびこり、いたずらに時間ばかりが過ぎた。自民党を割って出て、〝政治改革政権〟誕生の仕掛け人として動いた新生党にしても、政策論の末に自民党を出たわけではない。旧竹下派内の権力抗争に敗れ、出るタイミングを見計らっていたところ、うまい具合に順風が吹いて、(当時の)野党がよってたかって美名を着せてくれただけのことなのだ。

こうなってしまう原因はどこにあるのか。アンケートで「政治改革を一番遅らせているものは……?」と問いかけたところ、驚いたことに「議員の質」と答えた人がほとんどだった。回答は四者択一で「議員の質」「後援者・会」「地元のエゴ」「国民の意識」の四択を用意していたのだが、自民七六％、社会九三％、公明九四％の議員が「議員の質」と答えた。後援会、あるいは後援者が足を引っぱっていたり、地元のエゴに左右されているという人はなんと〇％だった。国民の意識がいけない、と責任を国民の側に振った人も自民党に二四％いたが、平均して八五％の議員が「議員のレベルが低いから政治改革ができない」と思っている。

二世議員や社会党などの組合推薦議員の中には、憲法を読んだことのない人や、「九条を守る」と言いながら九条に何が書いてあるのかまったく覚えていない人がいるのである。わからないものを守るというくらい質の低い人がいるからこそ、頭の良い官僚に立ち向かえないのである。

韓国の金泳三大統領は野党生活を三八年続けてようやく大統領になった途端に公約の政治、行政浄化と金融実名制を実行した。これならわかる。しかし社会党、公明党、民社党はようやく政権についたら、前の政権と同じで結構です、と言っている。大臣になっただけで嬉しくて浮き上がっている人がいる。野党とは何だったのか、何のために政権交代を要求してきたのか、まったく聞いていてばからしくなるのが日本の野党だったのである。

情報化時代の戦いは情報武装から始めなくてはならないが、日暮れて道遠し、の感がある。もう少し候補者を吟味することを考えないといけないが、多くの有権者もまた利益誘導型の人を望んでいるので、これは複合汚染としか言いようがない。

ここから導き出されるものは、議員のレベルを高めるためにもっと厳しい選抜試験が必要で、教養やモラルの底上げをはかる（イギリスなどでやっている）試験の実施や、あるいは罰則の強化など、検討を急ぐべきだ。政党や政治集団がおこなっている〝公認〟や〝推薦〟という選別のやり方にしても、もっと推薦基準や公認理由を明らかにして一定のタガをはめることが必要であろう。

中央の権限は著しく減らせ

改革が遅れているのは議員のレベルが低いと一方で非難、あるいは反省しておきながら、他方では「自ら改革のリーダーになれる」という回答がどの政党の別なく半数あった。リーダーは無理だが「改革の支援者になる」と答えた人も多く、合わせると九割ちかくにのぼる。「改革、改革と騒ぐやつの気が知れない」「今の制度、やり方を守る」というガチガチの保守派は一〇％強にすぎない。つまり、議員の質の向上も含めて現行の政治制度は改革したほうがよいと衆議院議員のほとんどが考えている。どの政党の議員もほとんど同じように感じている。

ガチガチの保守派は当選五回以上の議員に多いが、そういう人たちをのぞけば、大多数の議員が政権交代という劇的な変化の起こる前に、流動化した政局をとらえて、こういう時期だからこそ改革のリーダーになれる、あるいは自らなりたい。それは無理なまでも改革の支援者になろう、と思っていたようだ。

「地方自治」についても、議会のマジョリティーは政党を超えてひとつの方向に向かっている。たとえば、行政区画、つまり都道府県の現行の区分けをこのままでいいと考えている人は三割くらいしかいない。道州制や連邦制などもっと大きな区画にすべきだという人が自民党で六七％、社会党五八％、公明党は七六％もいる。

中央政府の役割に関しては、これはもう議論にならないところまでいっている。現状のままでいいと考えている人はほとんどいなくて、中央の権限を著しく減らせと言っている人が自民党で七八％、社会党では一〇〇％、公明党でも九四％と圧倒的多数なのだ。それも単に「減らせ」ではなくて、「著しく減らせ」である。中央政府は地方に権限をどんどん移行して、通貨管理、外交と安全保障だけやっていればいい、と私は考えているが、それほど極端ではないにせよ、大阪の国道の幅を決めることまで中央がやる必要はない、もっと大幅に権限を委譲しろというコンセンサスはできているのだ。本書の後半で提案しているような超党派議員立法をすれば、どの政党が主導権を取るということなく、議員のホンネベースでは政策をどんどん前に進めることができる状態になっているのだ。実行課題の一つとして早急に取り組むべきであろう。

さらに、徴税権についても大枠でマジョリティー意見が形成されつつある。徴税は国家にとってもっとも神聖な行為であると私は思うが、現行では中央政府が税金のほとんどを持っていってしまう。中央でカネを集めて、それを地方にバラ撒くという構造であるから、当然そこに利権が生まれ、上下意識ができる。これはまずい。だから構造を変えて地方自治体が徴税権の大半を持つようにすべきなのだ。

こういう提案をすると、三八年間も中央政権に居座っていた自民党は「とんでもない」と反対すると思っていたら、なんと自民党の半数の議員がこうした考えに賛成している。公明党の議員は六四％、社会党に至っては実に九二％が「地方自治体が徴税の主導権を取れ」と言っている。これだけの国会議員がホンネではコンセンサスを形成しているというのに、日本の国政運営はまるで変わらない。政党、集団、派閥などの利害が絡み合って、なかなか動かない。政党再編成、あるいはこれを正面から掲げた、同床異夢の連立政権ではない新しい政権政党の誕生が待たれる理由はここにある。

あまりに不勉強な外交問題

なかには既存の政党色が強くあらわれているような項目もある。たとえば、アメリカからの外圧もあってなし崩し的に決まったPKO法案については、考え方の違いがはっきりしている。

「あれは議論不十分で〝拙速〟であった」というのが国民の見方ではないかと思うが、それを認めているのは社会党だけで、同党の九〇%以上の議員が「速くできたがヘタな（危険な）ものになってしまった」と考えている。しかし公明党は「できたのだからシッカリ守れ」というスタンスで合意している。興味深いのは自民党で「PKO法案をシッカリ守れ」という人と、「PKOではやはり駄目で、PKFへと進むべきだ」という人がほぼ同数あって両者で三分の二以上を占め、さらに「PKFにとどまるな。日本の国際貢献に変な枠をはめるべきではない」というタカ派が一八%いる。「拙速だった」と答えたのはわずか一四%だ。つまり自民党は総じてイケイケなのである。これが自民党のホンネであろう。

すなわちPKO、もっと言えば日本の外交に対する基本的な考え方は自民党と今の与党とでは大きなズレがあることを認識しておく必要がある。もちろん与党内でも、旧自民タカ派の多い新生党と社会党とではものすごく違う。「日本の国際貢献は非軍事分野に限るべきだ」という社会党、公明党、共産党に対して「軍事力もちゃんと施行できる国際貢献」を指向するイケイケの旧自民党勢力では、イデオロギーが決定的に異質なのだ。

ところが、国連中心の平和外交という路線については、まだあまり議論されてないとはいえ「これでよし」とする各党共通コンセンサスがすでにできている。「アメリカを中心に国際関係を考える」という外交方針も、共産党をのぞけばだいたい同じようなものだ。一方で「アジア太平洋地域を中心に外交を考えよう」という意見も二割ほどある。

だが、私に言わせれば国連中心の平和外交などというものは絵に描いた餅のようなもので、そんなことを真顔で言っているから日本の政治家はノー天気で、極楽トンボなのだ。国連の実体はひじょうに不確かで、現状では信頼できる国際機構になっていない。こんなことはちょっと勉強すれば誰にでもわかることなのに、ノー天気でいられるのは、外交を真剣に勉強している議員が少ないからだ。だいいち週末には地元に帰りあいさつまわり、週日は東京で地方からの陳情客を次々に受けていては、外交のことなど勉強できるわけがない。みんなが不勉強だから国会で議論もできない。中学校の教科書を棒読みするように国連、国連……と言うしかないのである。共産党も親方のソ連が崩壊してしまったので国連を持ち出すしかない。「日本の外交はこうあるべきだ」という独自論を堂々と展開できる議員はおそらく五〜六人しかいないだろう。

それから、何でもアメリカ、アメリカ……なのもおかしい。外交を考える上で何が大切かと聞くと、もうアメリカ一辺倒。社会党には中国を第一に考えようとする人が四分の一ほどいるが、ほとんどの議員の意識のなかではアメリカの比重が桁違いに大きい。複数の国の立場や出方を考えて外交戦略を組み立てるという発想が少しもない。これも不勉強だからである。この点については、後半の私の提案をぜひ参考にしてもらいたい。

憲法をきちんと議論しようとする動き

憲法および自衛隊に関しても政党間にズレがある。憲法を改正すべきかどうかという問題は、前項の外交政策上の意見のズレにつながるのだが、それを分析してみると、従来のズレかたとは違ってきたことがわかる。たとえば、自民党の党則には「自主憲法制定」とあるが、「まったく新たに自前の憲法をつくるべきだ」と考えている人は自民党の中でもすでに一五％しかいない。「議論をしたうえで必要なものは改正すべし」が七三％と大半を占め、「議論はしても改正はしないほうがよい」という消極派が一〇％いる。こうした意見の分布は、実はよく見てみると公明党にひじょうに近いのである。

社会党はそれより一歩手前で、「議論はしても改正はしないほうがよい」と「現状で問題なし」の意見が八割を占める。だが、興味深いのは護憲論を強力に展開してきた社会党でさえ「議論はしても改正はしないほうがよい」と考える人が「現状で問題なし」とする人とほぼ同数になってきているという点だ。さらに「議論をしたうえで必要なものは改正すべし」と答えた人も二〇％いる。つまり、どの政党も意見の幅が左右に広がっているのだ。右は自民党、左は社会党という単純かつ対決的な分布ではなく、右寄りの超党会派をつくれば自民党や公明党議員のボリュームが厚くなり、左に寄った会派をつくれば社会党議員が増えるという既存政党の表看板、イデオロギーを超えた分布がすでにできあがっている。

一般に改革というのは若手のほうが積極的になるものだが、ことこの憲法に関しては自民党の若手はおとなしい。改革の急先鋒には古い人が多く、全部変えろ、強い日本にしろ、の方向に走りがちな要素も孕《はら》んでいる。若い人たちはこの五、六年選挙制度ばかりずっとやらされてきて、選挙制度改革についての論客は増えたが、そのぶん憲法に関しては不勉強だ。古い人のほうがこと憲法に関しては骨のある理論を展開できる。若手は憲法のことはよくわからないし、ヘタなことを言うと突っ込まれるので、積極的にふれようとはしてこなかった。

それが最近になって、自衛隊がカンボジアに派遣されて以来ではないかと思うが、「憲法を俎上にのせて、ちゃんと議論しなさい」という意見が多くなっている。今回のアンケートでも、護憲を建前とする社会党も含め、全体の四五％が「必要なものは改正すべきだ」と答えている。議員のかなり多数はすでにこの方向に向けて動き出しているということだ。憲法論議は第九条にからむ自衛隊問題も含めて、オープンに語られるべき時代になったという認識を持つことが重要である。

A．改憲＝右翼的思想＝愛国者＝天皇制＝君が代＝日の丸＝靖国参拝

B．護憲＝左翼的思想＝組合＝社会主義＝反核

という旧来の硬直化したパラダイムはすでに崩壊してしまっている。今までは改憲議論をすること自体がAのカテゴリーに入れられてしまうので、議論の俎上にのせることが難しかったが、そんなことでゴチャゴチャ言う人がいなくなってきた。もはやタブーではないのである。改憲の必要を感じているが反核（兵器のみ）に賛成し、護憲を主張する人が日の丸は好きだと言っても不思議ではない。自分の国を愛さないことは不幸なことである。自国の国旗掲揚について子供た

ちを巻き添えにした是非論があるのも不幸なことだ。国歌を歌うことを躊躇するというのも異常なことである。日の丸の図案や君が代が気に入らなければ、徹底的に話し合って内容を変えればいいのである。

今回のアンケートで、「改憲して（自衛隊を）正式に軍隊として認めるべし」という意見が自民党内で一番多い（四〇％）ことがわかった。こうしたテーマの回答はついこの間まで、もっと玉虫色だった。はっきり言うとつまらないレッテルを貼られてしまうので、それが恐かったのだ。ところが、今の自民党議員の心理はもっと前向きになっている。「（自衛隊は）違憲なので改正して正式に認めろ」（二七％）という意見を合わせると、全体の七割近くが自衛隊のシロクロをはっきりさせようと言い出しているのだ。いくら日本人が白黒を好まない民族だといっても世界有数の軍隊を玉虫色のままにしておくのは無責任な話だ。世界の誰に対してもどのような組織と機構でその透明性とシビリアンコントロールを確保していこうとしているのか説明できなくてはいけない。違憲だ、合憲だ、と意見が対立して放置されてよい性格の問題ではないのである。

ところが社会党は八割の人が「（自衛隊は）違憲なので縮小すべし」と言っている。自民党とはイデオロギーが違うが、はっきり〝違憲〟だと言っている。

ここに社会党が衰退する理由がある。違憲なら縮小したところで違憲だろう。自衛隊をどうするのかについてもっと分り易い議論をしてもらわなくては、人々はついてこない。しかし大勢としては憲法第九条の論議は今とても柔軟になってきている。「自衛隊は合憲である」と言葉で無理に言いくるめようとしている議員も自民党に三割、社会党に一割いることはいるが、大勢は議論をして解決できない問題ではないという方向に動いている。「正式に軍隊として認めろ」から「違憲だから縮小しろ」まで意見は違うものの、議論の組上にのせてやり合おう、という雰囲気ができつつある。

今までのようにジャーナリズムが「あの人は護憲だ」「あの人は改憲論者らしい」といちいち騒ぐようなことは、もうまったく必要ない。マスコミはよけいな外圧をかけず、議員たちに自由に議論させたほうがよい。

ホンネとかけ離れるコメ同意

コメの問題はもっとドラスチックで、「一粒たりとも入れない」が共産党も含めた全政党、全議員の合意事項になっているはずなのに、自民党内ではホンネでそう思っている人はたったの四〇％しかいない。そして面白いことに「ドンケル案を受け入れろ」という意見と「非常用を備蓄した上で自由化してしまえ」という意見が同数（二一％ずつ）約四割もある。国内をまず自由化して「競争力をつけてから一部輸入する」という中間的な意見（一八％）を合わせれば六割の自民党議員が、コメ問題に関しては自分たちの党議拘束どころか、国会全体の合意ももはや支持していないのだ。

社会党は自民党より保守的だが、それでも三割の人が柔軟な考えを示している。反対に公明党には「一粒たりとも入れるな」と考えている人は一人もいない。そういう意味ではずっと先を向いている。問題は選挙で、農政連などに圧力をかけられ落選することが恐いのである。しかし議員の本心がここまでいった問題を長期にわたって圧力だけでフタをしておくことはできない。勇気ある政治家が出てくれれば、意外に早く結論が出るだろう。むしろ国民が注意しなくてはならないのは解決策に金がかからないこと、次世代の人々にはっきりと方向を示せることである。

保護政策については「国益上当然だ」と思っている議員はひじょうに少ない。大半の人は「国家安全保障上必要なもの以外はもっと自由にしたほうがいい」と考えている。とりわけ食糧や貿易については自由主義的な発想が強い。「政府の役割をもう少し縮小して、規制緩和や自由化にもっと前向きに取り組んだほうがいい」という人を加えると実に四分の三になる。

ところが、自民党政権がこれまでずっとやってきたものは、国益上の保護政策だった。連立政権もこれを踏襲します、ととりあえず言ってしまった。それでアメリカに突つかれるたびにブツブツ言いながら小出しに開けてきた。したがって、このあたりをそろそろきちんとすべきである。たとえ思い切った意思決定をしても、大多数の国民、議員はそれを支持すると考えられる。また農業や水産業、林業のような問題を全国一律で議論する従来のやり方も改める必要がある。国全体としては非常時のことも含めて国民生活者の胃袋や住宅のことを考えた施策をつくる必要があるが、平時の解決策は道州レベルでそれぞれの〝お国事情〟を反映して決める、ということがあってもいいのではないか。

議員すら「小さな政府」を望んでいる

このアンケートで一番興味深いものは、民間臨調の言う〝ソフトな二大政党〟のどちらを支持するか、という問いに対する回答であった。

A．小さな政府＝地方分権＝世界の中の日本＝規制緩和の促進

B．大きな政府＝中央集権＝日本の国益優先＝規制や保護政策の重視

の二者択一の問いに対して、回答を寄せた全議員が「A」に○を付けたのである。しかし、現在の日本の国家運営方式は明らかに「B」だ。それなのに全員が「A」を選択するということがひじょうに興味深い。「A」がいいと思いながら「B」の体制に甘んじている日本の国会議員とは何なのだ。わかっているのなら早く実行しろ、と私は言いたいが、とにかくほとんどの議員に、国家運営の新しい方向が見えていることは確かなのだ。

すなわち、国家を軸に政策を考えるのではなく生活者主体。中央政府の権限をどんどん地方に委譲する。強力な自治権を持つ道州と、それを束ねる連邦国家的なものへの移行。規制緩和と市場自由化。世界の一員としての日本の発展……。

ほとんどの議員は、多くの国民がこの方向を望んでいると思っているし、議員のコンセンサスもすでにこの「平成維新」の方向に固まりつつあることを知っている。かつての自民党政権が日本を導いてきた方程式は、大きな政府が中央集権の機能を発揮して、傾斜配分や規制を駆使し、税金を中央に集めて分配し、景気浮揚のためにニューディール政策をおこない、銀行が苦しくなると金利を下げるなど、すべて〝お上〟の理論、すなわち「B」の方向にあった。偉い人が中央で一生懸命にやっているんだから間違いない。国民はスポーツ紙でも読んで楽しんでいなさい、という愚民政策をやってきたのだ。

ところが、調査をしてみると国会議員の誰一人として、それがいいとは思っていない。つまり、議員のホンネと国民の良識はそれほど離れてはいないのだ。問題なのは既成政党の本部、言うなれば大本営発表の論理が大きくズレていることなのである。また今まで利用しながら利用されてもきた官僚機構が、今となっては変革の足かせ、重荷となってきているのである。したがって、今後は各党が〝党の近代化〟によって、党は多様な意見を内包しているという前提によって議論を活発にする、という方向に持っていくか、あるいは党を超えて政策別に合従連衡《がっしょうれんこう》で舵取りしていくしかないだろう。自民、社会、公明、民社……と、どこを見ても既成の政党は求心力を著しく失っているので、しばらくは小党連立、合従連衡が続くのではないか。これを小選挙区制であえて二大政党化を強制的に誘発すればA党（すなわち平成維新派）の圧勝となるだろう。細川政権の人気が高い理由の一つは首相の個性とかイメージもあるだろうが、しかしもっと内容的にみればA党のキーワードを演説などでちりばめているからであると考えられる。新生党のようにB党的な体質を色濃く持ったところと、本当に政策議論をしたり、社会党と憲法や外交の議論をした時に表面剝離が起こらないようにすることが連立政権成功の鍵と思われる。

フレキシブルな超党派集団の必要

連立政権誕生といっても社会党と新生党は組むことができないだろうと予想していた人も多かった。私は起こりうると見ていたが、確かに安全保障への取り組みを俎上にのせていたら連立は難かしかったろう。ただ、今回は選挙制度改革という恰好の〝錦の御旗〟があり、社会党のお家の事情もあって連立ができた。

これをきっかけに今後は政策別の合従連衡が盛んになり、政治の改革という大目標を遠くに掲げて、それに向けて離合集散しながら新しい政治の土壌が形成されていくのではないか。これからの政党はイデオロギーで拘束するよりも、柔軟な同好会的拠り所として機能しながら、最終的には安全保障や外交政策など国家運営の基幹であり、簡単には譲れない部分で意見が近い人を括っていくような形になるだろう。日本を変えていくための国内政策などはアンケートにもあるように、党派を超えて柔軟にやっていけばいいのである。

何度も言うが、一つの政党のなかに全部意見が合うという人はそんなにいない。地方分権の政策では合致しても、市場開放、国防については意見が違っていたりする。テーマ別に意見の違う人を分けていって、どのくらいのクラスター（集団）が残るかどうかやってみると、最後はバラバラになってしまう。ここ四〜五年で処理しなければならない重要法案に照らして考えてみても、全部の項目についてすべて意見が一致する人は一つの党のなかに何人もいないだろう。

したがって、Aというテーマではこのグループ、Bというテーマではまた別のグループというように、考えが近い人のグループが党派を超えてどんどん出来て、個人または少数集団をもとに活動していくほうがよいのだ。そのために日本の遠い将来を眺めながら、政策中心に超党派でまとめていけるリーダーが何人も出てこなければダメだ。これまでのように党や派閥の内部をまとめていくという親分型リーダーシップはむしろ弊害があるだけで、他党からも信頼ある人がリーダーとなって政策論を中心にまとめていくとか、各党の若手が結集して法案を通してしまうようなことが次々に起こらないと本当の意味の日本の改革は進まない。そうした動きを重ねながら国民のマジョリティーと思われる方向に政治を進めていくべきなのである。

提供型政府への危機意識

昨年まで、私はもっぱら著作をとおして自分の純粋な考えを訴えてきた。それは経済政策から外交、政治制度、ライフスタイルなど多岐にわたった。同時に、自民党、社会党、公明党、新生党、民社党などの人々とも会って、日本の進むべき方向についての具体案を率直に述べてきた。最初は「経営コンサルタントが何を言うか」という反応や、「海外の事情には詳しいが日本の政治には素人……」といった受け止め方しかされなかったが、だんだん耳を傾けてもらえるようになり、さらに賛同してくれる人も増えはじめた。新政策集団づくりを目指していた細川氏は、私の提唱する「平成維新」の考え方をベースに日本新党を結成し、党首から日本の宰相となった。

そして、私は九二年一一月に「平成維新の会」を旗揚げして代表になった。「平成維新の会」は政党ではなく、「平成維新」というパラダイム変換をおこなうための政策立案集団であり、同時に「生活者」のための政治を目指す市民運動である。一人でも多くの人がこれに参加してくれれば、変革はそれだけ早く起きるのだ。なぜならこの議員アンケートでも明らかなように、議員の人のホンネは意外に私たち国民生活者のものと近いところまで来ているのである。なぜ議員が集団として本心と違うことをしたり言ったりするのか、と言えば、選挙の時には国民大多数の人が頼りにならないからである。組合、農協、宗教団体、産業界などの利益集団の方が具体的に金も票も集めてくれる。なぜなら彼らには国民大多数の利益にならないことを主張する場合にそなえて議員を〝飼っている〟という意識がある。だから必死なのである。それにくらべてサイレントマジョリティーは文字通り沈黙し、政治家が正論を言っても票になるのかどうかわからない。これでは、せっかく日本人の意識や、議員の意識まで、「もう一歩」のところに来ているのに、政治が質的に変わらない。

本アンケートでも明らかなようにA党的考えをもった人は各政党に広く分布している。だから政党を作ってこれらの人と競争するよりも、政策集団として、これらの人を励まし、また集まって議員立法によってこの国の運営ルールを変えてゆく、という方法が遠まわりのようでも、実は最良の方法、と考えたのである。「平成維新」についてのより細かな考え方や、会の目的、行動指標などは『平成維新』『平成維新パートII』(どちらも講談社)で詳しく述べたので、ここでは多くを語ることを控えるが、前項までとの兼ね合いや、今後の展開をわかりやすくするために、基本的なことをまとめてみた。

まず、その背景として、私にはもはや途上国型システムにほかならない日本の政治制度の行きづまりが、危機的状態に達しているという認識があった。大きな政府が中央にデンとあって、機能別に独立した省庁(官僚)を動かし、税金を集め、地方の道路一本、橋一つの建設にまで口を出しながら、国家を運営していくというシステムは、途上国がインフラやモノをどんどん〝提供〟して国力を増強していく過程においてはきわめて効率的だが、先進国の成熟型社会においては、むしろマイナスに作用する。

先進国の政府に求められる大きな機能は〝調整〟や〝触媒〟であるのに、過去の役割から脱皮できないでいると、相変わらず〝提供〟ばかりを続けてしまう。そのため実情にそぐわないオーバーシューティング(行き過ぎ)を起こしてしまうのだ。

たとえば、漁港一つとってみても漁民の数や沿岸の漁獲高は増えていないのに、漁港だけは年々整備され立派になる。しかし北海の海にあえて出ていこう、という若者は減る一方だから、船と港はよくなったが、人が集まらない。今では、(あまり大きな声では言えないが)ロシアや北朝鮮の漁船から戦果をそっくり買って水揚げしているところも出てきている。しかし利権だけは昔通りガッチリ守り、何喰わぬ顔で港の補修をし、近くに発電所やリゾートでもできようものなら漁業権をタテに大騒ぎしているのである。これでは真面目に漁をしている人や、本当に漁業しか産業のない地域の人にも気の毒だ。日本全国一律にこういうことを決めるから行き過ぎてしまうのだ。漁業のような問題は地域の問題として解決してゆくより他ないのである。

過疎のほとんど人の通らない農道も年々拡張されてアスファルト舗装されていく。また、地方都市では温水プールや夜間照明付きのテニスコートがどんどん造られ、施設が余ってしまっている。提供型の行政機構だけが拡大し、行政の権益を守るために惰性でつくり続けられているからである。茨城県三和町の立派な体育館建設にからんで町長の収賄事件が起きたが、これも中央集権的やり方と無縁ではない。

権力が集中するほど巨大な既得権益をもたらすので、政治の利権化や腐敗を招きやすい。金権支配や汚職が簡単には拭いきれないほどはびこってしまったのはそのためだ。地方分権の徹底したドイツやスイスでは自治という概念が確立しており自治体をめぐる汚職はほとんどない。ドイツのバーデン・ブルテンブルク州の名首長であったロータ・スペート氏は、地元の有力者である或る友人に招かれて週末を過した、というだけで辞任に追い込まれてしまった。

かつて高度成長時代に日本を引っ張ってきた人たちのやり方は、すでに窒息状態を起こしている。冷戦後の複雑な国際環境のなか、こうした政治システムを継承しようという人たちには、超経済大国となった日本をもはやリードしていく能力がない。現在の状況に対応しきれないために、日本は世界からもアジアからも孤立しかねないところまできてしまっている。私はこうした危機意識をここ数年とくに強く感じていた。

そこで私は企業のＣＩ（コーポレート・アイデンティティー）ならぬ新しい日本のＣＩ（カントリー・アイデンティティー）構想をゼロベースから組み立て直してみた。そして「平成維新が必要である」という結論にたどり着いたのである。

「提供者」対「生活者」のイデオロギー構造

「生活者」という概念は、多くの国民の生活感覚を束ねるために私が新しくつくったものである。消費者《コンシューマー》という概念がアメリカで生まれた。これが使えれば、ことばとしてはもっとなじみのあるものになると思ったが、私には大きな抵抗があった。私の考えている人々は消費者だけではない。

生産者に対する消費者ということはあるかも知れない。しかし私は生産者全体を問題に感じているのではない。一部の生産者の中に、ユーザーの立場に立たずにカルテルなどで高いものや、よくないものを提供し、さらに外国からの商品などとの競争を排除していれば、それは私の言う「提供者」の論理から抜け出られない不幸な人々である。私が「生活者」と言うとき、また「消費者」ということばを避けた理由は、①消費《コンシューム》を奨励したくない。私は資源を大切にし、倹約を美徳とすることに賛成しており、むしろ第三章でも述べたように日本は消費が貯蓄になる形で豊かさを実現したいと思っている。②病院と患者、先生と生徒、などにおける患者や生徒の立場、また母であり妻であり、個人である主婦の立場、などを消費者と呼ぶことはできない。老人や女性、身体障害者などの独特の問題や立場は、消費者としてとらえるより生活者としてとらえた方がよい。日本の政治、行政に欠けているのはこうした「生活者」からの視点なのである。このようなことから生活者をとらえれば、その対語としてはなぜ「生産者」ではなく、「提供者」となるのかがおわかりいただけるだろう。役所は道路・下水の整備、印鑑証明の発行などのサービスの提供をしており、「生産者」よりも広い概念として、私が「提供者」という言葉を用いた理由がわかってもらえると思う。いずれにしても最近では「生活者主権」という私の造語が広く政治家たちによって使われるようになったが、それが何を意味したものか、それを達成するのがいかに大変なことなのかが必ずしも理解されているとは思えないので、私は著作の中でくりかえしこのことを述べているのである。

さて本題に戻ろう。現在の日本人の意識を広くとらえてみると、すでに「労働者vs.資本家」というイデオロギーの葛藤は存在しない。日本では富の分配はひじょうにうまくおこなわれてきたので、個人は労働者の概念をはるかに超えてしまった。個人として労働者、資産家、消費者、家族やコミュニティーの一員、などの役割を幅広くこなしている。そのため「自民党vs.社会党」「自民党vs.共産党」という保守・革新の葛藤の構図も消滅してしまった。

では、今の日本に何があるかというと、それは「提供者vs.生活者」というイデオロギー葛藤の構造なのである。サービスやモノを提供する側と、生活者としての個人が葛藤を起こしているのだ。長く続いた自民党政権は明らかに提供者の側に立ち、政府は国民を代弁するというより、サービスやモノを提供する側を保護してきた。金融システム一つとってみても提供者に都合よくできており、預金、保険、株などのどれをみても、生活者の側に立った行政がおこなわれているとはいえない。バブル不況で銀行の経営が苦しくなると、預金金利を下げて銀行や不動産で借り込んでいる企業の保護に動くのがわが行政府なのである。

区役所や市役所、県庁などに行って何か手続きをしようとすると、長く待たされたり、部署をたらい回しにされたり、何度も出かけることになったりする。公務員は国民の公僕であることを忘れている。いまだに電話一本で印鑑証明を発送してくれない。民間なら電話一本で高価な家具でさえ後払いで発送してくれる時代に。こうした不愉快が当たり前になっているのは、提供者の側に立った政治が長く続いてきたからだ。駐車場をつくるより駐車違反を取り締まろうとする態度である。

国家予算のつくり方にしても同じである。まず、年度の総額を何兆円にするかの議論がおこなわれ、その後、建設費はこのくらいかかる、福利厚生にはこのくらい必要だ、防衛費の削減もこれが限度だ、などという各省庁による押し問答があり、概算枠が決まる。ところが、これは提供者に都合のいい配分のやり方なのだ。本来ならば、この道路の建設によって渋滞がどのくらい減少するのか、病院をこれだけ増やせば患者の待ち時間がどれだけ減り、入院がどのくらい容易になるのか、という具合に、生活者の側に立った議論が幅広くおこなわれ、調整機能をフルに働かせて、投資の規模や優先順位を決めるべきなのだ。予算配分一つとっても土木建設的になっており、国家の事業費の七〇％がそれで消えてしまうのである。

新聞などのジャーナリズムも国民に提供者の論理を押しつけることに一役かってきた。たとえば、地球温暖化を防ぐためにフロンの全廃がヨーロッパで提唱される。アメリカの大統領もこれに同調する。このような時、日本のジャーナリズムは「日本は厳しい選択を迫られることになる」と報じる。だが、ここで厳しい選択を迫られるのは誰なのか。よく考えてもらいたい。厳しい選択を迫られるのはフロン対策をしてこなかった企業、つまり提供者の側であって、私たち生活者にとってみればフロン全廃は実に好ましいことなのだ。

先の円高進行についてもそうだ。ジャーナリズムは「一ドル一〇〇円台に突入」などと危機意識を煽るが、生活者にとって円高は海外のすぐれた製品が安く手に入り、海外旅行の値段が下がるなど歓迎すべきこともたくさんあるのだ。にもかかわらず、一般の国民は新聞を読んで、「そうか、産業界は大変だな。困ったことだ」と考える。そしてサイフのヒモをいっそう引き締めることになるのである。世界広しといえども自国通貨が強くなって喜ばない国民は日本と韓国ぐらいしかいないのではないか。提供者優先の政治にとことん飼い慣らされているのである。こうしたパラダイムを一挙に転換することが「平成維新」のねらいなのである。

アメリカでドル高だったとき、差益還元を連邦政府が指導した、などということは聞いたことがない。市場メカニズムが働いていれば為替変動は自然に価格に反映するのである。日本は競争が制限されているから、皆で掛け声をかけなくては円高差益が還元できないのだ。

ふだんは政府自ら業界の守護神をやっておきながら、マスコミがうるさくなると差益還元リストを提出しろ、などとスタンドプレーをやっている。盗人をかくまっておいて、いよいよ追いつめられたら一緒に探している。この異常さにメスを入れない限り、生活者重視の政治、とは言えないのである。

お上の押しつけから自立せよ

地方自治の確立は、現在の日本の一番の問題点である明治以来の中央集権型行政システムを打破するために、絶対に欠かせない改革である。それによって小さな政府をつくる。「政府＝東京＝霞が関」という構図の下、中央で行政の細部に至るまで事細かに規制するのではなく、徴税権から許認可権までできる限り地方に委譲し、立法も大部分を地方に移して、地域事情に見合ったキメの細かい行政の実現をはかるべきだ。

中央が担当するのは、国防および外交、産業の標準規格の管理、さらに重要資源（食糧、エネルギー、鉱物、木材など）の安定調達および備蓄の仕事くらいで十分なのだ。そのための財源は、現在三九％ある国民の租税負担率のうち、五％分くらい（今なら約一〇兆円）を地方が国に渡せばいいと考えている。

官僚統制の解体について、私は拙著『平成維新』の第二部で「霞が関解体論」を述べているので、興味ある人はぜひ読んでみてほしい。

中央省庁は、今ある提供者保護的な規制や一万一〇〇〇件もある許認可権とその内容をすべて見直して、ゆるめられるところはどんどんゆるめ、障壁を取り除き、自由競争を促進すべきだ。急激な円高で一ドル一〇〇円になったのも、安い外国製品を市場に流通させる努力をしないで、競争力を失った業種をぐずぐずと保護していたためだ。また、規制や監督が避けられないものについては、許認可の権限を地方に移し、それぞれのリージョンで地域に合ったやり方をすればいい。コメ問題も、たとえば一一の道州が地域事情に合わせて個々に対応を検討したほうが、よりよい解決策を見出せるというものだ。都心から五〇キロまでは、農地を含めた土地の自由化（もちろんゾーン別の指定は環境問題、都市の美観などから必要であるが）をしたほうがいい、と提案しても、それだけでコメ輸入論者と決めつけてしまう集団ヒステリーは直さなくてはならない。

日本の国民は長い間、「悪いようにはしないから、いろいろ聞かずに、まかせておけ」という〝お上〟の押しつけに馴らされてきた。個人も企業も地方の役所も、中央の強権に従うように教育されてきたのだ。これは明らかに個人の主体性や選択肢を無視した愚民政策である。そのかわり、国民は詐欺まがいの商法などで損をすると「監督官庁がだらしないからだ」と文句を言う。驚くべきことに、株で損をした人がハイリスク・ハイリターンの原則を棚上げにして、行政側に不平を言うのだ。一方で〝お上〟もバブル経済に踊って何十兆円の不良債権をつくった銀行に対して「預金者保護」という大義名分を掲げて救済機関を設置したりする。

しかし、こうした行政は、よく考えてみると生活者にとってマイナスに作用しているケースが多い。つまり地価が十分に下がらないから住宅や駐車場などの値頃感がなかなか出ない。いくら景気対策の中で住宅ローンを組んでも、食指が動かないのである。また景気対策に使われる金は血税である。赤字国債は、子孫の払う税金である。所得減税は歳出を削らない限り財源がない。しかしだからといって消費税を上げるというのは税の取り方の問題であって、そもそも国が国民の税金を使って一部産業界のために景気刺激をする、という考え方が正しいのかどうか、そこが問われているのである。国民の大多数は不景気、とは言っても食うに困っていない。むしろ残業がなくなって人間らしい生活ができる、とほっとしている人もいる。もちろんパートや残業代をあてにしてローンを借り込んでいる人が就業人口の約一〇％いるので、その人たちは大変だろう。ローンの金利を下げ、返済期間を延ばすなどの措置も必要だろう。銀行はバブル企業には金利の減免をしているのだから。だがごく一部の国民を除いて景気対策を要望しているのはむしろ産業界の一部だけだ。私たちは政治の道具ではない。減税したらもっと消費するだろう、とかそんな政策上の道具として見られたくない。これから大量失業時代になるだろうから、そういう時のために血税は社会システムをしっかり作るためにとっておいてもらいたい。景気刺激の花火を打ち上げるのに税金を使ってしまっては将来必要となるであろう生活の安全弁がなくなってしまう。

これからは政府が変なリーダーシップを発揮して何でも決めるのではなく、問題に対していくつかの選択肢を国民に示し、個人や企業やいろいろな組織がそれぞれの意思によって価値観や方向を決めるべきなのだ。強いリーダーシップは抵抗する官僚に対して発揮してもらいたい。企業も国民も自らの意思で選択する以上は、当然そこに責任が生じる。個人も企業も地方組織も自己責任を自覚し、それを負うことになる。この自覚が個人においては政治への関心の高まりとなり、行政にたずさわる人たち（公務員）を厳しくチェックしようという意識につながる。欧米では社会人としてごく当たり前となっているコミュニティーへの奉仕も盛んになるだろう。企業や組織においては自らのアイデンティティーを問い直すことになり、企業の社会的役割とは何か、といった認識が芽生えるのである。

一方、こうした改革を実現するためには、現行の憲法を改正する必要がある。改憲が必要だと言うと、「大前さん。それを言うのはおやめなさい。超愛国主義、つまり右寄りの人だと思われますよ」と忠告してくれる人もいるが、今はもうそんな時代ではない。私は愛国主義者だからこそ、仕事の合間をみて、私のもつ全精力を生活者主権と地方自治の確立のために捧げようとしているのだ。そのためには国家運営のルールから見直していかなくてはならない、と強く信じている一人である。先のアンケートでも明白になったように、議員の大多数がすでに憲法を真剣に検討する時が来たことを認めている。

日本国憲法は、一方で明治憲法的な中央集権の機能を残し、他方でアメリカ型の地方自治や民主主義、自由主義が言葉の上ではふんだんに盛り込まれてはいるが、しかし日本政府の機構そのものは明治から変わっていない。さらに王政的な要素もまぶされている。いってみれば玉虫色だが、その特性ゆえにこの憲法は為政者、提供者の側に都合のいいように利用され、それが歴史的にも類のない経済成長を支えてきた一つの要因ともなっている。

だが、拡大解釈して利用されたものが長続きするはずはない。これまで無理や矛盾を押し込めていたものが、ほころびはじめている。それは憲法第九条と自衛隊の問題だけではなく、外交、通商、金融、あるいは国内の諸問題（年金、地方自治、家族）など多岐にわたる。

また、憲法には世界と日本の関係、すなわち、一ドル一〇〇円の経済力を持つ日本は世界に対してどのような責任を果たすべき義務があるのか、という問題についても一言もふれていない。世界の国から愛されたい、とは言うが、そのために何をしようとしているのか、については語っていない。国際社会の一員として国家のアイデンティティーを明確に持つためには、憲法のなかにその基本理念をはっきりと謳っておく必要があるのだ。また国家とは何か、という概念も、特にこの五年間で大きく変わってきている。国家（ネーション・ステート）という考え方そのものが問われているのが現代なのである。

私はさまざまな人たちに、このような話をして「平成維新」が必要であると説いてきたが、誰ひとりとして異を唱える人がいなかった。私の著作を読んで「まったく賛成」と手紙をくれる人も多くあった。

こうした提案、つまり「平成維新」の内容を、先の議員アンケートに重ね合わせてみると、多重に政策的な拘束《ふるい》をかけてみても、三〇％以上の人が残る。まず、①「中央政府の権限を最小限におさえる」と、②「外交・安保の取り組み」で約二五％がこぼれ落ち、③「徴税権まで移行す

地方自治に対する意見

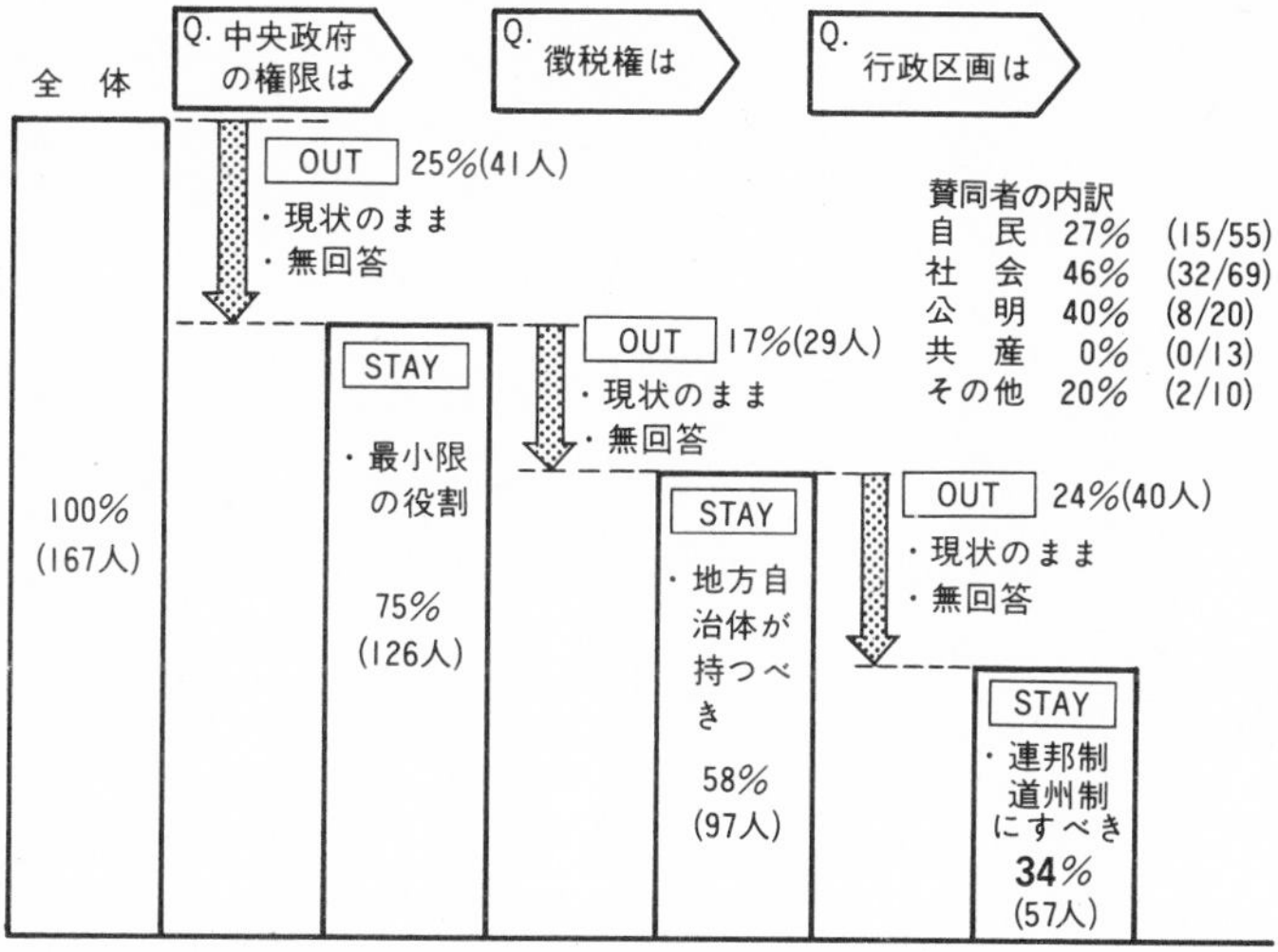

る」で約一七%が離れていく。それをさらに④「道州制という新しい区割りを導入する」というふるいにかけると約二四%が脱落して全体の三四%が残るという具合だ（図参照）。私はこの三四%の人と、まずは同志として仕事をしたいと思っている。この人たちとは四つの重要な点において意見が一致しているのだから、同志と呼んでもかまわないくらいである。

　すなわち、十分に政党になり得るボリュームが残る。しかし、残る六六%の人も、私や私の仲間が熱心に「平成維新」を全体として進めていく意義を説いていけば、マジョリティー（五一%）まではあと一歩である。仮に③の「徴税権の移行」を第二ステップに繰り延べすることにして、まず行政区画の再編成と地方分権をやりましょう、ということにすると政党を横断して大体五〇%の賛同が得られるからである。このようにして今のような政策の異なる者同士の連立ではない、政策を同じくする人が多数を占めた、そういうグループができるのである。改革の実現がもうすぐそこまで来ている、と私が思っているゆえんである。「平成維新」は夢のような話だという人もいるが、この調査の結果を見ても、それは実現が可能であることがわかる。国民待望の二大政党または二大政策グループのひとつがこのように考えればごく自然にでき上がるのである。

政治家に政治改革はできない

自民党分裂、内閣不信任案、衆議院選挙、連立政権誕生というプロセスは、一見、大きな改革の流れのように見えるが、歴史の潮流という大河に則して眺めてみると、小さな政争劇が起こしたアクシデントの連続だったことがわかる。

アクシデントによって誕生した細川政権は政治改革、とりわけ選挙制度改革を〝錦の御旗〟に掲げているが、日本のリーダーたちに求められているはずの重要課題という意味では、この改革は明らかに本質的なものではない。小選挙区制よりも議員定数半減（後述）の方がより本質的な改革につながる。政治家、あるいはこれまでの提供者たちにとって小選挙区制は重要なのだろうが、生活者の側から言えば、もっとリーダーシップを発揮してもらいたい課題がいくつもある。

現与党のある若手議員は「こんな問題を四〜五年もやって来てまだ決着がついていないのだから、本当に情けない。今はそれどころの騒ぎじゃないですよ。本当の課題をそっちのけにしてこんなことばかりやっていると日本は置いてきぼりにされてしまいます」と嘆くが、まさにその通りなのだ。アンケートの分析結果からも読めるように、解散前でさえ議員の多くが、選挙制度改革というのは、それほど重要な案件ではないと承知しながら、そういうところにわざと議会を追い込んでいって、決まりそうになるとスルリと身をかわすというような馬鹿げたことをくり返していたのだ。その間に旧ソ連が崩壊し、東欧が雪崩のように自由経済に移り、湾岸戦争から中東和平へ、カンボジアへの派兵問題、などが起こり、中国は劇的な変化のまっただ中にある。二つの中国の問題の解決も近いだろう。そしてせっかく台北と北京が仲直りしても、また六つの中国、三〇の中国、というように離合集散を繰り返していくものと思われる。すべてに対して日本の対応が遅れている。

もはや空白はゆるされない。私はかねて「政治家に政治改革はできない」と言ってきた。もしやるのなら国民が強烈にそれを要求して、議員に逃げ道をあたえずに早く決着をつけるしかない、とも述べてきた。今回の選挙で国民はようやく腰を上げたようだ。円高がこれだけ進んだにもかかわらず、その余裕が生活のなかに出てこない。エネルギー業界も流通業界もとぼけたことばかり言って本当の値下げをしない。（青山商事が背広の値段を安くすると、誇大広告だという名目で公取委が入ってこれを牽制しようとする。一〇〇〇〇円の背広は極端だが、二五〇〇〇円のズボンは国際相場であり、十分可能な値段だ。）政府も本当の規制緩和や関税の引き下げなどをやらずに知らん顔をしている。どこかに莫大な差益が転がり込んで、誰かがほくそ笑んでいるというのに、それでも怒らなかった国民も、あまりの不透明ぶりに「これではいけない」と気づいたのだろう。

したがって、細川政権は一刻も早く選挙法改正にケリをつけ、つまらない政治論争や勢力争いに終止符を打つべきだ。既成政党の旧態依然とした汚い体質を残しながらの政界再編なる活劇も早くやめてほしい。

アンケートの結果から見たように、議員がホンネの政策論でぶつかれば、外交問題で大きく二つに割れるだけで、二大政党という大きな政治の枠組みができるはずなのだ。コメ、貿易、安全保障なども外交の範疇に入るので、大きく意見が割れるとすれば外交問題しかないのである。農業、市場開放、防衛……のどれをとっても、議員が勉強不足なので、まだまだ本当の議論ができない。ちょっと研究すれば、国連がいかに信頼できない組織なのかわかるはずだし、対米重視一辺倒の外交ではやっていけないこともわかるはずだ。コメの問題も食糧安保と産業政策の二つに分けて考えれば自ずと解決できるはずだ。すなわち前者は調達先の多様化と備蓄で、後者は雇用の問題として解決できるはずなのだ。

二一世紀に向けて、これからの日本をどうするのか、世界との関係をどうするのか、こうした大切な問題を一刻も早く政治のアジェンダ（日程）にのせて、党議拘束などにしばられずに自由に議論してほしい。

政治家を見る目を養おう

「平成維新の会」では旗揚げして間もなく、八五〇人の国会議員に対して、私たちの趣旨に賛同してもらえるかどうか、ヒアリングをおこないたいと申し込んだところ、三五〇人の議員および候補者の人々が受けてくれた。八五〇人のうち五〇〇人はノーサンキューと言ったわけだが、それでも三五〇人を集めたことは、それだけでも従来の日本では考えられなかったことだ。

ヒアリングに応じてくれた三五〇人の一人ひとりと二時間以上話し合い、「平成維新」に対する決意を三分間ほどのテープに録音した。このテープと、項目別に考え方をまとめた資料をもとに、審査スタッフと討議を重ね、先の総選挙で誰を推薦するのかを選出した。当時の候補者のなかから一一六人を推薦することに決めた（うち八人が農業、水産業などの団体の圧力を恐れて辞退）が、その作業が完了して間もなく衆院解散というアクシデントが起こった。この作業に、いかに膨大な精神的エネルギーを投入したかは筆舌に尽くし難い。

こうした過程において、私たちがもっとも実感したことは、「政治家を見抜くことが、いかに難しいか」であった。いくら話をしても、改革をおこなう意志がどれだけ強いのか、国会の場でどのくらい戦う能力があるのか、などがよくわからない。当時の与党、つまり自民党の人たちは、政権を担当していただけに、話の内容が慎重であったし、法案を通そうとして苦労したことや、官僚の壁の厚さに苦慮していることなど、内容が言い訳がましくなり、また歯切れが悪かった。『平成維新の会』の考えには全面的に賛成だが、それを実行するとなると……」と障壁を並べ立て、ほんのちょっと聞いただけでもイライラするような言い方をする。しかし本当はよく考えていて、実は行動力も十分、という人もこうした人の中にはいるのである。

これに対して、気楽な立場の野党（当時）の人たちや、与党（当時）でも新人候補の人たちは、気前のいいことをポンポン言い、改革に意欲的で歯切れもよかったが、だからといって後者のほうが、即、推薦する人にふさわしいというわけではないのだ。

また、ロゴス（思想・原理）の世界では立派でも、赤絨毯の上でいざ戦ってもらおうという時に、刀が抜けない、抜き方を知らない、というかつての一部のマドンナ議員のような人たちも多いのである。ロゴスもパトス（情熱）も、あるいは実際の戦闘能力もある本物は誰なのか、が歴然となるのは、少なくともあと数年先、選挙で何回か経験を重ねた後のことだろう、と痛切に感じた。しかし、このような作業は世界にも前例のないことではあったが、やってみれば大きな成果につながった。やはり民主主義における「代議」という概念を私たち自身でもっと大切にしていかなくてはならない。「任せて安心」するには任せられる人を納得いくまで見つけ出す努力をしなくてはならないのだ。

政治家のことを多少は知っている私でさえ、本物を見抜くことがこれだけ難しいのだから、一般の国民が候補者の話を聞いただけで、いい仕事をしてくれる人を判別できるはずがないのだ。いいなと思う人と、いい仕事をしてくれる人は往々にして違っている。やはり、政党ではなく〝人〟で選ぶ選挙を何回か経験して、だまされながら見る目を養っていくしかないのだ。

したがって、私は一二年という時間軸を設定して行動している。二〇〇五年には本物の改革が成功して、世界から信頼され自分たちでも誇りの持てる国になっていなくてはならない。そのためには、九五年の統一地方選挙あたりまでに本物の政治家を明らかにしておかなくてはならない。

「金は出すが手続きは面倒」

今回は①「平成維新の会」と基本理念を同一にしているかどうか、②利権などと訣別できているかどうか、③実行力を証明する過去の実績は何か、の三点にポイントを絞り込んで推薦する候補を決めた。新人候補を含めて一〇八人が立候補し、八二人が当選した。その内訳は自民党＝二八、社会党＝一四、日本新党＝一一、新党さきがけ＝八、新生党＝六、民社党＝五、社民連＝三、無所属＝七、である。

生活者のための党派を超えた政策集団が文字通り誕生したわけで、すでに「平成クラブ」を結成して本書の後半で述べる法案を成立させる戦いがはじまっている。「平成維新の会」がやろうとしていることは、切った張ったの短期的な政界再編劇とは違って、長い目で徐々に、漢方薬の効き目のように改革を手がけていこう、という立法行為を通じた市民運動なのである。

したがって、推薦者への後押しのやり方も今までの後援会などとはちょっと違っている。現在、一つの選挙区に少なくても平均五〇〇人は会員がいるので、毎日一〇人に一人がボランティアとして選挙活動を応援すれば、五〇人が候補者を支援して動くことができる。もちろん、選挙の期間だけでなく、地域に密着したさまざまなコミュニケーション活動ができる。当選した議員が期待通り生活者と地方自治のための立法行為に精進してくれているかどうかをモニターする役目もある。これは言うまでもなく、住民参加型の民主主義の基本だ。

とはいえ、多くの会員を組織し、同じ目標に向かって長期間運動を続けていくことは容易ではない。財界から集めた資金を大量にバラまいて人を集め、短期間に勝負を決めるどこかの政党の選挙運動とはわけが違う。会員の情熱を高く維持しながら、漢方薬のようにジワジワと改革を進めていく苦労は、並大抵のものではない。政治家だけの集団では、とてもできない運動なのだ。

そもそも行政や政治改革の運動というものは、口で言うほど簡単にできるものではない。私も著者としてさんざんああしろ、こうしろと言ってきたし、学者も評論家も、財界も「このくらいはやらなければいかん」などといろいろな意見を言うが、それを生活者に突きつけて、政治に参加させる努力を実際にしてみると、「これは大変だ。命がけでやらなければできない」と思えてくる。

駅頭に立って演説をする、あるいは印刷したメッセージを配ると、ありがたいことに大勢の人が、「おお、いいな。大前さん、僕も手伝うよ」と言ってくれる。運動に参加したいという電話も数多くかかってくる。もし、ここがアメリカだったら、翌日にはサッと運動資金がチェック(小切手)で集まるだろう。ところが、個人献金の習慣のない日本ではそうはいかない。一万円払って会員になると言ってくれた人が、なかなか会費を送って来ない。どうしてだと聞くと、銀行や郵便局に振り込みに行くのが面倒くさいのだと言う。一万円は惜しくはないが、その手続きが面倒くさい。取りに来てもらえないか、とこんな具合なのだ。要するに、日本の民主主義とはまだこんな程度なのである。しかし、これもまだ私の情熱と運動をわかりやすくする努力が足りないからだと、いつも会員やアドバイザーの方々から叱られている。

また、入会の時に、会員の属性に関するデータと、「怒りのひと言」を書いてもらうようにしているが、それがまた面倒くさい、カンパするのはいいが、申し込み書と書類を書こうという意識が薄い。

こうした資金集めを日本でしようと思ったら、組合の会費とか、ＮＨＫの受信料のように自動的に個人の口座から徴収するようにしないと難しい。公共料金やクレジットカードなどは銀行自動振替で、しかもノーチェックで支払うほど寛大なのに、パッと天引きしてくれないものについては、信じられないくらい腰が重い。こうしたなかで、個人からの献金を頼りに運動を進めるということは、それだけでも大変なのだ。

それから、地域で運動をはじめると、必ず政治が好き、三度のメシより選挙が好き、という人が最初に集まってくる。私の意見に共鳴して純粋に応援してくれる人も多いが、なかには単純にお祭り騒ぎが好きだったり、利権（といっても大したものではない）を期待している人もいる。こういう人が先に立ってやっていると、その人に悪気はなくても、後から参加した人が何となく胡《う》散《さん》臭いものを感じて、「なんだ、これまでの政治屋の集まりと同じではないか」と思ってしまう。そこで、私たちは半年かかってそういう部分をなるべく排除し、体質的にも新しい人たちが中心になって動ける組織をつくってきた。

草の根とか、手弁当という言葉はよく耳にするが、日本という国は個人のマネーと個人のパワーによる運動を起こしにくい。しかし、だからこそやるのであり、ひとたびできてしまえばそれが他にはない強みになるはずである。

ジャーナリズムが政治をつまらなくした

今、国民が一番知りたがっているのは、選挙制度がどうなるのかではなく、この日本をどうしていくのか、というビジョンである。国内の大きな話題は許認可をめぐる企業のカネまき体質（いわゆるゼネコン汚職）である。新聞を毎日読んでいても今やどこの県だったか、どのゼネコンの話だったか覚えてもいられないいくらい後から後から出てくる。いい加減にその構造の根本的なところを直す作業にとりかかってもらいたい。先のアンケートを見る限りにおいては、政治家もホンネではそれを承知している。しかし景気や市場開放の問題になると、円高や貿易不均衡の問題ともからみ、それはまた日本の外交問題ともつながってくる。簡単には手がつけられない、とあきらめ顔である。

だからこそ外交舞台は空っぽな状態が続いている。日本は経済的にはいい国になったのに、みんなで勤勉に働いてこの国を経済大国に押し上げたのに、国際的には全然信頼されていない。指導力も期待されていない。アメリカからはやれ貿易不均衡だ、構造協議だとジャブを食らってばかりいるのに、こちらからは一発も返したことはない。一〇年に一回のこの七月のサミットも、内閣の総辞職がほぼ決まっている植物人間のような前首相がニコニコと主宰してしまった。細川氏は就任早々戦後処理の問題で近隣諸国に明快に謝罪してしまったが、これがいまなぜそうなのか、国民にも外国の人々にもよくわからない。まったく機能していない国連に行って外務省の役人の作文を読み上げ、国連改革の千載一遇の機会を逃してしまった。金を出すからこう直せとか、大国の地域紛争への関与をやめよとか、いくらでも要求はあったはずである。どれもこれも日本人としてのプライドが傷つくことばかりだ。こうしたことが積み重なって国民のフラストレーションは溜まりに溜まっている。「平成維新の会」へ寄せられる〝怒りのひと言〟も外交ビジョンなき政治に関するものが多い。

これまで政権はこうした国民の不満を知りながら、それを実に見事に選挙制度の問題にすり替えてきた。田中角栄以来の首相はことごとく金権腐敗とビジョンのなさを隠すために、小選挙区制というレトリックを使って国民の目をそっちにふり向けようとしてきたのだ。ジャーナリズム（とりわけ新聞）もそれを見抜けない。あるいは見抜いているのに、わざと乗せられているのかもしれない。「平成維新の会」を旗揚げして以来、いわゆる政治部の記者という人たちと接触することが多くなったが、はっきり言って、この人たちの行動は異常である。政治をつまらなくしている理由はいくつもあるが、政治記者たちもその一端を担っているのではないかと思える。

なぜなら、彼らは政治を報道するという立場にあるのに、私たちの政策など一度も聞いてくれない。議論をぶつけてこようともしない。私に聞いてくることは、「細川さんとくっつくのか？」「新生党とはどんな関係になるのか？」など、要するに〝人がどう動くか〟ということだけだ。私が声を大にして、なぜこの人を推薦したのか説明しても、サッと聞き流して、「それで何人が動くのですか？」「いずれ政党にするのですか？」と、権謀術数にしか興味がない。

それでいて、私が改憲を口にすると「あなたは右翼と言われてますが」とばかばかしいやりとりになる。三三〇〇万人の住民が取り囲むように暮らしている東京湾で漁業をするのは不合理である、漁業権を見直してはどうか、と言えば、漁民いじめ、弱者切り捨てだと言って、全然関係のない宮城県や長崎県の推薦候補者が漁民の敵扱いされたりする。要するにこの国の将来を本当に憂えて、外圧ではなく自分たちの力で自分たちの考える良い国をつくろう、という市民運動が素直に存在するとは考えられない、ということなのである。それほどわが国においては政治というものが一部の利害関係者によって操られ、独占されてきた、ということなのだろう。そして変化は外から与えられる、という。また外から与えられたときには、それを受け入れてしまう、という特質を日本人はまだ持っているようだ。

　記者はそれぞれ贔屓《ひいき》の政治家を持っていて、引き倒しをやっている。ある政治家の代弁者ではないかと思われるような書き方をする時もある。そういった偏見のあるやり口はとにかく凄まじい。どうして政治部の記者たちは、政策議論ができない体質になってしまったのだろうか。金丸氏を政界のボスとして祭り上げていた人々でも金丸逮捕でにわかに手の平を返したようにすべてを金丸信の悪業のせいにしようとするのだ。金丸氏と麻雀をやって儲けた人は皆、自ら名乗り出ろと言いたくなるくらい、この人たちは反省が足りないのだ。

　伊丹十三さんの映画の中に、レストランで洋食を注文するシーンが出てくる。皆メニューを読んでいるフリをしているが、誰も何も言わない。そこでボスとおぼしき人がありきたりの定食を頼んでしまうと、他の人も「ボクもそれ」「わたしもそれでいい」と次々に決まってしまうのだ。一人だけ特別な注文をする人がいると、隣の人に足を踏まれて注意される、そんな場面だった。

　レストラン変革亭に行ってメニューを読んでいた国民や議員も、誰一人具体的な注文をしていなかった。七月の総選挙のあとも八月上旬まで政権がどうなるかさえ決まらなかった。ところが、イチ・イチコンビと言われるボスが「これ」と言って注文すると、「ボクも」「わたしもそれでいい」とあっけなく決まってしまった。国民は自民党を第一党に、社会党を第二党に選んでいるのだが、ならばなぜ選挙をしたのかと文句を言う人はいなかった。そして首班指名では、これまた第五党の党首がボスによって提案され、再び「ボクも」「わたしもそれでいい」となってしまったのである。これを「天意、天命」と表現した細川さんもなかなかの役者だが、「民意」とも「ボスの指名」とも言わなかったところがミソである。なぜなら、その後の展開は、マスコミがこぞって「国民は変革を望んだ」「クリントンの変革、日本にも波及」、なんてことになり、選挙前後の顚末はすっかり忘れて、今の政権は国民の支持を受けて成立したかのような気分になり、細川内閣は史上最高の支持率を誇っているのである。

コメ問題にしても、結局アメリカなどの圧力で受け入れ、ということになれば納得してしまうだろうし、反対する人にはカネで結着をつけるだろう。国民はそのカネが自分たちの税金であり、関税化（六〇〇％）によってコメの市価が下がらないかも知れない、ということに対しては文句を言わないのだろう。私のコメに対する考え方は、そのような愚挙を避けるために九項目の提案（後述）をしている。これらをすべてやってこそ、国民生活者にも満足がいき、都市サラリーマンの住宅問題の解決にもつながり、かつ農耕者や食糧安保のことも十分に考えた対策ができるのである。日本のマスコミが白か黒か（開放―閉鎖、改憲―護憲、北方四島返還―現状など）以外のいくつかの中間的な議論になじまない限り、本当に大切なことの議論がこの国では進められない。また意見を言うたびに背景を探ることに興味を持ち、意見そのものに基づいた議論の高まりを生まない今の風潮、あるいは伊丹十三さんの指摘する主体性のなさ、答えだけを誰かに言ってもらおうとする態度、では今日日本の遭遇している難問を解決していくことはできない。「平成維新の会」は政党ではない。したがって、権謀術数的な動き方はしない。地道に社会改革を行っていくだけだ。

いずれにしても政治が本当に国民生活に密着したものであり、また密着していなくてはならないものだ、ということが今ほどはっきりしてきた時はここ何十年にもわたってなかった。だからこそ、人々にわかりやすく、また選びやすい選択肢を提供し、直接参加の機会を与える工夫をしなくてはならない。

腐敗が問題となった仙台市長選や茨城知事選では、投票率が三〇%台で、むしろ人々は怒りよりも恥ずかしさの方が先に立ち、かつこの人なら、という候補者が見えずに棄権にまわってしまっている。これは今後予想される地方選を占う上で大切な点である。要するに良い候補がいないのである。

首長や代議士の多選禁止を実現し、二期八年でいいから思い切ってやってもらいたい、というようにして民間の優秀な人を政治に導入しなければ、皆二世か官僚出身となり、まさに致命的な保守化が進むことになる。メキシコ大統領は六年一期、韓国は五年一期だけであり、政治浄化が一気に進んだ。日本もこうした制度を検討すべき段階に入ったのではなかろうか。

第二部

第五章　国家運営の再構築

血を流さなかったことのツケ

細川内閣とレーガン政権はいろいろな点で似ている、と言われている。ケネディ以来長く続いた民主党政権に終止符を打ち、肥大化した政府を圧縮しなくてはならなかった、国民の人気があった、規制緩和を政策の中心にすえた、などである。

しかしレーガンの規制緩和は徹底していた。航空会社の新規参入は二〇〇社を超えたし、銀行に至っては参入と金利の自由化で結果的に一〇〇〇行以上も倒産している。入るのも自由だが死ぬのも自由、という徹底ぶりである。税金も累進制をほとんど解消し、税率は一五および二八%の二段階となり、大多数の人にとっては重税感がなくなった。

国際競争力の衰退にともなってアメリカでは一〇年以上にわたって給料が伸びない、という状態が続いたが、それでも暮らしが目立って悪くならなかったのは、輸入品による物価の低下と税の軽減効果であった。レーガンは金持ち優遇といわれたが、実際に収入上位二五％の知的ワーカーが優遇され、下位二五％の実質所得は漸減し続けた。

レーガンからブッシュに至る一二年間は、レーガン革命のあまりにも大きかった衝撃を吸収するのに精一杯で、その政策を十分に評価するまでに至っていない。いやむしろ日本ではレーガン革命はアメリカの没落を早め失敗であった、という烙印が押されている。

しかし私はそうは思わない。規制緩和《ディレギュレーション》というのは大きな犠牲をともなう。イギリスとアメリカがこれに先行し、ドイツや日本がこれをサボった。スイスは国内産業を規制によってガッチリ守っている。今、たとえば銀行や航空会社の国際競争力をみると、アメリカとイギリスが断トツで、ドイツ、日本、スイスなどは見劣りがする。世界の航空会社のトップは、なんと英国航空、ユナイテッド、アメリカンの三社であり、日本勢やルフトハンザ、スイス航空の収益力、コスト競争力はトップにはるかに及ばない。

アメリカやイギリスで航空会社や銀行が次々に倒産しているのを横目に、日本やドイツはその官製の強さを世界に誇った。しかし、いまや形勢は逆転している。生き残ったアメリカやイギリスの会社が世界的に勢力を伸ばす中で、日本では銀行やノンバンクがつぶれないようにと、景気対策はおろか金融機関の救済策だけで精一杯である。このままいけば金融機関の大量倒産は避けられない。景気対策としてマネーサプライを増やし市場の流動性を高めた瞬間にひっくり返るところが出てくると思われる。

景気をよくしようと思えば、市場を活性化しなくてはならない。今、多くの金融機関が生き延びているのは、市場取引実績がなく、四年前の不動産などの時価が今も続いている、という仮定の中での話である。延滞債権なるものも、市場価格が確定してしまえば不良債権として処理しなくてはならない。その額が政府の言うように二〇兆円なのか、あるいはその数倍なのか、誰にもわからない（ようにしている）だけなのである。

アメリカで知的ワーカーを優遇した、というのは理にかなっている。アメリカのように高賃金の国で、ブルーカラーを中心にした産業政策をとってもうまくいかない。特にアメリカには北にカナダという常に一〇〜二〇％労賃の低い国がある。また南にはメキシコという労賃的に四分の一の大労働力供給基地があり、長くかつ細い国境線で接している。このような状況（規制緩和下）にあって第二次産業を興そうとしても、どだい無理がある。航空機や化学機械のように付加価値の高いものならともかく、ふつうの商品ではいくら生産性を高めても追いつかない。

それにアメリカの製造業は国際化ということをいとも簡単にやってしまう。ちょっと安くなるというだけで、工場を閉めて外に出る。まして五大湖沿岸の対岸（カナダ）でやれば二割も安くなる、ということなら一瞬のためらいもなく出て行ってしまう。またカナダに行くのに「出て行く」という意識はない。東京の会社が九州に展開するよりも簡単にやってしまう。かくして自動車や電子部品はカナダに移り、いまや日本車よりもカナダ製のデトロイト勢の車の方がシェアが高い（二五％）という状況である。それでも「カナダの脅威」として大騒ぎにならないのは、一つにはこれが自作自演であるから、もう一つはカナダを商売敵《がたき》と思っていないからであろう。ちなみに、日米貿易不均衡では為替をいじり円高に、と声高に叫ぶが、カナダとの膨大な貿易赤字に対してカナダドルを高くしろ、とアメリカは騒いだこともない。貿易不均衡を為替で直すのは誤り、と主張してきた私の考えを、アメリカはカナダとかメキシコに対しては実行している。日本に対してだけ為替を使う、というのはまったく理にかなっていないのだが、それだけ日米貿易不均衡が政治問題化しているのである。

第二次産業を重視する日本

アメリカにとっての死活問題は第二次産業ではなく、第三次産業である。すでに就業人口の七五％が第三次産業にあり、その約半分が知的労働者《ノレッジワーカー》、残り半分が肉体労働者である。この知的ワーカーからなる第三次産業（コンピュータソフト、プロフェッショナルサービスなど）をみると世界的にアメリカの独壇場となってきている。エンターテインメント（映画、音楽）は資本こそ日本やドイツが一部手に入れたが、人材的にはまったく手も足も出ない。ホテルチェーン、レンタカー、クレジットカード、ホスピタルマネージメントなどはアメリカ以外の国にめぼしい世界的企業が見つからない。情報産業もまた米英系が圧倒的に強い（CNN、BBC、テレレート、ロイター、AP、UPI、FTなど）。プロフェッショナルサービス（会計事務所、法律事務所、コンサルティング、エンジニアリング、設計事務所など）もそうだ。

そして二一世紀の収入源といわれる通信、コンピュータなどのネットワークについてはアメリカの起業家の完勝である。よく知られているようにPCやワークステーションもこの五、六年はアメリカンゲーム（サンマイクロ、コンパック、デル、IBM、アップル）となっているが、そのオペレーティングソフトは、マイクロソフト、スプレッドシートなどはロータス、ネットワークはノベルやオラクルと、いまや日本勢、ヨーロッパ勢は名前さえ出てこないのである。せいぜい日本勢が出てくるのは任天堂、日米混血のセガなどのファミコン分野だけである。これにバイオやファイナンシャル・エンジニアリングを入れれば、アメリカがレーガン以来いかにこの知的ワーカーの分野で世界制覇に成功してきているか、日本がいかにいつまでも第二次産業を重視してきたかが鮮明になる。

しかし、その日本の第二次産業もいまや一ドル一〇〇円時代になって、単に競争力を失ってしまっただけではなく、大量失業という大きな重荷を背負ってきていることが分かる。日本の経営者は右上がりの「それ行けドンドン」に慣れきっているので、いまだにレーガン、サッチャーのとき吹き荒れたリストラに正面から取り組めないでいる。もちろん困ったときの神頼みならぬ「お上」頼みで、いまや産業界をあげて「金利を下げてください」「景気対策を！」「減税を！」「赤字国債を！」の大合唱である。自分たちでアメリカやイギリスの通ってきた血の池地獄に立ち向かおう、という人はほとんど見当たらない。そんなにお上頼みなら「鉄の三角形」の批判や規制緩和を言わなければいいのに、それだけは流行に後れまいとする。自分たちに都合の悪い規制だけ緩和してもらいたい、ということなのであろう。

レーガン流の規制緩和をやれば、当面日本は失業大国になることが目に見えている。地価や株価が暴落することは避けられない。だからこそ、生き残ったところはいやが上にも強くなってお り、国際的にも通用するものになるはずなのだ。また市場価格の形成プロセスについても透明性が高まり、生活費は今より大幅に下がっているだろう。生活費の中に社会福祉の費用が幾重にも織り込まれたような日本の価格形成の善し悪しを本格的に議論することなく、（心の準備もできていないのに）規制緩和を軽々には論じられないのである。

アメリカはこの二〇年で約二〇〇〇万人分の雇用を創り出している。（大躍進を遂げたといわれる）日本は一〇〇〇万、欧州は全体で数百万に過ぎない。アメリカの政府は日本との貿易交渉などで失業問題を大きく取り上げるが、それは政治的レトリックである。アメリカ市場は世界のどこにも例がないくらい雇用と失業の両方が自由市場メカニズムで働いており、またそのために競争力のある会社や第三次産業などに就業人口が比較的早くシフトする。学卒比率も高く、ハイテク産業などを創業する際にも優秀な人材がすぐ集まってくる。日本が官庁、大企業中心の知的ワーカー分布から抜け出せないでいるのと対照的である。

また大企業の経営者もダメとなればどんどん首をすげかえられるし、小さな会社をうまく経営しているとすぐに大会社の取締役会から「こちらに来ないか」とお声が掛かってくる。日本の財界が今の世の中についていけないのは、大企業か官庁でエスカレーターで上ってきた経験しかない老人の集合体だからである。これからの世の中で成功していくための感覚、また規制緩和とか市場の透明性、なんてものと無縁の世界で育ってきた人々の集団だからである。

所得税率を見直せ

レーガンの初期の頃に話題をさらった所得税減税の理論的柱は南カリフォルニア大学のラッフ

ァー教授の提唱したラッファー曲線なるものであった。これはその後「まやかしだ！」として今では葬り去られてしまったが、実は（学問的ではないにしろ）一面の真理を含んでいるので捨てるには惜しいものである。これを端的に言えば、今の日本の状況と似たようになっている場合、すなわち累進課税がきつく、金持ちの法人化や節税行為が行き過ぎになっているときに、思い切って税率を下げて節税や脱税に意味がないようにしてしまえば、全体の税収は上がる、というものである。

特に今の所得税は地方税を入れたものは最高六五％となり、法人税率（実質四八・八％、アメリカは三一・九％、イギリスは二四・二八％）より高い。また法人であれば損金や経費として認められるものが個人では認められない。このため個人でもあえて会社組織にしてしまったり青色申告などをする人が増えて税収は上がらない。仮に日本の国民総所得（国民が加える総付加価値）を三〇〇兆円とすれば、一〇％の税金で、今の所得税収二七兆円にほぼ匹敵する。これは六三〇〇万人いる勤労者の平均所得四〇〇万円に、一律一〇％課税した額二五兆円にほぼ等しい。このような観点からも日本においてもせめて二段階、できれば一段階の所得税率を考えるべき時にきている。

レーガン政権は財政的に失敗したと見られている。しかしあの膨大な財政赤字は所得税減税からくる歳入側の問題よりも、「強いアメリカ」政策による歳出側の暴走によるところが大きい。このため今冷静にレーガンの遺産を分析すれば、「強いアメリカ」でソ連邦が崩壊し冷戦終結後の「平和の配当」をクリントンが国民に払える状況になっている、規制緩和で物価は安定し、生き残った企業には国際競争力がついた、弱い企業は淘汰され、はき出された不動産などはリストラ公社（RTC）などを通じて小口債券化され、債券や株式の市場も活況を呈し、株に至っては史上最高値をつけている等々、日本とは好対照なのである。死んだふりをしながら大騒ぎで、そのくせやるべきことをやってしまった、というのがレーガノミクスの総決算なのである。もちろん今のアメリカ株は少し高くなり過ぎているのでその調整でミニ暴落があるかも知れない。しかし日本のような官製株価維持策はとっていないので、その調整は小幅であろう。むしろ日本の市場に不安要因があり、これが日米で連鎖してしまう可能性の方が今は高い。経済については日米が葛藤するのではなく「経済デタント」を早く締結すべきだ、という私の考え方の根拠は、ここにある。

立法で行政ルールを変えよ

民主党のクリントンはこれから増税をして、またカーター以来の「大きな政府策」を復活するだろう。クリントンが二期続けば再びアメリカ企業の活性が失われるだろうから、その間に日本が規制緩和や市場の透明性向上策を打ち、生活の質を向上してもコストを下げることに真剣に取り組めば、日米の競争力は再び拮抗してくるかも知れない。

しかし、そのことは同時に、官主導で人為的に高値となっている不動産や株式市場が暴落し、保護された産業のリストラによって一時的に失業が増えることも覚悟しなくてはならない。それでも個人の金融資産だけで六〇〇兆円もある国が崩壊する、なんてことは考えられない。むしろ健全な市場が形成されれば、個人部門の消費が活性化し、日本は第二の黄金時代を迎えるに違いない。官主導では不景気、停滞が避けられなくても、住宅を中心とした大建設ブームが来れば一〇年以上にわたる実需に裏付けられた好景気が来るに違いない。

つまり谷の向こうは青々とした草原となっているのだが、そこに至るには深い谷があるのである。これを口先だけの景気対策や規制緩和で乗り切ることは出来ない。一年に多いときには五〇〇もの許認可、規制項目を増やしてきたくせに、細川首相に言われて（日米協議や行革審などですでに出すことの決まっているものを中心に）六〇項目の規制緩和リストを出したから、といって市場が自由になるものではない。ましてや経団連などが産業界に都合のよい三〇項目を加えているのだから、これが我田引水でなくて何であろう。本格的な規制緩和は政府の〝善意〟ではなく、立法によって行政のルールを変えることによってしかなされない、と知るべきである。

この国は行政のルールを変えるべき時にきているのだ。中曽根首相があれだけの実力と情熱でレーガン、サッチャーに伍して行革や臨調をやったのに、ＪＲ、ＪＴ、ＮＴＴの民営化以外にはあまり進まなかった。許認可や規制はこの後むしろ増えており、今日に至るも市場構造そのものには変わっていない。鉄の三角形も当時より完成度を高めてきている。本質的な変化は立法行為によってしか得られないことを知るべきだ。世論や歴代首相の圧力に十分耐えて生き延びてきた日本の官僚組織、そこにドップリとつかった政治と経済の仕掛けは、かけ声運動では変わらない。レーガンやサッチャーのやったことには無慈悲で必ずしも良くないこともあるが、しかしそうした経験も含めて規制緩和についてのノウハウも世界的に貯まってきている。

今一度アメリカで航空業界のビッグバンをやるなら、空港のゲートまで含めてやるべきだろう。ゲートを制限して航空会社だけ参入を自由化したので、ゲートを押さえてしまったところの独占が昔より進んでしまった。これは規制緩和の失敗ではなく、中途半端な規制緩和の問題点なのである。日本でも菓子やビスケットの自由化をすれば欧州勢にやられてしまうが、小麦から砂糖まで含めてすべて自由にしてしまえば、日本のビスケットメーカーは競争力をもって生き残れる。上流の方を規制して製品だけ自由化するのはよくないのである。一人当たりGNPが三万ドルにもなった日本で、政府が戦略物資でも戦略産業でもないものを恣意的に守ることはやめなくてはならない。日本の産業は競争に曝されたところほど強くなっている。もっと自分たちの生存能力に自信を持つべきだ。

鉄の三角形は、弱い産業ほど強固である。それだけに鉄の三角形の関係した産業が生活費を押し上げている。国際競争力もなく、税金または非関税障壁によって保護されているからである。こうした弊害を除くには「主催者側発表」による改善策や官僚の作文による〝新前川レポート〟などではなく、国民の直接選挙した政治家による立法行為でこの体質を変えてもらう以外にない。とは言っても今の段階では政治家たちもまた四方八方に気を配り、思い切った変革の図を描けていない。

そこで本書においては「平成維新」を立法を通じて実現していくには、どのくらいの法律改正が必要となるのかを示すことを試みた。これらの法案を本当に命がけで通そうとする議員さんたちを何年かかけて探し出し、その人たちを応援することによって、ついには国会で多数を占める。その時こそ、この国にも本質的な変化が訪れるだろう。それまではここで述べた本格的な変化は起こらないだろうが、しかし議員有志が力を合わせて、この中の一つでも多くのものを早く実行に移すことである。これによって国民の変革への期待が一気に高まり「平成維新」の実現がそれだけ早まるだろう。立法行為こそ民主主義の国に残された唯一の合法的変革のプロセスなのである。

二つの柱を支える法案

日本は国家運営のパラダイムを大幅に組み換えないと、時代の流れに対応できなくなると私は『新・国富論』を著した七年前から言い続け、だからこのように変えましょうと、構想をくり返し述べてきた。ここでは、そうした構想を実現させるためには、どのような〝法案〟が必要なのか、述べてみたい。

私があたためている法案は、まだデッサンの段階ではあるが大小とりまぜると八〇以上あり、そのうちのいくつかは、すでに「平成維新の会」が推薦した八二人の議員有志によって、立法への研究活動がはじまっている。そのいずれもが①生活の質を上げてコストを下げよう、②自立できる単位に地方をくくり直して自治させよう、という「平成維新」の二つの柱の支えとなるものである。

ここに掲げた大小様々な法案のスケッチはすべて「この国の改革は、官僚に頼んで規制緩和リストを出してもらうくらいではダメだ、法案によってルールを変えていかなくてはならない」、という私の考え方を反映したものである。

以下、その一つひとつを紹介しながら、法案の背景にはどのような問題点があり、どんな解決策が必要なのかを解き明かしていきたいと思う。

《国会議員半減法》

私があたためている法案のデッサンは、日本の国全体の仕組みを変えようというものと、生活をより良くするためにルールを変更しようというもの、の二つに大別できる。

前者は、国家を運営していく機構の大改革で、①国会の改革、②行政府の改革、③国民と国家の関係の改革、④日本と世界の関係の改革、の四つの内容から成っている。

国会改革について言えば、まず、国会議員の数を減らすことがその柱だ。私は前々から国会議員の数が多過ぎると言ってきた。「平成維新の会」を旗揚げした後、会の推薦候補者を決めるために、私たちの代表者が三五〇人の候補者（当時）と面談したが、その時にも「やはり議員の総数を減らさなければダメだ」と痛感した。明日の天下国家を担っているはずの人たちなのに、こちらに伝わってくるものが希薄なのである。五一一人の衆議院議員全員を見渡してみても、存在感が表に滲み出ている人が少ない。無力感からか、ニュースキャスターなんかに媚《こび》を売っている人もいる。特定の業界を動かしたり、資金を集めたりなど裏側では力があっても、それが政治家としての社会的存在感《プレゼンス》につながっていないのだ。

なぜそうなるのかというと、政治家としての見識がない、天下国家を論じるだけのセンスがない、海外の政治家と対等にやりあえる技量がない、などがあげられる。全部そろっている人——つまり、どこに出しても恥ずかしくない人はほんの一握りで、そのほか、財務政策とか通産行政や労働行政など、一定の分野に限ってはすぐれたリーダーの資質を示す人が少々いるくらいで、なかには、どうしてこんな人が……と疑わざるを得ない人も少なからずいる。議員の学歴詐称が最近問題になったが、残念ながらそうだったのか、と妙に納得がいく人も多いのである。もちろん、国会議員になるくらいだから、それぞれ日本をこうしたいという個々の目標は持っているのだろうが、国民が本当に議論してもらいたい天下国家の大問題や、改革に取り組むには、人材としてのレベルが低すぎる。政党という単位で見ても、議員の質の高さを売り物にしている政党はない。つまり、国会議員には向かない人が赤絨毯の上を闊歩していて、政党はそうした人たちの寄せ集めにすぎないということだ。

日本の将来を安心して託せるような優秀な議員もいるが、党や派閥から給料をもらっているような感覚で議員をやっている程度の、目線の低い人が多過ぎるのである。それで結局、国会がサラリーマン化してしまう。天下国家を論じることを棚上げして、利益誘導型の指導をしたり、地元の利益代表として横車を押したり、ロビイストのような役割を買って出て、忙しい、忙しいと言っている。秘書たちまでが忙しいのは、こまかな陳情処理までやっているからだ。公設秘書や研究調査費、公的助成金のことを出す前に、そもそも議員とは何をやる職業なのかをはっきり定義してもらいたい。

こんなことばかりやっているから、議員を何年やっても見識が広がらないし、知識も深まらない。むしろ官僚出身議員などは、なりたての時が知的には一番充実しており、その後はおしなべて下降線、という感じの人が多い。一般企業の社長たちのほうが、よっぽど見識も知識も豊富で、世の中の流れに敏感である。国民からみて、これはとても不幸なことだ。

もっとも、こうしたことは議員自身も自覚している。第四章でも述べたが、現役の衆議院議員にアンケート（無記名なのでホンネがわかる）をおこなったところ、「政治改革を一番遅らせているのは……？」という設問に対し、八五％の議員が「議員の質に問題がある」と回答している。すなわち、世の中をよくできない原因は議員のレベルが低いからだと、一〇人中八人以上の議員が思っているのだ。自分は例外だと思っている人もいるだろうし、自分も含めて低いと思っている人もいるのだろうが、どちらにせよ、議員の中身に問題があるというコンセンサスはホンネの部分でできあがっている。

二重、三重の効果を期待

では、どうするのか。国会議員にふさわしい知識や見識、素養や教養、常識度などを判断してふるいにかける国家試験のようなものがあってもよいが、そんなことをしなくても、たとえば議員数を半分にしてしまえば議員のレベルは格段に向上する。

まず、責任感が変わるだろう。世界第二位の大国を二五〇人の議員で動かしているという自覚ができれば、おそらく恥ずかしい野次を飛ばす人もいなくなるだろうし、政策をきちんと論議して国をリードしようとする雰囲気も高まるに違いない。

もう一つの効果は、国会議員という立場を利用していろいろ余計な事をする時間がなくなることだ。今の議員会館には、やれ陳情だ、やれ斡旋だと、国政の運営には直接関係ない雑件が次々と持ち込まれ、まるで〝よろず承り処〟のようだが、議員数が半分になれば、そんなことに口を出している余裕がなくなる。

同時に、地方の道路建設の是非を検討するような暇もないので、中央で決めなくてもすむものは、どんどん地方議会などに移される。中央は二五〇人の議員でできる範囲のことをやればいいのだ。すなわち、国会議員の半減と大幅な地方への権限委譲は表裏一体なのである。議員数を半減することになれば、当然その受け皿としての地方行政のあり方が問われ、合理的だとは言えない府や県の区割りをやめて、私が提唱する道州制のようなものを導入することが議論されるだろう。それなしには本当の意味での地方自治ができないからだ。したがって、「国会議員半減法」が俎上にのぼれば、国政改革の面においてダブル、トリプルの効果が期待できるのである。

九増一〇減で五一二人から一人減らすのに、あれだけ大変だったのだから、定数の半減などできるはずがない、と思う人がいるかもしれない。だが、七月の衆議院選挙の時に見回した感じでは、ずいぶん多くの人たちが声に出して議員数の削減を言っていた。たとえば、自民党の平成研究会の人たちは全員が議員定数を半減しろと言っている。新党さきがけのなかでは武村党首をはじめ、何人かが同じような意見を言いはじめている。私も「平成維新の会」が推薦する候補の応援演説で何度も議員定数半減を説いたが、それを言うのはやめてください、と反対した人は一人もいなかった。明日のわが身を考えれば半減はつらい……と、心のどこかで思っているかもしれないが、とりあえず建前では賛成する人が増えている。

国民が大声をあげて、「最初にこれをやれ」と迫れば、雪崩のような動きが起きてくる可能性が高い。どんなことがあっても、議員の数を半分以下にしないと、日本の国政はよくならない。

究極の目標は大選挙区制

半減する方法は二通りある。小選挙区二五〇人制、あとは比例代表にするというのが細川連立政権の合意事項になっているが、それならば思い切って比例代表のほうをやめてしまう、というのが一つ。

もう一つは、現行の中選挙区を土台にして定員をバサッと半分にしてしまう方法。これだと最大の選挙区、北海道一区でも定員三になり、全国にかなり多くある二～三人区はみな一人となって、実質的に小選挙区になる。こうすれば従来の自民党の「派閥が血で血を洗う」と言われた中選挙区制の弊害はほとんどなくなる。自民党が複数候補を出せるところなどなくなるからである。

同時に、一人一票の重さの配分という民主主義の原則にも近づけていく必要がある。そもそも裁判所が一票の価値について「四対一なら違憲だが三対一は許容範囲」などと認めること自体おかしいので、選挙法の改革や議員半減法の立案に併せて一票の重さが均等になるような見直しを加えていくと、人口五〇万人に議員一人という定数配分がだいたい妥当であろうということになる。一億二五〇〇万人という日本の人口を二五〇で割れば、こうなるのだ。有権者数で言えばおよそ三六万人に議員一人という配分である。

このようにすると、人口の少ない県では定数一になり、中選挙区だと思っていても実質的には小選挙区になる。議員にとってはきわめて厳しい条件なので、いきなりここへ持っていくのは難しいかもしれない。だが、ドンと跳ばなくても、先に目標を決めておいて、選挙のたびに一〇％ずつ「一人一票同じ重み」の目標に近づけていくようなやり方をすれば、遠からずそれを達成できる。

したがって、今のうちに議員半減法や、それにまつわる選挙制度の改革案を煮詰め、きちんとした〝行動予定表〟をつくっておくことが大切なのだ。

そして、私には、さらに先の見通しがある。私は国会議員数を半分の二五〇人にすることは第一ステップであって、本当の目標はさらにその半分以下、一〇〇人くらいにすることだろうと考えている。そのためには、最初のステップ（一年以内）でまず半分にして、その後、五年から一〇年経ったあたりで、もう一度「議員半減法」を提唱して採択してほしいと思う。

ところで、これを別の角度から見れば、選挙制度の行き着くところは、結局「大選挙区制」になるということだ。定数が今の半分（二五〇人）になるまでは小選挙区、あるいは中選挙区のどちらでもいいが、さらに半減を進めて、一〇〇人になるところまで来たら、これはもう大選挙区制にしないと無理なのである。すなわち、いま国会は小選挙区制にすることが最大の改革だと言って騒いでいるが、将来、改革がたどり着くべき目標は大選挙区制なのである。

そうなると、ここでもやはり府や県による区分けが問題になってくる。私が提案している全国一一の道州制のようなものに、どうしても移行せざるをえなくなるのだ。〝東北道〟や〝九州道〟といった選挙区からそれぞれ一〇人ほどの国会議員が選出される形が望ましい。このように広域な選挙区から選出されると、議員は「おらが村に橋を架けろ」とか「おらが町に新幹線を停めろ」のような細かな行政事項に関係する必要がなくなり、同時に地元に利益誘導しても、選挙の時のメリットがそれほどなくなる。

したがって、地域に関係するといっても、地場の産業構造をどうするとか、地域経済を中央や他の地域、あるいは外国と地域をどうリンクさせるか、など大局的なプランにかかわるくらいで、活動のほとんどは選挙地盤のしがらみを超えた国家としての問題、たとえば条約締結などの外交問題、安全保障、税制、通貨の管理など、国家の根幹にかかわる法案に専念できるようになる。

逆に言えば、国家運営の重要課題だけに専念してくれる人でなければ国会議員としては価値がないわけで、当然、そのための知識や見識がその素地として要求される。おそらく、今の議員のレベルよりも相当に高い専門知識と政策提言能力が求められるようになるだろう。経済、産業、法律などの各分野に明るく、海外の事情にもくわしく、しかも丁々発止とした議論ができて説得力のある人でないと困る。海外との交渉などに関しては英語で討論する実力が問われるようになるかもしれない。

ともかく、国会議員というのはそういった天下国家を論じることに専念する人が一〇〇人もいれば十分なのだ。それゆえ「国会議員半減法」は是非とも成立させる必要があるし、さらにその法案が行きつく先のグランドデザイン（道州別大選挙区制など）も決めておく必要がある。これまでの日本が国家運営の方向を大きく間違えたまま歩んでしまったのは、「国会議員とは何をする人たちなのか」という単純な定義を曖昧にしたままだったからなのだ。国会をチェック機能を持った国権の最高機関とするためにも、あるいはごく普通のセンスをもった良識の府にするためにも、この法律は是非通してもらいたい。

《道州設置法》

議員半減法の次にやるべき大きな改革は、すでにもう何度も述べてきているが、現行の都道府県という行政上の区割りを廃して、新しい時代に則した国家構成の単位をつくろうというものである。

世界に目を広げても、国家という強力な枠組みが力を弱めて、地域の台頭が目立ちはじめている。なかでも、大きな潮流は〝地域経済を組み合わせたブロック化〟で、こうした動きが自由貿易促進の核になりつつある。国家が何でも決めて問題解決していくという概念は、とくに経済分野に関しては、すでに終焉を迎えている。山のようにある国内問題、外交問題を一つひとつ考えてみると、その大半が「行政システムの再編成が必要だ」という課題にたどり着く。

私は府県から市町村に至るまで現行の区分けを一度すべてやり直しする覚悟が必要だと思う。

これまでにも全国を首都圏特別区を含む一一の〝道〟と、市や町に代わるコミュニティーに移行しようとくり返し述べてきた。地方行政の区割りを北海、東北、関東、北陸、中部、関西、中国、四国、九州、沖縄、首都圏特別……の一一の〝道〟にしようというのが私の意見だ。これはすなわち平成の〝廃県置道〟であり、まず、この指針となる「道州設置法」のようなものが必要だと考えている。

この法案は、ステップ法案――つまり「どこまでやるのか」という究極の目標を示しながら、段階的にそれに近づけていく法案にすべきである。明治の廃藩置県のようにいっぺんにドカッとやるのではなく、まずプログラムを組み立て、ステップ別に立法権、徴税権、行政権、司法権を移動させながら、大きな枠組みを変えていく。とくに、立法、徴税、行政の権限をどこまで〝道〟に委ねるのかは重要な問題なので、あとでゴタゴタしないように、はっきりとした目標を決めておくことが大切だ。

最初のステップは、府県がいくつか集まった「連合議会」のようなものを発足させることだろう。九州でいえば「九州道連合議会」をつくり、七県の知事や政令指定都市の市長、県会議員の一部、商工業や組合の代表、有識者などを集めて、現行の行政とのダブルアサインメントで地域の発展を議論していく。はじめは行政上の権限は持たないが、こうした議論を数年続けながら、徐々に国会が持っている立法権の一部を県ではなく、この議会に移す。同時に立法権、徴税権、行政権をどのような形で道州府が持つことが理想なのか、討議をはじめる。また国が固有にやるものと、全国の道州が共同で経営するもの、さらに道州固有のものとに仕分けをしていく。この答えは道州によって一律ではないと思うから、国会の場にそれを持ち寄ってその最大公約数を合意していけばよい。

また、ここまでたどり着くプロセスのなかでは、水資源、森林資源、エネルギー供給、都市ゴミの処理、産業廃棄物処理など広域で対応すべき問題への協調を強めていく。政府の年度予算のなかに「広域行政」を加えることが前提となるが、こうした協調の母体となるのが連合議会なのである。

次のステップは〝道〟レベルの予算を道議会で検討する。同時にその財源をどうするのかデザインを組み立てる。県民税や市民税を統合し、国税を廃止した後の法人税や消費税の扱いを考える。こうした活動に合わせて少しずつ中央から地方へと徴税権を移していけばいいのだ。

そして次はいよいよ現行の府県を廃止する。府県の持っている権限は〝道〟あるいは市(将来のコミュニティー)に委譲する。廃県置道のプロセスは一応これで終了するのだが、私はこうしたステップは、たとえば「一〇年間で完了する」と最初に決めて、それに基づいてやっていくべきだと思う。こうした抜本的な改革はダラダラやっていると、いつまで経っても終わらない。

地域の特色を活かして独立

私は日本を一一の〝道〟に区割りするというアイデアを持っているが、これは地域国家の概念に照らして一つの「経済圏」として十分に成り立つ大きさであるからである。人口にして五〇〇万人から二〇〇〇万人くらい。世界を見渡してみてもスイス(六七〇万人)やオーストラリア

（一七〇〇万人）などがその規模だ。

区割りについては当然いくらでも意見があるだろうが、人口の分布をベースに、地域が発展してきた歴史や、文化の傾向、商圏としての特徴、将来性などを重ね合わせていくと、どうしても私が考えているような線引きになってくる。

具体的に述べれば、たとえば「北海道」の場合は、すでに〝道〟という単位になっているので、議論の余地はあまりない。人口六〇〇万人。将来は北方領土やシベリアを含めたオホーツク経済圏に発展していく可能性がある。道州制移行に伴う考え方としては、行政機能、つまり道州議会や道庁といったものを札幌以外の都市、旭川とか千歳、苫小牧などに移すべきであろう。今でも、たとえば埼玉県では県庁所在地の浦和と主要商業都市の大宮が別々に存在するが、そういう関係にもっていくことが望ましい。札幌にすべての機能が集中すると、ミニ東京化して、北海道中央政権のような構造になってしまう危険性がある。国の権限を〝道〟に委譲すると同時に、〝道〟の権限の多くを〝コミュニティー〟が担うようにしなければ地方自治体が活性化しないのだ。日本全体で約一〇〇〇の、人口五〜二〇万人のコミュニティーができれば、後述するように今の市長や町長、市議会や町議会を廃止すべきことは言うまでもない。

「東北道」は面積にして北海道より少し大きく、私の提案では福島県が入っていないので人口は七〇〇万人くらいになる。道都は仙台に置くのが自然だと思うが、議会と道庁を道の真ん中にある盛岡に持って行ってもいいのではないか。また、議会は山形、秋田、青森など、一年ごとに順番でめぐっていくのも一つの方法である。

「関東道」は、いわゆる首都圏を含まない。現在の東京、埼玉、神奈川、千葉は特別区のような形で「首都圏道」にすべきというのが私の意見だ。その理由と構想は「沖縄道」まで話を進めた後でくわしく述べたいと思う。したがって、「関東道」は茨城、栃木、群馬、山梨の各県に福島県を加えたものとする。東北道よりさらに大きく、人口も九〇〇万人くらいになる。道都は上越と信越の分岐点であることから高崎に置いてはどうかと思うが、高崎を主要経済都市として育て、議会を日光か磐梯に、道庁を郡山に置くという方法もある。

「北陸道」は人口およそ五〇〇万人。今、北陸地方と言うと富山、石川、福井の三県であるが、私はこれに新潟も加えて、日本海に面して七〇〇キロも広がるベルト地域として考えるべきだと思う。アメリカのカリフォルニア州は長い海岸線に並行してスーパーハイウエイが走り、それが大動脈となって太平洋経済圏の一角を築きつつあるが、北陸道も同じように交通体系を整備すれば日本海経済圏の銀座通りとして発展する可能性が高い。

現在は北陸三県で経済連合を組み、新潟は関東甲信越の経済圏に入っていることもあって、新潟の人は北陸と一緒にされたくないと言い、北陸の人は新潟と一緒になるのはいやだと言うが、国内の商業構造ばかりにとらわれるのではなく、日本海をはさんでロシア、中国、朝鮮半島の沿岸都市との交流・提携をにらんだ経済圏構想を持つことのほうが大切なのだ。また図們《チュメン》江流域（TUMEN DELTA）の開発はロシア、中国、北朝鮮にまたがる壮大なものだが、この前線基地として北陸が果たすべき役割も大きい。

金沢が道都になることが自然なのだろうが、地域間の意識の葛藤があるので、思いきって議会を佐渡に置いてしまおう、というようなプランが浮上してもいいのではないか。カリフォルニアもロサンゼルスとサンフランシスコの綱引きの中で州庁はサクラメントという内陸部にこぢんまりとして置かれている。

「中部道」は今の日本で経済成長をしている唯一の地域で、人口およそ一七〇〇万人。中心は誰が考えても名古屋だが、一極集中は好ましくないので、議会と道庁を富士や浜松、松本あたりに置くのも一つの方法だろう。これから数年でワークステーションが飛躍的に発達する。そうなれば道庁まで一般の人が出かけて行くということはなくなるので、その設置場所にはあまりこだわる必要がなくなるのである。

「関西道」は大阪、京都の二府と、兵庫、滋賀、奈良、和歌山の四県からなるわけで、商経済の歴史も長いし、文化圏としても強烈な特徴を持っている。人口はおよそ二〇〇〇万人。GNPではカナダを上回り、世界第七位となる。首都圏を除くともっとも大きな〝道〟になるので、商の中心は大阪、政治機能の中心は京都というふうに分けたほうがいい。

「中国道」については、本当に経済圏として成り立つのか、という意見もあるが、人口も八〇〇万人あるし、日本海にも瀬戸内海にも面しているので内航経済がより進む可能性がある。関西経済圏に隣接していることもあって将来的には独立経済圏として十分に成り立つはずである。ただ、道都をどこに置くかという点で一番もめるかもしれない。岡山か、あるいは広島にするか、で意見が二分されるだろう。私は道都は関西経済圏から遠いほうが望ましいと思うので、中心を広島に置き、独特の風土や文化や価値観を育てる方向で発展すればいいと考えている。また、議会と道庁を地域の真ん中、つまり中国自動車道が通っている山中、あるいは人形峠のようなところに置くのも一案だろうと思う。

「四国道」も経済圏として果たして発展できるのか、と危ぶむ声もある。しかし、人口四〇〇万人という単位はノルウェーやフィンランドのようなヨーロッパの中規模の国家と同じなので、自治権が拡大し、地域の特性に合った経済成長政策がとられるようになれば、ある程度のレベルにたどり着くことができるはずだ。日本全国あるいは東京を基準にした政策が続く限り、四国はいつまでたっても〝地方〟でしかないが、四国を経済圏として発展させるための政策や法律がどんどんできるようになれば、今までとは違った展開が期待できると思う。

　四国四県のうちのどこが発展の軸になるのかと言えば、それは南に向いている高知であろう。四国の発展は太平洋をまたいだアメリカやオーストラリア大陸、アジア諸国との交流を抜きにしては考えられない。したがって、高知には大規模な国際空港や、コンテナ港が必要になる。現状では道都は高松が自然だろうが、いっそ将来を見越して高知か四万十《しまんと》川流域に置いてもいいのではないか。

「九州道」は人口およそ一三〇〇万人。ここは韓国経済の影響が大きく、韓国や中国（上海や青島などの経済区）を同一の経済圏（黄海経済圏）に取り込むことができるので、将来は大きな発展が期待できる。福岡に道都を置くのが一番素直なやり方だが、それをやると札幌の場合と同じような一極集中が起こる危険性があるので、議会や道庁は別の都市に置いたほうがいいだろう。九州の主要都市から均距離ということで阿蘇・くじゅう高地に公的機関を持って来るという方法もある。

「沖縄道」は人口わずか一二〇万人の小さな〝道〟になる。九州道と一緒にしてもいいのではないか、という意見もあるが、この地域は将来、東シナ経済圏の中心として大いに活躍できる可能性があるので、私はあえて独立したエリアとして提案したい。私は昨年一〇月に沖縄ですでに「ユイマールビジョン」という経済圏構想を発表して、そういった活動の準備に取りかかっている。沖縄よ東シナ海の首都になれ、という提案である。今後も那覇が経済の中心になるだろうが、議会や道庁は石垣島あたりに置いたほうが、島々を繋ぐインフラストラクチャーがより整備されて将来のためになるのではないか。あるいは議会を東北道のところで述べたように宮古島なども含めて回り持ちとした方がいいのかもしれない。それこそ「ゆいまわる」という沖縄の互助精神がよく出てくることになる。

首都圏道には特別行政システムを

首都圏をどういう括りにするのか、実はこれが大問題である。首都圏の自治を考えた場合、東京には交通体系、通勤・通学体系のような独特の大問題がいくつもあって、これを解決するためには近隣三県をどうしても入れなければならない。逆に、今の東京都を二つに分けて六〇〇万人くらいの小さな単位で括ってみても意味がない。高速道路や飛行場などの交通体系や、さまざまな通信体系の整備などを考えると、どうしても広域でとらえないと解決ができない。したがって、「首都圏道」の場合は例外的に大きくなる。東京、埼玉、神奈川、千葉の三三〇〇万人の幸福を大きな括りのなかで追いかけて行くほうがいいのだ。

こうしてできた「首都圏道」はその経済力も膨大で、GNPに換算するとフランスよりも大きくなる。これだけのスケールを他の〝道〟と並列に扱うことは、どう考えてみても無理なので、たとえば副都心という単位をいくつかつくってみたり、道議会もそれぞれの副都心をローテーションをしておこなうようにしたり、道庁の権限や機能を分散するなど、他の〝道〟とは違った特別区としての行政システムを導入すべきである。

それから、国際空港も最低四ヵ所は必要になってくるだろう。たとえば、ニューヨークにはケネディ、ラガーディア、ニューアークの三つの空港があるが、すでに全部満杯になってしまっている。これらの空港はニューヨーク州、ニュージャージー州、コネチカット州の三州が共同経営するPA＝ポートオーソリティー（港湾局）の運営になっている。成田と羽田の問題解決にも（ついでに言えば大阪の伊丹と関西新空港の問題も）広域地域行政府が共同で問題解決にあたる必要がある。PAの考え方は大いに参考になるのだ。

道都は当然東京だが、議会や道庁は使い途のなくなる新宿の新都庁舎をそのまま使ってもいいし、あるいは東京湾上にビルを建てて少なくとも千葉、横浜、東京から等距離にするという工夫をしてもいいと思う。

法人税と消費税の改善

いずれにしても、今、議員立法を考えている「道州設置法」には、ここまで具体的な構想を盛り込む必要はない。つまり道都をどこにするか、なんてことで議論百出し、前に進まなくなるようなことは避ける必要がある。パーキンソンの第二法則で、こうした誰にでも分かりやすい問題は結論が出なくなる可能性が高く、「行政単位を変えよう」という本質的な議論がどこかに行ってしまうからである。まずは「〝道〟とは何か?」というコンセプト――ボーダレスな経済ブロックの一角を担える産業基盤の単位で、地域国家のような自治を目指す――を明確にさせて、それから段階的に具体的な構想を盛り込んでいけばいいのだ。また国家は道州の共同運営体で、「国はじめにありき」、という現在のパラダイムを変換しようとしているのだ、ということが明確になればよい。

ただし、道州制への移行と同時に、徴税権を地方に委譲する必要があるので、自治のための財源については、早くから設置法のなかに明示しておくべきだろう。

徴税権を地方に移す時に、併せて改善すべき点が二つある。その一つが法人税の徴収方法だ。現行の制度では企業の本社所在地で法人税を一括徴収することになっているので、これを改めないと、首都圏道、関西道、中部道の三道に税金が集中してしまう。

では、どうするか。この問題を解決するためには、ユニタリータックス制の導入がよいと思う。ユニタリータックスとは企業の活動地域の分布に合わせて、税金を配分するシステムである。たとえば、Aという企業の本社は大手町にあっても、工場が北海道と山梨にあり、各県で営業活動を行っていたら、その状況に合わせて各自治体に分配する。そのためには道州同士が集まって〝法人税徴収機構〟のような組織を設置し、共同運営していく。企業情報を統一管理して、どこの〝道〟が徴収した税であろうとも公平に分配されるシステムをつくればいいのだ。

私はこれから二〇〇五年までの一二年をかければ完全な体制が整うだろうと考えている。はじめは大雑把な分配であっても、だんだん完成されたシステムになっていけばいいのだ。それまでの移行期間は、現行の交付税や補助金的なもののベースとなっている数字があまり急激に変わらないよう、しかし一二年で自立財源に完全に移行するのだ、というルールをはっきりさせていけば混乱は避けられる。一つはっきりさせておくべきなのは、何が何でも今もらっているものは確保したい、などというゴネ得はなくす、ということである。

そして、もう一つは消費税の取り扱いである。私は消費税というのは基本的に自治体〈道州〉が自由に使える財源にすべきだと思っている。したがって、税率（％）も地域の経済活動に比例させて、自治体が自由に決めたほうがいい。産業基盤整備の計画やその他の事情、あるいは経済情勢、景気動向などをベースに、道州議会で討議して何％にするか決めればいいのだ。そうすると、中部道で一〇万円の時計を買うと四％の消費税が上乗せされて一〇万四〇〇〇円払うことになるが、山を越えた北陸道で同じ物を買うと、こちらは消費税が二％なので二〇〇〇円安くなるという現象が起きる。〝道〟の隣接域に住んでいる人は当然安く買えるほうへ買い出しに行くことになる。地方の自治体がそれぞれ経済的に自立するためには、こうした自由度が必要なのだ。

とはいえ、あまり差が開くのもまずいので、あらかじめ「六〜二％の範囲内」のような上限下限を統一ルールとして決めておくほうがいいだろう。

コミュニティーの設置

都道府県を廃して道州に移行する際に、現在の郡・市・町・村という単位はどうなるのか。こうした構想も「道州設置法」のなかに盛り込んでおかなければならない。

結論を先に言えば、市町村はすべて廃止する。もちろん廃県置道と同じようにステップを踏んで移行させていくわけだが、まず、市町村の概念をひとまずゼロに戻して、国民生活の核になる新しい行政単位のコンセプトを理解してもらう。

私はその単位を仮に「コミュニティー」と名づけた。三三〇〇ある市町村を統廃合してコミュニティーに移行する過程を通して、コミュニティーの役割や権限、運営システム、財源などについても基本構想に沿ったものへと漸次改革していけばいいと思う。

コミュニティーの規模については、いろいろな角度から考えてみたが、人口五万から二〇万のあたりで括ることが一番いいのではないか、という結論に達した。「一コミュニティー＝一〇万人」として計算すると、全国におよそ一二〇〇のコミュニティーが生まれることになり、現在の市町村のほぼ三分の一に減少する。小沢一郎氏の構想(『日本改造計画』講談社)では三〇〇であるから、彼の考えでは、新生党の提案している小選挙区と一致することになる。たしかに国会議員と市長を同じ単位で選ぶというのも一つの考え方には違いないが、利権構造や住民福祉のことを考えると、両者は異なる単位の方がいいように思う。生まれて育ったふるさとという概念は、人口五〇万人では一般に大きすぎると思う。

ただ、人口五万から二〇万人のコミュニティーをつくるとはいっても、数字で強くしばるのではなく、いろいろな状況を加味して柔軟に対応すべきだと思う。たとえば、人口二〇万人以上であっても現在の「市」の区分けが地理的、歴史的に自然であると判断できれば、そのままでいいのだ。極端な例をあげれば、現在の浜松市は人口約五〇万人の都市だが、非常に自然にできあがっているので、これをあえて二分割、三分割する必要はない。とはいえ、いくら自然にできあがっているといっても世田谷区（東京）のように、多くの県よりも人口が多いようなところは、思い切って運営しやすい規模に分割すべきだ。

反対に人口の少ないところ、たとえば人口六〇万人の鳥取県は三〜四のコミュニティーしかできない。現在、鳥取県には市町村合わせて三九もあるので、生活に密着した行政単位が一〇分の一に激減してしまうことになる。これでは困ると言うのなら、こうした地域に限ってはもう少し小さなコミュニティーがあってもいい。

したがって、コミュニティーの規模は大小のばらつきがあるだろうが、その役割についてはすべて同格で「横一線」に並ぶことになる。市―町―村のようなややこしい縦の関係がなくなり、とてもすっきりした形になるので、責任の所在が明確になり、これまでのように何かあると市や町が責任をなすりあうようなことも起こらない。

そもそも、現在の地方自治体の括り方はわかりにくい。北海道を見ても、札幌市は〇〇区××町となっているのに、小樽市には区がなくていきなり××町になる。余市になると市も区も飛んでしまって北海道余市町……となる。これでは、いくら何でもわかりにくい。権限や責任の分担も不明瞭である。私の言うコミュニティーは、すべて〝道〟の下に横並びに連結するものなのだ。また当然のことだが道長（首長）やコミュニティーの長は公選される。道議員も公選である。コミュニティー議会の議員も公選ではあるが、フルタイムではなく、それぞれが仕事を持ったまま有志として無給でやるべきだ。足りないところは道庁やコミュニティーの役場が補えばよい。

今のように日本全国に三三〇〇もの市町村があり、そのすべてに職業としての町会議員や村会議員がいる、というのは異常である。コストも膨大だが、それより有権者が議員たちと貸借関係を作り、「票を入れてやるから便利屋として言うことを聞け」、というひどい状況になっている。民主主義の基本が有権者の政治参加にあるのなら、コミュニティー議会の議員くらいは選出された有志が、無給でやるべきだろう。

徴税方法を見直せ

コミュニティーのコンセプトは、キャンプ場を例にとって考えてみるとわかりやすいと思う。キャンプ場にテントを張って寝泊まりしようと思う人は、いくらかの入場料（管理費）を払って利用する。お金を受け取る代わりにキャンプ場は水（水道）を提供する。ゴミも一括処理してくれるし、草むしりなど環境の整備もしてくれる。新しいキャンプ場には炊事の設備や、医薬品の装備もあるそうだ。万一、ケンカや盗難が起きた時はキャンプ場の係員が一役買う……。

すなわち、キャンプ場がコミュニティーであって、利用者が個人や家庭、企業なのである。個人や企業が場所代（税金）を払う代わりに、コミュニティーは住民の暮らしのために生活基盤を整備し、ゴミの処理や治安活動のほか、地域医療、教育、高齢者保護などのサービスを提供する。

これまでは国や県、市、郡、町、村がバラバラにキャンプ場の役割を担ってきたのだが、それを統合して住民の暮らしに関するすべてをコミュニティーが担当するのだ。したがって国民は揺りかごから墓場まで、あらゆる相談事をコミュニティーの窓口を通して解決できるようになる。したがって、従来の市議会、村議会、町議会、市役所および町村の役場はすべて解体されて、ある部分はコミュニティーの組織に組み込まれ、当然無駄な部分や重複したところは消滅する。

こうしたコミュニティーの活動を支える財源、つまりキャンプ場の入場料は、そこで生活する人、および事業を営む者の所得税と固定資産税をあてる。所得税は全国一律の割合で徴収すべきだが、固定資産税はコミュニティー独自で加減できる範囲を残しておいたほうがいい。さらに固定資産税を引き上げて、相続税を廃止する。

余談になるが、固定資産税を引き上げるべきだ、という私の意見に危惧される人がいては困るので、ここで説明を加えておくことにする。そもそも世界の先進国に比べて、日本の地価税および固定資産税は低すぎるのだ。その代わりに不動産売買に対して重く課税しているが、そのやりかたは懲罰的で、不動産が流動化せず不況の原因にさえなっている。これはどう見てもおかしい。土地の売買をあまりやるな、と言っているようなもので、自由経済の原則にも外れている。したがって、そんな課税方法は早くやめて、そのぶん固定資産税をちゃんと取ったほうがいい。

今の税法では「資産はあるが所得がない人」と、「資産はないが所得はある人」の扱いに、著しい不公平が生じる。ブラブラ遊んでいて収入はないが家や別荘をたくさん持っている人の税額に比べて、よく働いてたくさん稼ぐが資産を持つまでには到らない人の税額のほうが、はるかに高いのだ。しかし、この人たちの老後の生活、あるいは病気になった時のことなどを考えると、資産を持っている人のほうが明らかに有利ではないか。こうした矛盾を解決するためには、資産を「一定の所得」であるとする等価法の概念を導入すればいい。第六章でも述べるが、それゆえ私は「年収資産等価法」を提案している。

この法律ができれば、結果として固定資産税は引き上げになり、コミュニティーの重要な財源になる。また、それなりの固定資産税が得られれば相続税を廃止することができる。資産の所有者が父親から息子に移っても、あるいは複数の相続人の手に移っても、父親の時と同じ税金を誰かが納めるのだから、わざわざ相続時に課税する必要はないのだ。

財源自主確保の重要性

いずれにしても、ここで大切なことは、コミュニティーの財源はコミュニティーのなかで確保するシステムをつくれ、ということだ。所得税と固定資産税、および固定資産税の税率を調整する権限をコミュニティーが持たなければならない。今のように、こうした税金を国が徴収して、やれ景気対策だなんだかんだとバラ撒いて、税金を払った人の暮らしとは全然関係のないところで、道路や橋などを造ってもらっては困るのだ。山中湖のキャンプ場を利用する人が、そこを管理運営するためのお金を払う。これなら誰でも納得するが、霞が関にいる元締めが集金に来て、しかも、全然別のところにそのお金を使ったとしたら、キャンプ場の住人は騒ぎ出すだろう。すなわち、所得税や固定資産税については、徴税するコミュニティー側も、納税する住民側も、「これは安定した暮らしのための〝木戸銭〟であるから、暮らしのためにのみ使われる」という認識を明確に共有しなければいけないのだ。

ところが、私がこういうことを言うと、それじゃあ貧乏な人が多いコミュニティーや、人口の少ないコミュニティーは何もできないではないか、と反論する人がいる。どちらかと言うと地方にそういう人が多い。

だが、それを言う前に、もっと大きく現実を見てもらいたい。たとえば、今のように自主財源がほとんどない町や村に対して、国がどんどん補助金を出し、切羽詰まって必要だとは思えない施設などを次々に造ったりすることが、本当にいいことなのか考えてほしい。地方を歩いてみると、使われていない運動施設や、不釣り合いに豪華な公会堂、たいして意味のない道路工事などが目立つが、自主財源によって造られたものはほとんどない。景気対策や産業政策という名目で国がこのように税金の流れを決めることは、国家の富の分配を著しく歪めているし、こんなことを続けていては大都市や高齢化社会などの大切な問題が何一つ片づかないのである。

さらに悪いことに、こうしたシステムは贈収賄の温床になる。県知事や市長の汚職事件を見るまでもなく、地方の行政官は自分のお金ではないから、たいして必要ではない施設にもどんどんお金をかけ、工事業者にリベートを要求する。もし、この資金が町民、村民の血税だったら、こんなことにならないだろうことは火を見るよりも明らかなのだ。

それから、これは住民も悪い。自分が払った〝木戸銭〟ではないから、不正がありそうでも見て見ぬふりをする。村にナイター設備付きのテニスコートや野球場ができると、もったいない、誰が使うんだろう、と思いながらも、村長はえらい、国からお金をたくさん取って来たとホメてしまう。みんなで一生懸命に働いて〝木戸銭〟を出し合わなくても、やれ福祉だ、厚生だ、過疎対策だと言って国がどんどん面倒をみてくれるので、自助努力をしなくなる。どこの国を見てもそうだが、福祉や援助が大きくなってくると、人はそれに応じた行動しかとらなくなって、結局そのうちに自助努力を忘れてしまう。自ら努力をしなくても自動的に外から与えてくれるので、帰属する社会に対しての義務感や責任感も希薄になる。こうした社会に一度なってしまうと、よほどの荒療治でもしない限り回復させることが非常に難しい。

大前が言うのは弱者切り捨ての論理だ、とよく言われるがこれは逆である。私は人間の可能性を誰よりも信じているから、ただやみくもに与えるよりも、可能性が発揮できる仕組みをまずつくるべきだ、と言っているのだ。それを封じておいて、つまり自治体が自主興起する権限を与えずに、あいつらはダメだと決めつけて、おんぶに抱っこでみんなやっていくのは、中央にも地方にもよくない、と言いたいだけなのだ。そのような原則で本当にダメになった地方や個人はもちろん救済すべきだ。憲法で保障されている最低生活は誰もができなくてはならない。しかし目的を救済に置くのではなく、原則を自己責任にすべきだ、ということを私は提案しているのである。

イタリアの政治の構造は日本に似ていて、産業が発達していて経済的に豊かな北イタリアが、なかなか興起しない南側におんぶに抱っこの援助をしている。北側の税金を使って何十年も南側を助けているのに、南側は衰えるばかりで税金もろくに集まらないという状態が続いている。そればかりか汚職が全国的な規模ではびこっている。イタリアに限らず、国内に受益地域と負担地域が明確にあって、水が流れるような援助を続けている国で、その差がだんだん縮まってきた、バランスがとれてきた、という話を聞いたことがない。世界中を見わたしてもそんな例はないのではないか……。

ところが、ドイツではそれとまったく逆のことをやった。ある州の税収は豊かだが、ある州の税収は不足している、という事実があっても、過不足を補塡し合うことはない。それどころか、法律で三％を超す税収の補塡をしてはならないと規制しているのだ。その結果どうなったか。産業が興りにくい貧乏な州は投資もろくにできないのでますます衰退したか、というとそうではなかった。最初のうちは失業者が増え、平均賃金も下降したが、そのうちに会社や工場が逆に進出してくるようになった。労働力が余っていて、しかも賃金が安く、労働意欲もあるという環境が、企業にとってだんだん魅力的なものになってきたのだ。

一方、それまで豊かだった州は失業率が低いという環境が高賃金を招き、労働意欲の低下も目立ちはじめ、出て行く企業も多くなった。このようにして一〇年、二〇年が過ぎてみると、いつの間にか税収の格差が縮まって、もっとも多い州と少ない州の差がわずかに数パーセントというバランスのとれた状況になってきている。つまり、弱いところに与え続ける日本やイタリアのやり方よりも、弱者をあえて突き放してしまったドイツの方が、よい結果が出せたというわけだ。

ところで、ドイツのこの成功の背景には教育がある。誰でも自助努力をしないと食べていけない、という基本理念を教育プログラムの重要な位置に置いてしっかり教えている。また、自由主義社会において、富を生産し、職を生産するのは唯一「企業」だけで、官庁をはじめ他の組織は富を分配する機構である、という認識が育つように配慮されている。それゆえ、豊かな暮らしを手に入れるためには、富を生産する企業をきちんと持つ必要があり、さらにそのためには、あらゆる規制を取り除いて企業が自由に動けるようにしたほうがいい、と多くの国民が承知しているのだ。

話をもとに戻そう。私が何度もコミュニティーの財源はコミュニティーのなかで確保しよう、他からの援助に頼るな、と主張しているのは、現状に対する危機感と、他国における教訓があるからだ。コミュニティーとそこに暮らす人たちは最大限の努力をして独立した自治を目指すべきである。それでもなお憲法が保障する最低の生活が実現できないと言うのなら、期間を決めて補塡する構造を残しておいてもよい。だが、そうした構造は一日も早くなくさないと、努力をしない社会になってしまう。そうすると、政治家は選挙区に対していい恰好をしたい人たちなので、自分のところは税収が不足しても消費税率を上げずに、苦しい苦しいと言って他からの補塡を求めることばかり考えるようになってしまう。自助努力せずに苦しさを演出できる人が、有能な政治家、というのでは救われない。

こういうことをすべて議論の場所に上げて、真の地方自治の弊害になるようなものはどんどん切り落として、新しい法律体系をつくっていくことが「道州設置法」のねらいなのである。

国会議員数を半減して国会を簡素化し、中央官庁も分解、軽量化して地方に権限をわりふってしまう。道州ができて、生活基盤を守るコミュニティーが整備された時、日本国民もしくは日本に居住する個人は、国家や自治体とどのような関係であるべきだろうか。

《コモンデータベース法》

現在の日本の行政は縄のれん方式、つまり〝のれん〟のように各省庁が縦割りに機能していて、左右には何もつながりがない。各省庁や自治体と個人との関係もそれぞれバラバラに機能している。したがって、住民サービスの効率がすごく悪い。生活者の立場から見れば不便なことばかりで、役所の都合で振りまわされている。住民票や印鑑証明、自動車運転免許、パスポート、厚生年金、健康保険などの手続きをしようと思ったら、そのたびに違った役所に出向き、待たされ、名前、現住所、本籍、生年月日など同じことを何度も書かされる。

国民はなぜ、こんなばかげたことを強いられなければいけないのか。どこの役所でもコンピュータによる能率化、省力化、データベース化を進めていて、住民サービスの向上だと言うが、バラバラにやっているから互換性がなく、コンピュータ同士の対話ができないので、生活者にとってはあまり便利になっていない。役人の仕事が楽になっただけである。

これは年がら年中掘り返している道路工事と同じだ。ひとつの道路をガス会社が掘り、やっと埋まったと思ったら水道会社が来てまた掘り、それが終わると今度は電話会社が来て掘り返すというような、ばかげた工事がいたる所でおこなわれている。誰かがトータルに管理して、同時に事を進めれば、ずっと経済的で、騒音や交通規制などの迷惑も半減すると思うのだが、縄のれん方式なのでそれができない。こうした行政が延々と続いているのである。

私は「平成維新」によって、こうしたパラダイムを一八〇度変えてしまう必要があると考えている。

まず生活している人々がいて、そうした人たちがいるから生活をよくするためのコミュニティーがあり、地域の産業基盤を経営している道州がある。そして、道州が集まって国家をつくっている。というように、生活者からはじまる概念で、行政システムを組み直さなければダメだと思っているのだ。

そのためにはコミュニティーや道州といった自治体を財政的に自立させることが必要であり、国民も役人も努力しなければいけないと前節で述べた。国家は、自治体の運営がうまくいかずに、機能が停止し、人々の生活が危機に瀕した時に、はじめてセーフティーネットのようなものを投げればいいのだ。憲法に従って、人々の最低の生活や、人間としての尊厳が失われないように援助し、それを保障すればいいのである。また食糧や木材、資源の備蓄などを通じて、私たちがいざというときにも路頭に迷うことなく、勇気を持って難局に対処できるようにする。ふだんは見えない安全装置と思えばよい。国はじめにありき、という明治以来のパラダイムと「平成維新」のパラダイムではこの点が一番異なるのである。

要するに、個人と国家の関係は〝最後の砦〟であって、ふだんの生活は砦のずっと内側の自治体との関係でほとんど用が足りてしまうはずなのだ。

旧態依然の国家との契約

日本国憲法は、アメリカの法律に倣《なら》ってつくられているので、国家と個人の契約については事細かに綴ってある。だが、実際にはそれがぜんぜん活かされていない。国会でも、行政の場においても、個人が重要に扱われているとは思えないし、また認識もされていない。

たとえば、個人と国家の契約は、戸籍謄本の台帳に記載されることからはじまるが、台帳は国の出先機関である市町村が預かっていて、しかも、戸籍は異動させることができる。

そこで、国と市町村との契約はどうなっているのか、という問題が出てくるが、これもあまり明確ではない。天災によって市町村の役所がみんな燃えてしまったとしたら、人々と国家の関係はどのように保障されるのだろう。

市町村の権限と責任の範囲が曖昧なのに、個人と国家の契約というもっとも大切な人権の砦を、委ねておいて大丈夫なのだろうか。

現代社会において、人間は生まれた瞬間に国家との契約関係が結ばれるべきだと私は思う。その契約とは、新しい個人が誕生したこと、つまりその人の存在そのものを直接認めることである。そして、国家はその人が死ぬまでその存在を認め、人間としての尊厳が守られることを保障し続けなければならない。したがって、こうした契約の〝元帳〟は国家が責任をもって管理すべきであって、たまたま浦和市で生まれたから、浦和市に本籍があるから、浦和市役所にファイルしておくという、そんなムラ社会的なものではそもそもないのだ。〇〇村の熊五郎の家に太郎という子供が生まれたから、庄屋の家の人別帳に書いておこうというような、そんな旧態依然なやり方では憲法の概念に合わない。

それから、個人と国家の契約においては、両親が正式に結婚しているとか、認知したとか、そういうことは一切関係ない。日本国で生まれた子供は、まったく平等に国家との契約を結ぶべきなのだ。ただし、両親が外国人であるなど、国籍の取り扱いがからむ場合は、本人が一定の年齢になった時に、本人が日本国と契約をするかしないか改めて決めればいいのである。

憲法にもはっきりそう謳ってあるのに、今の行政は嫡出かどうかを区別しているし、世間でもあの人は正式な子供ではないのに名字が同じだ、などと平気で言っている。こういうことも、今の契約のやり方を変えないと解決しない。

では、どうすればいいのか？　私は、国民の一人ひとりが誕生した瞬間（国家と契約した瞬間）からの個人情報をすべてデータベース化し、それを国家が一括して管理、保護すればいいと考えている。もちろん、為政者によるデータの悪用や、プライバシーの流出を避けるために、二重三重の鍵をかけたうえでの話である。

データベースには現在の戸籍のようなものから、健康保険、厚生年金、国家試験免許の有無、婚姻、納税、出入国……などの情報が保存される。国民は全員がＩＤ番号を持ち、この番号は生まれてから死ぬまで変わることがない。もちろん、同じ番号の人は一人しかいないし、一人が二つ以上の番号を持つこともない。

この番号を使えば、全国どこででも、あるいは海外でも、いろいろな手続きを簡単におこなうことができる。名前は単なる符号にすぎなくなるので、たとえば大前研一がいやなら長嶋茂雄にしてもいいし、本人が好きなように名乗ることができる。住所は常に知らせておかなくてはならないが、本籍地も不要になるし、公共のサービスを受ける場所の限定もなくなる。本籍＝コンピュータ、と考えてもよい。

これが私の提唱する「コモンデータベース」である。国民全員がＩＤ番号を持つと言うと、グリーンカードのときにも背番号制はいやだという意見が多くて廃案になったではないかと反論する人もいるが、あれは徴税のためだけの番号で、しかも資産を隠している人や、脱税している人たちが、自民党を動かして反対したにすぎない。コモンデータベース制にすれば行政サービスが格段にアップして、便利になる。また行政コストが飛躍的に下がるという意味では、多くの国民にとって反対する理由はないと思う。

デンマークではこの制度を導入してすでに長いが、文句を言う人はなく、むしろ国民は自慢げにこのシステムのことを語る。そういうものを皆で手づくりでやっていけばいいのだ。

電話での投票も可能

「コモンデータベース」に、本人かどうかを電話などで確認するシステムを追加するとさらに便利になる。方法はいくつかあるが、私は「声紋」を利用することが一番いいのではないかと考えている。声をアイデンティフィケーション（本人同定）に使えば、遠隔地や海外にいても電話で用が足りるし、しかも専門家によると今や声紋鑑定の信頼性（確率）はほぼ一〇〇％であるという。

日本国民は一八歳（後述するように私は一八歳を成人年齢にすべきだと言っている）になったら声紋を登録しておく。そうすれば行政サービスの申請はすべて電話で可能になる。声によって本人かどうかを識別できるので、電話一本で住民票の変更手続きも、婚姻届けも、自動車免許やパスポートの更新手続きもできるようになる。システムをさらに拡大すれば、選挙の投票も電話で済ませることが可能になり、海外にいる在留邦人六六万人（うち有権者四四万人）や、寝たきり老人一〇〇万人も投票できるようになる。投票所にわざわざ行かなくてもいいので手軽だし、旅行中でも入院していても投票できるので、選挙に参加する人が増え、投票率が大幅に伸びるだろう。

クレジットカードを忘れてホテルに宿泊してしまった時などでも便利だ。チェックインカードに書いた名前が本人であるかどうか、役所に電話すれば簡単に証明してもらえるので、怪しまれないですむ。また、現在のやり方では、印鑑や書類があれば、赤の他人でも本人になりすまして戸籍謄本や印鑑証明を取ることができるが、声紋鑑定のシステムにすれば絶対不可能になる。健康保険も他人のものを使用するような不正ができなくなる。

もし、ＩＤ番号に声紋鑑定だけで不安ならば、生年月日や現住所を言ってもらえばいい。パソコン通信のパスワードのようなものを決めておけば、さらに確実だ。こうしておけば本人かどうかの識別を間違う確率は無限にゼロに近くなる。世の中には重箱の隅を突つくような人がいて、病気や障害で声が出ない人はどうするんだ、差別ではないか、と言うが、そういう場合には、パソコン通信とパスワードを組み合わせたやり方を開発してもいいし、また発声援助装置や、言語ではなくても音声を分析識別できる装置をつくってもいい。とにかく問題を克服する方法はいくらでもあるはずだから、それは積極的な反対の理由にはならない。

それよりも、こうしたシステムができれば、生活者が行政の手続きをするための時間と労力が、比較にならないほど短縮され、役所の仕事も半減する。行政コストは大幅に下がるのである。さらには、脱税などの不正も激減するだろうし、ＩＤ番号でなければ銀行口座や株式売買の口座が開けないようにすれば、資金の透明性が増して、資産隠しや裏金を貯めたりすることができなくなる。どう考えても、国民の九〇％以上の人たちにとってはメリットばかりなのだ。

もちろん、これだけ莫大なデータベースとシステムをつくるためには膨大な費用がかかる。だが、景気対策と称して一三兆円の予算を砂にまくことに比べたら、はるかに国民のためになることは明らかだ。また昨今言われている新社会資本という概念にもピッタリだ。これなら六〇年国債を出して費用を捻出しても、行政コストが将来大きく下がるので、返済の原資はいくらでも出てくる。

気まぐれな国家に対する不安

この「コモンデータベース」システムの法案に対する衆議院法制局の見解は、「公共サービスの質の向上および効率の向上に寄与することとなろうが、制度化の段階ではプライバシーが十分保護されるよう配慮されなければならない。なお、政策判断の問題であるが、指紋および声紋を個人の同一性判断の手段に用いることには異論もあろう」というものだ。

言われるまでもなく、そんなことはわかっている。「コモンデータベース」の実施を考えた時、一番問題になるのは、戦前、戦中のように為政者がこのデータを悪用して、プライバシーを侵害したり、個人をおとしいれたり、危害を加えたりしないか、という部分である。思想的に左翼だというだけでマークされて尾行されたり尋問されたり、逮捕されることが戦前にあった。今でも尾行されたという話を聞くことがある。こんなことは国民の誰もが知っているので、個人のデータが一ヵ所に集められると、警察がそれを悪用して自分を逮捕するのではないか、という危惧を抱くのだ。かりに今の警察は信じられるとしても、将来はわからない。為政者が変われば、どのようになるかわからない。

過去の戦争を引き合いに出すまでもなく、日本という国家は、これまでに個人に対して人権を踏みにじるような、悪い行為をたくさんやってきた。国体護持という名目で、旧ソ連に出兵していた人たちを、奴隷同然に相手国に引き渡し、国籍を剝奪しようとした国なのだ。だから、日本人の大多数は国家をいざとなると信用していない。もちろん、私も信用していない。別の話になるが、それゆえ私は死刑制度に反対している。なぜなら、所詮は信用できないものが、やはり信用できない仕掛けを使って、人間を殺してしまって果たしていいのか、と思うからである。死刑のような極刑はいけない、と言うのではなく、もしそれをやるのならば、本当に信頼できる国家システムができてからにしろ、と言いたいのだ。

日本という国家、あるいは世界中の国家というものに対して、私は少しも信用などしていないが、しかし、信用できないという前提から改革をスタートさせると、そのセキュリティー（安全保障）というか、リスク回避に膨大なコストがかかって身動きできなくなってしまう。自動車は運転を間違えば危険である、という前提に立って車づくりをすれば、人の飛び出しを察知して自動的にブレーキをかけるセンサーを積んだり、コーナーで減速する装置を付けるなど、いざという時のものを百も二百も載せることになって、二〇〇万円で売れるはずの自動車が一〇〇〇万円になってしまうのと同じだ。

したがって、あるどこかギリギリのレベルで妥協していく。そういうプロセスを踏みながら自分たちの手で努力して、本当に信頼できる国家をつくっていくことが大切ではないかと思う。

ギリギリのレベルというのは、まず、国家がそれを悪用することに歯止めをかける、いわばセーフティーガードの設定である。国家自体は信用できなくても、悪用に歯止めをかける法律や制度をつくってガードしていけば、とりあえず大丈夫であろうから、そこで妥協してみようというのだ。

だが、そんなことでは安心できないという人も多いだろう。提案している私でさえも、そう思う。セーフティーガードの法律ができたとしても、結局、誰かが悪用……、とまではいかなくても本来の目的を越えた使い方をするのではないか。脱税の容疑などがからんでくると、検察は関係者のプライバシーを知るために、いろいろな大義名分を振りかざして利用しようとするだろう。先の金丸事件や茨城県知事、仙台市長の汚職事件にしても、今と同じ基準と意気込みで捜査していたら、二年前、三年前に悪いことが判明していたはずだ。もっといろいろな人が網にかかったかもしれない。検察はどうしてあんなに急にハッスルしだしたんだろう。ゼネコン汚職のような問題は神代の昔からあった、と人々は思っていたし、医者が業者から金を受け取るのも通例だ。それが何かの拍子に思い出したように、特定の人が逮捕されるように人々には映るのだ。つまり、国家は気まぐれだと。それは意図的なものなのか、自然の流れなのか、正義感なのか、悪意なのかわからないが、なぜか突然変わった、というふうに多くの国民の目には映る。それを見ても、国家が常に一定の基準で、一定のボルテージで国民に介入（サービス）しているとは、とても思えない。ある日突然、スピードの取り締まりが厳しくなったり、あっちこっちで猛烈に道路工事がはじまったりするように、行政府の国民に対する介入（サービス）は決して一定のレベルではないのだ。そうではないという証拠がひとつもない。

将来のある日を境に、検察がさらに大ハッスルして、そこまでやったらやり過ぎと危険を感じるくらいに活躍しはじめるかもしれない。そうではないという保証はどこにもないのだ。これまでにも、これは自民党に都合が悪いから逮捕まではいかないだろうという噂が流れ、事実、いつの間にか捜査が打ち切りになった例がいくつもある。そうかと思うと、自民党が困ろうが誰が追い詰められようがおかまいなしに、堰《せき》が切れたようにドドッと検挙が続くこともある。

要するに、国家というものは多分に気まぐれであり、恣意的であるのだ。ちょうど今、暇な警察官が多いから、駐車違反の一斉取り締まりを盛んにやる、といったように、行政のサービスも実は恣意的におこなわれているのである。

したがって、セーフティーガードをかけたくらいでは心配だ。どこが、どんな出方を、しかも思いつきでするか予想できない、という不安はある意味で当然のことなのだ。だが、私はもしも納得のいくセーフティーガードを設定することができるのなら、ここはあえて妥協をして、行政のサービスレベルの向上と、コストダウンの方向に、政策を思い切って振ってみるべきではないかと思う。また今でもその気になれば戸籍は誰でも閲覧できるし、司法書士に頼めばほとんどの書類はいながらにして手にはいる。税務署は個人の銀行口座の取引実態をつぶさに調査できる。その意味で、現状ではプライバシーは必ずしも守られているとは言えない。だから、今よりは安全でプライバシーの保護にもかなない、しかも生活者の利便性が大幅に向上する、というところで決断するのが良いと思う。

「平成維新」の目的は、国家の仕組みを簡素化しサービスの質を上げて、同時にコストを削減することにあるので、ここで思い切ることは理にかなっているのだ。

なれあいの三権にデータベースは渡せない

では、どのようなガードを設けるのか。

私は、三権分立の見直しにそのヒントが隠されていると思う。結論を先に言えば、三権を四権にして、新しく誕生させる「人権の母」のようなものを、三権の上に置けばいいのだ。

近代国家はこれまで金科玉条のごとく立法、行政、司法という三権分立を信じてやってきたが、三権がそれぞれ独立して、互いに牽制し合いながら、健全に発展してきたかというと、どうもそうではないように思える。おそらく日本人の大多数も、教科書に示してある三権分立の理想と、現実はずいぶん違うじゃないか、と感じているのではないか。

たとえば、立法府の人たちが利権が欲しいと思って、ある法案をつくった。内閣法制局にチョコチョコッとまとめてもらって、利益誘導型の法律を多数決で成立させてしまった。そのお陰でいいことをしていると、いつの間にか、それは違法であるという法案が通過した。閉会前のゴタゴタの中だったので、内容をあまり吟味せずに手を挙げて成立させてしまったのだ。とはいえ、国会で可決した以上は立派な法律である。いいことをしていた議員たちは、その日から、違法なことをしていた悪いやつらとなり、やがて逮捕されて追及を受ける。リクルート・コスモス事件のとき問題となった株式市場でのインサイダー・トレーディングは、このような例の一つである。道徳的によくない、という問題が、事件があってからは違法という範疇に入れられてしまったのだ。もちろんアメリカではずっと前から違法であったのだが。

と、こんな構図を考えてみると、司法府というのは実は立法府の下位にあるのではないか、と思わずにはいられない。これは正しいという絶対的な概念がなく、立法化されたもの（法律）の基準に従ってしか司法権を発揮できないのでは、三権の独立といっても限界がある。

では、逆に、立法府とは司法府を下に置けるほど尊厳があるのか、あるいは社会正義というものについて深く考える努力をしているのか、というと全然そんなふうには見えない。国民の人権までちゃんと考えて議論している様子もない。議論を戦わせることなく、安易に手を挙げて、はーい、今国会では（官僚という行政府が作った）一二〇本の法案を成立させました、とやっている。

　そのくらい気まぐれで行き当たりばったりの立法府と、そんな立法府でつくった法律を拠りどころにしてしか裁くことができない司法府と、そしてやはり恣意的にしか動かない行政府、この三権しかない国家の果たしてどこに、国民の大切なプライバシーの集積である「コモンデータベース」を預けることができるのか。

　極端な言い方だが、もし、行政府が丙午《ひのえうま》の人は二ヵ月以内に交通事故を起こすので即刻隔離するか、死刑にしたほうがいいと神がかったようなことを言いだし、立法府もそれは大変だと、この間のPKO法案の時のように大急ぎで、二年以内に交通違反を五回以上している丙午の人は五年以上の懲役、さらに自動車税を払っていなければ重罪、違反のない人でも丙午なら一年以下の禁固、という法律をつくり、併せてことは危急なので誰がその条件に該当するのかデータベースで検索してもよい、と国会で決議したらどうなるか。日本の今の法体系で司法府はそれに待ったをかけられるだろうか。おそらくは何も言わずに、行政府が逮捕した人たちをその悪法に照らして、お前は一〇回違反があって税金も払っていないので死刑だ、お前は七回違反があるので七年の懲役に処す、などと危険な判決を言い渡すに違いない。しかも、司法府は法のできた根拠そのものまで遡って、立法が間違っているから法を作り直せ、とは言わないだろう。

　こういう具合に考えると、三権のどこにもデータベースは渡せない。それならば、憲法を改正して厳正中立な〝第四権〟をつくり、三権を上回る力を持たせることはできるだろうか。

　学校で近代民主主義の大前提であると習った三権分立は、どうやら三権が分立していなければいけないという必要条件であって、十分条件ではなさそうだ。したがって、〝第四権〟ができても少しもおかしくないし、そういった位置づけならば「コモンデータベース」を委ねてもいいと思う。

国民の人権は人権府が守る

三権の上に置く〝第四権〟の位置づけは、「人権府」である。ここで言う「人権」とは、中国の人権問題を云々したりする時に使う狭義のヒューマンライツではなく、憲法の中にある人間の尊厳とか、プライバシーを守ってもらう権利、思想の自由、宗教の自由などを大きく包括した広義のヒューマンライツなのだ。すなわち、国民一人ひとりの人権は、「人権府」が最後の砦として強い力をもって守るのである。

「コモンデータベース」にある個人の情報の開示は、人権問題であるから「人権府」にまかせる。どんな小さな情報の引き出しであっても必ず「人権府」の承認を得た手続きによらなければならない仕組みにするわけだ。

「人権府」に「コモンデータベース」専任の責任部門(かりに〝人権院〟とする)を置き、人権院が情報開示のお目付け役となる。たとえば、ある行政府がパスポートの発行のために、このデータベースをこのようなルーチン(日常業務)で使いたいと言えば、国民へのサービスレベルを高めることになるので、そのアクセスを認めるが、それを使って恣意的に、あるいは意図的に情報を組み合わせたり、ある人の親戚のなかにおかしな病歴を持った者がいないかを調べたりしないようにコンピュータに鍵をかけることを確認する。「ここまではOKだが、そこから先はNOだ」という判定をし、その判断基準を公開するのだ。

司法府が「Aという人がエイズの治療をしたことがあるかどうか知りたい」、と言ってきたら、人権院はなぜ知りたいのかという背景をまず聞き出す。Aが雇用主からエイズだと疑われて解雇され、それを不服に訴訟を起こしたのならば、プライバシー保護の立場からAのデータは絶対にリリースしない。法的な手続きのために事実を知る必要があるのなら、Aの承諾を得て血液検査をすればいいのだ。だが、もしAが凶悪な犯罪をおかし、女性を人質にして立てこもり、女性に性的危害を加える可能性がある、としたらどうするか。人権院の真価が問われるのは、こうした場合であろう。

人権院の数は、一一人くらいで十分だと思う。三〜四人では重要な判断をする時は不足であろうし、かといって何十人もいたのでは責任感も薄れるし、議論も十分にできない。そして、大きく意見が分かれた場合には奇数のほうがいいので、一一名……なのだ。

それよりも問題は人物の中身なので、公正無私な判断ができる人を慎重に選ぶ必要がある。私はまず自薦他薦によって候補を選出し、さらに国民による直接投票（レファレンダム）でふるいにかければいいと思う。議員もやった、参議院議長もやった、勲一等紫綬褒章ももらったので、もう名誉も金もいらない、と、そんな人がいいのではないか。また、あえて名前をあげれば、慶応義塾前塾長の石川忠雄さんのような人がいい。誰に聞いても「あの人の判断は公正無私です」と言う。学業にすぐれている、優秀な人だという声はあまり聞かない（失礼！）が、ジャッジメントは実に公正無私だとみんなが褒める。私は自薦他薦で探せば、そういう人がこの日本においてもかなり出てくるのではないかと思う。

さらに、データベースを守る最後の砦として、ペンタゴン（アメリカ国防総省）の核ボタンのようなセキュリティー装置を付けておけば万全であろう。良識ある人権院の人たちがどんなに抵抗しても、不当な侵略が防げない場合はボタンを押して、データベースにアクセスする部分を破壊してしまうのである。もちろんコモンデータベースはバックアップを常に用意し、核攻撃に見舞われても少なくともワンセットは完全な形で残るように設計されていなくてはならない。このような個人のデータさえあれば、もう役所が勝手に書式を決めたり、個人にバラバラの番号をくれたりすることもなくなる。どこの国でもやっているこのもっとも単純なこと、個人ＩＤ番号と情報の一元化が、自民党政権のもとではできなかった。脱税者の論理でグリーンカードをつぶしてきたのである。新政権にはこれを政治や行政の透明性、生活者重視のシンボル、二一世紀型社会資本整備の見本としてぜひ法制化してもらいたい。

《外交基本法》

日本を大きく変える、きっと変わる、ということで主軸になる法案を三つ述べてきた。すべて国内問題だったので、ここでは日本と海外の関係に目を向けてみたいと思う。

昨年、ヨーロッパの各国はマーストリヒト条約の批准を承認するかどうかで激しく揺れた。この条約はECの経済および通貨統合、政治統合を促進するために、国家主権の一部を一九九九年一月までに超国家機関に譲り渡そうという前代未聞の実験的プロセスを定めたものだ。日本に置きかえてたとえていえば、東アジアのどこかの国と共同で運営する機関に日本銀行と通貨発行権を譲り渡してしまう、という約束事なのである。これを突きつけられたら、どこの国でも大騒ぎになるだろう。

ECは九三年一月発効を目論んでいたが、デンマークの国民投票の結果が僅差とはいえ条約を拒否したので予定が狂ってしまった。いくら問題が多いといっても、EC統合は過激なプロセスをとり過ぎていて、かなり無茶をやっている。もっと環境条件を整備してからやるべきなので、私はデンマーク国民の選択は正しかったと思う。国民のなかにECの官僚よりも自国の政府を選ぶ方がいい、という勘みたいなものが働いたのだろうと思う。デンマークの（一時的）拒否によって、いろいろな意見が出てきたことは、結果としてよかったのだ。各国の足並みがそろって、あのままバーッと走っていたら、おそらく経済は大混乱におちいっていただろう。おそらく今ごろは失業者がEC全体の三割に達していたのではないか。経済統合というのは学者が考えるようにはうまくいかないのだ。

ここで大切なことは、ヨーロッパの各国が、国家存亡にかかわる二者択一を迫られた時に、レファレンダム（直接選挙によって国民が事案の採否を決めること）によって方向を決めたということだ。デンマークもフランスもレファレンダムをかけ、フランスは僅差で批准を承認した。国の権威だとか、沽券にかかわるとか、つまらないことを言う国家の代表が集まって、オランダのマーストリヒトという町で勝手にサインしてしまった事案に対して、それぞれの国家は国民一人ひとりに承認を求めたわけである。これはレファレンダムをやれる素地と法律があったからできたのだ。

これがもし日本だったらどうか、と考えると恐ろしい。たとえば、湾岸戦争の時に国際貢献だ、PKOだと迫られて、政府は対応に困って結局お金を出した。カンボジアPKOの時は、少しもめたけれど、憲法第九条のままでも自衛の兵器だけ持って行くのなら海外に派遣できる、という苦しい解釈を持ち出してきて、自衛隊員と警察官をUNTACに送り込んだ。カンボジアの現状もよくわからないまま、国際世論に突き上げられて決めたので、隊員の安全を質《ただ》されても「仮定の質問には答えられません」という無茶苦茶な国会答弁しかできなかった。あれでは戦地に出て行った隊員が気の毒というものだ。

この問題が、日本の将来の方向を決める重大事であったことは国民の大多数が知っている。しかも、これは明らかに憲法のあり方にかかわる問題であった。第九条を拡大解釈すれば済むようなものではない。

にもかかわらず、議員たちは実にいい加減なことをやってくれた。国民の意見など一切聞かずにPKO派遣を決めてしまった。

あの時は、カンボジアの問題や現状をすべて示して、派遣するのかしないのか、もし派遣するのなら憲法を改正して正規の防衛力を持った軍隊として出すのか、それとも第九条のまま丸腰で出すのか、レファレンダムにかけて決めるべきだったのだ。しかし今、日本には国民の直接投票という手段はない。後述のようにこれを改めることを私は提案しているのだ。国内の問題や世界の情勢が、今のような過渡期にある時は、議員は自分たちで決めずに、本当に自分たちに代議能力があるのかどうかをよく考えて、レファレンダムへの道をもっと切り開くべきだ。「コモンデータベース法」の節で述べた「声紋」という近代兵器を使って、もっと手軽に、コストをかけずに、電話による直接投票で国民の意思が反映できるようにすればいいのだ。

国連軍とはアメリカ軍のこと

軍事的国際貢献という概念が世界レベルで急激に取り沙汰されてきても、今の日本にはそれにどう対処すればいいのか、という羅針盤がない。日米安保条約の微温湯《ぬるまゆ》的環境の中でアメリカとの二国間関係を通してのみ世界を見てきたので、今後の日本は世界各国とどう付き合うのか、世界に対して何ができて、何をすべきなのか、を明らかにした見取り図もない。アジア・太平洋外交重視とか、いろんなことを言っているが、では、アジア各国が集まってマーストリヒト条約のようなものを突き付けてきたらどうするのか、という準備や構想も全然できていない。

明日にでも起こりうることの一つに、世界のどこかで国家間の侵略や、大規模な内戦が勃発して、カンボジアPKOの時のように軍事的国際貢献を国連から強力に要請されるという状況がある。この場合は、国内の法律問題などを考える前に、まず国連とは何か、日本と国連の関係はどうあるべきか、国連が軍事力を使用する意義はどこにあり、日本はどのように参加すべきか、という安全保障に関する外交方針をしっかり固めて取りかかる必要がある。大切なのは、これは国家の基幹にかかわる重大な外交問題である、という認識だ。

私は、国連を中心に軍事行動を行うことなど、今のままではできるはずがないと思っている。PKFが必要だ、いや国連軍を創設すべきだなど、いろいろと言われているが、よく考えれば国連軍というのはアメリカ軍なのである。たとえば、国連参加全一七九ヵ国から一人ずつ軍人を集めて混成軍をつくったらどうなるか。みんな機関銃を持ったあぶない集団ができて、たぶん、そのなかで一番体のでかい人とか、強力な銃器を持った人に引っ張られていく。それがアメリカで、湾岸戦争の時も国連軍とは言うものの、実際の指揮命令系統は全部アメリカ軍にあった。軍隊や金を集めるときにアメリカは世界中の力を借りながら、戦争が終わったらすっかりその点を忘れ、シュワルツコフ将軍とコリン・パウエル参謀長を英雄としてニューヨークに凱旋させている。国連のことなどすっかり忘れてしまっているのだ。パウエルの伝記の版権など六億円の値段がついていたほどだ。つまりアメリカが勝手にサダム・フセインに対して宣戦布告しておきながら、その突出ぶりをやわらげるために国連をハイジャックした、というのが湾岸戦争の実態である。今回のソマリア派兵でも同じで、アメリカ軍の強烈なやり方を見かねて、イタリア軍が怒り、出て行ってしまった。すなわち、国連軍に参加するということは、アメリカ軍に従属することだと考えるべきなのだ。

ということは、国連が（つまりアメリカが）要請する軍事行動に出て行くことは、アメリカ軍が今あっちこっちに出て行って機関銃を撃っているのと同じ頻度で派兵して、日本には恨みも縁もゆかりもない人たちに日本の兵隊が銃を向けることと同じなのだ。そんなことが本当にできるのか、必要があるのか、覚悟があるのか、と私は問いたい。

そもそも国連とは何か、アメリカと国連のあの関係は一体何なのか、という外交上重要な認識を明らかにせずに、ＰＫＯやＰＫＦは語れない。また、語るべきではない。世界平和のリーダーであるべき国連の安全保障常任理事国たるものが、いずれも兵器の生産国であり大量輸出国であることからして、ふざけているではないか。兵器をたくさん売って、勉強を習うよりも先にピストルの使い方を知る子供たちを開発途上国や未開発国にたくさんつくっておいて、局地戦争がはじまれば正義の番犬のような顔をして出ていく。自分で仕掛けておいて、火がついたら消しに行くようなことをしている人たちの尻馬に乗って、日本はこれが大国の役割だ、ヒューマンライツ（人権）だという顔をして出ていく、あるいは戦闘の資金を供出する。実にばかばかしい。本当にそんなことをする必要があるのか、よく考えてみてほしいものだ。

したがって、私はＰＫＯ、ＰＫＦ、国連軍への昇華という問題については、こうした状況が改まらない限りことごとくすべて反対である。

それから、大国は何があっても局地戦争に手を出すべきではない。この原則を日本は強く主張すべきだ。湾岸戦争の時も国連（実際にはアメリカ）に協力するのではなく、「手出しをするなとアメリカを説得することが日本の本来の役割だ」、と私は主張した（九一年二月一日付朝日新聞における船橋洋一、石川好両氏との鼎談および同月の『朝日ジャーナル』）。日本は武器を輸出していないので、それを大声で言える唯一の大国なのだ。国際紛争のなかでの日本の役割は、壊れた国の立て直しや、それに係わる技術指導、産業振興ではないか。日本が大国としてできる、また他の大国にできない唯一無二の平和への貢献というのは、①大国が「死の商人」をしないよう監視、説得すること、②途上国が豊かな国になれるよう、(途上国としては優等生であった) 日本の国家運営システムの良いところを手を取り足を取り教えてあげること、この二点だ。

日本までが武器をもって冷静さを失った他の大国と共に、小国の紛争に割って入っていくなど、私の辞書のどこを探しても、私の血のどの部分を抜き出しても、そんなものは血痕さえも出てこないだろう。国連やアメリカ、あるいは過去一〇〇年の西欧列強のやってきたこと、また日本の軍事政権のやったことを本当に反省する気があるなら、謝罪などいつまでもしていないで、私の提案する「外交基本法」を明文化することだ。そうすれば日本は本当に信頼される国として、謝罪などとは比較にならない好感と尊敬の念を持って他の国々に受け入れられるのである。

憲法第九条の「負の遺産」

これまで長い間、日本はアメリカにおんぶに抱っこで外交をやってきたので、自分で考えて行動することができなくなってしまっている。日本独自の外交の思想がないし、世界の国々からどのような評価を受けたいのか、というポリシーがない。あっても非常に混乱してしまっている。

これは憲法第九条のようなものがあったからだ、という言い方もできる。九条というのは、悪いことをした子供がお尻をペンペン叩かれて、ごめんなさい、もうしません、と約束させられたような法律である。よく読んでみると、日本と世界の関係を正面からとらえずに、世界に向かって一方的に「いい子でいます」というような内容を書き込んでいったものだとわかる。当時占領軍であったアメリカが、日本に対してこうあってほしい、あるいは二度としてほしくない、と思うことをいわば押しつけたのだが、四六年たってみると、これがいい役割を果たしてきたと思える部分もたくさんある。たとえば、この法律があったおかげで日本は「大国なのに武器輸出国でない」というユニークなポジションを得ることができた。これは第九条の「正の遺産」である。

だが、反対に「負の遺産」も相当に大きい。一番のマイナス点は、この法律が足かせとなって、外交のあり方、つまり世界とのかかわり方や、世界の中での役割などを定義することなく、問題が起こってもすべて棚上げにしてきてしまったことである。

それゆえ、PKOのような中途半端なものでも、自分の中にモノサシがないから、いいことなのか、悪いことなのか判断できない。国民もわからないままに、あれが日本の国際貢献だと思っている人もたくさんいる。こういう姿を見ていると、今の日本に必要なものは、世界と日本との関係、日本外交の進むべき方向性を示したグランドデザイン——「外交基本法」——であろうと思う。

その骨子は、安全保障、日米関係、オーストラリアなどとの相互依存多国間協定、世界平和へのかかわり方などだ。

安全保障については、日米安全保障条約がある限り、アメリカを抜きにして考えられない。だが、東西冷戦の時代が終わり、強大だったアメリカのパワーも低下し、遅ればせながら日本も真剣に安全保障外交を考えようというムードになってきている。そうなると、安保条約はすでに間尺に合っていないことが歴然としてしまう。安保条約は、サンフランシスコ条約で撤退が決まった米駐留軍をその後も日本に残しておけるよう「安全保障」の美名のもとに、日本および中国、ソ連に対する前進基地をアメリカに提供するものである。したがって、この条約の内容はきわめて一方的で、日本が軍事的危機におちいった場合、アメリカは日本を守るが、アメリカが危急に瀕した時に日本が何をするかは書かれていない。また中、ロの脅威がなくなった（ロシアと仲直りしたとアメリカ自身が思っている）今日、どのように条約を変えていくのか、突破口が明記されていない。現にアメリカの中には、ソ連に代わる新しい敵は日本やイスラムである、とするサミュエル・ハンチントンの論文（『フォーリン・アフェアーズ』九三年夏季号）が一大センセーションを起こしている。このように冷静でない人がアメリカの外交に大きな影響力を持つことが皆無ではないときに、アメリカの軍隊は日本に駐留できるが、日本の軍隊はアメリカに駐留できないという不思議な属国支配にも似た軍事同盟がどのような意味を持つのか。これは敗戦国だから仕方ない、という人もいるが、〈戦勝国〉フランスと〈敗戦国〉ドイツの間ではこのような軍事同盟はない。つまり日米安保は日本にとってまことにありがたいものであったが、同時に日本を極楽トンボにしたのである。

ところが、現在のように日本がアメリカに何かしてあげる、またはしてあげなくてはならない状況が拡大してくると、こんな軍事同盟は役に立たない、ということになってくる。早晩、日米安保条約は発展的解消をせざるをえなくなるだろう。今、在日米軍の経費を年間六〇〇〇億円分も日本が負担している。これはもちろん日本の全予算からみれば目くじらを立てるような大きな額ではないかも知れない。しかし本来、条約そのものは日本の負担を前提にしない、かなり一方的なものになっていながら、現実は経費的に日本がどんどん肩代りしていっている。それなら条約をもっと公平なものに見直すか、というとそういう声は出てこない。要するに日本政府にとって日米関係はハレモノにさわるようなものなのである。私はクリントン大統領の時代にこの辺を率直に話し合った方がいいと思っている。後述のようにたとえば東京周辺の米軍基地、空港を返してもらって民間転用すべきときにきているのではないか。クリントンならすぐにそういうことを検討し、またそれを日本との外交上の得点にすると思う。もっとも外務省は私の意見とは正反対であろう。彼らは日本の立場を主張するのではなく、日本にいて外国の立場を主張する妙なクセを持っている。たとえば彼らはアジア諸国は、アメリカ軍が日本にいた方がいいと思っている、と言うだろうが、日本がそれを根拠にアメリカ軍の駐在を正当化するのは間違いだ。その言い分を呑まざるをえないとすれば、それは日本がそこまで隣人に信用されていない、という点を改める努力をしないからだ。死にもの狂いで、日本が信頼される国になる努力をしなくてはいけないときに今来ているのだ。日本の外交当局にはそのような現実認識があるのだろうか。

では、その後の安全保障をどうするのか。私は日米間の相互依存をより高めればいいと思っている。こう言うと、何を言っているんだ、今の日米くらい経済が相互に依存してしまった関係は珍しく、それがいがみ合いやトラブルのもとになっているのに、さらに油を注ぐのか、と口をはさむ人がいる。たしかに今の日米関係は相互に不可分なもので、一蓮托生の世界に入ってしまっている。金融市場一つとっても日本に恐慌の兆しが見えれば、米国債のほうが先に暴落して恐慌を引き起こすだろう。すでにお互いにダイナマイトを抱え込んだような構造になっているのだ。

アメリカの財政赤字を一〇年にもわたって寛大に埋める努力をしてきてあげたのだから。

それならば、いがみ合うよりも〝経済デタント〟のようなものを両国で決めて、ここまで信頼し合ってきた両国の関係を互いに祝福するような環境にもっていくほうがいい。冷戦後の世界では軍事ではなく経済の相互依存こそ、実はゆるぎのない安全保障なのだという認識に、日米両国は立つべきなのだ。貿易不均衡といっても、日本が稼いだドルは米国債券の買い付けや不動産投資という形で必ずアメリカに還流している。一九世紀の国家間の対立のようなばかばかしい演出はやめて、もっと豊かな相互依存を考えよう、喧嘩をしてもダメになる時には一緒ですよ、と日本の議員や外交官はホワイトハウスや議会を説得すべきなのである。

これからの日米関係はもっと大人になる必要がある。安全保障もアメリカ中心の今の安保条約を解消して、もっと別の形に移行すべきだ。グローバル・リーダーシップ、グローバル・パートナーシップというものを考えてみると、日米がいくらいい関係を築いても世界は納得しないし、また日本の役割も果たせない。安全保障とは言っても、軍事同盟という方法論だけで考えるのは、今の複雑な日米関係を考慮するとあまりにも脆弱である。両国間の摩擦は、軍事よりもむしろ経済や情報、あるいは知的所有権といったソフトな分野から出てくると考えられる。そのあたりも含めて、もっと包括的な日米の総合安全保障関係を規定していくべきではないだろうか。さらにもっと望ましい姿を描くならば、旧来の日米安保は発展的に解消させて、もう少し複数国を加えた経済やその他の交流まで含めたマルチラテラル（多極的）な総合安全保障条約に、切り換えていく努力をすべきである。

国同士の相互依存こそ重要

冷戦構造のあとの安全保障を考えるうえで大切なものは、フィロソフィー（哲学）を持つことではないかと思う。つまり、軍事、経済、情報、投資、交易のすべてを含めた分野で、さらに文化をも含めて、相互依存すればするほど両国間の安全保障は高まるのである。相互に依存していない国同士というのは、やはり安全保障が高くない。「あの国には世話になっていないので、適当にやっていればいい」という外交が、実はかなり多くある。

たとえばCO$_2$の問題がそうだ。地球が温暖化すると海面の水位が上がるので、オランダのような海抜の低い国ほど深刻になっている。だが、山国のスイスとか、コロンビアなどは心配ないので、ジャンジャン発散させても知らん顔をしていられる。スイスは逆に、オランダのことを心配して牛乳も紙パックからビンに戻し、再使用するようになった。さすがに人の国のことを考えてあげられる教育の行き届いた国だ。イラクが苦しまぎれにまた暴れそうだと言っても、イラクのミサイルは日本には届かないので多くの日本人にとっては対岸の火事でしかない。このように、相互依存の関係がないと外交はぞんざいになってしまうのである。

これを朝鮮民主主義人民共和国（北朝鮮）と日本の関係にあてはめてみる。北朝鮮とは相互依存がないので、何が起きてもまあいいや、という感じになっている。ところがもし、北朝鮮でチェルノブイリ型の原子炉が次々に火を噴いたとしたら日本はどうなるのか。それならば今のうちから、内政干渉と文句を言われようがガンガン押して査察をおこない、危なければ運転を止めろと言っておいたほうが両国のためにいい。その代替エネルギーに関しては、当然技術援助する必要も出てこよう。

だが、実際にはそれはなかなかやりにくい。経済も情報も相互に依存していないので、お互いのことを心配して安全保障を考えようというベースがないのだ。にもかかわらず、アメリカのように「お前ら、核査察を認めろ」と強引に言うと、北朝鮮はよけい反発してさらに悪い状況になってしまう。友だちでもない人から〝友だち面〟されて、ズケズケものを言われたり要求されたりしたら、誰でも面白くないのと同じなのだ。

したがって、日本の国際的な安全保障を高めるためには、どのような外交努力をすればいいのかというと、まず、安全保障に対する日本の信念のようなものを「外交基本法」のなかにまとめ、その記述に基づいて、世界のあらゆる国々との関係を全部見直すところからはじめることだ。見直しをおこなう際には、バイラテラル（二国間の政策）とマルチラテラル（多国間の共同政策）の両方の観点から考えるべきである。

二国間できっちり詰めなければならない相手は、やはりアメリカである。前項でも述べたが、日米関係はこれはもう根本的に見直さざるを得ない。ものすごく相互依存をして複雑にからみ合っている両国なのに、国家と国家としての二国間の関係を規定したものが、とっくにカビがはえてしまった軍事条約しかないというのでは、はなはだ寂しい。かといって、平等な防衛構想をまとめて安保条約に代わる二国間の新軍事同盟を結んでも、そんなものは日米両国のためにならないばかりか、世界に対して果たす義務を前進させることになるとは思えない。日本とアメリカの関係は、すでに世界一、二位の大国同士の関係であり、世界に及ぼす影響力も大きいのだ。日米両国で世界全体のGNPの四〇％を占めるほど、この両国の責任は大きいのだ。

もはや、武力では国家間の問題を解決できない。カンボジア、ソマリア、モザンビーク、あるいはイランとイラク、イスラエルとアラブ……などを見ても明白である。局地戦をいくらやっても、全員みな殺しにでもしない限り、決着はつかない。それどころか、どちらが勝ったのかさえもわからない。カンボジアやPLO・イスラエルで休戦が成立したのは、「和解」というより「軍事では決着がつかない」、という認識である。目には目を、では永遠に平和は訪れない。死の商人を喜ばすだけなのだ。

こうした認識のもとに、防衛だけではなくもっと包括的な、太平洋沿岸諸国や世界各国への貢献をも配慮した多国間総合安全保障条約を締結すべきなのである。

世界各地域との関係を見直せ

それから、オーストラリアとの関係も、日本の将来にとって非常に重要だと思う。今の「奈良条約」では不十分である。そこで「外交基本法」の中に、オーストラリアとの関係促進を示す項目を加えることを提案したい。日豪両国は二一世紀の安全保障という大きな構想の上に立って、しっかりとした関係を組み立てるべきなのである。

なぜオーストラリアとの関係が大切かと言えば、豊富な鉱物や食糧資源を有するオーストラリアと大消費国である日本は、いろいろな意味でお互いに十分なメリットのある相互依存の関係になれる要素を多くもっているからだ。オーストラリアは保革が拮抗するイギリス型の政治をしており、外交上は難しい国だ。国民感情は日本に対して悪くないが、時として大国日本のエゴが顔を出すと急反発する。しかしポール・キーティング首相のリーダーシップは不動のものになってきているし、英連邦から今世紀中に脱退して、アジアの一員として共和制のもとで生きていこうと努力している。日本の責任は大きい。しかしうまくいけばメリットも大きい。このところ、経済的には日本と関係がだいぶ深まってきたが、私はそれを恣意的な流れにせずに、明文化して将来の方向をしっかりと示していくべきだと考えている。

たとえば日本は若干農業自給率を下げて、オーストラリアから安定的に食糧や鉱物資源を買い入れる。その代わり、日本が万一の状態になった時には、オーストラリアは自国の一七〇〇万人に食糧を供給するのと同じ責任において、日本にも食糧を供給しなくてはいけない。たとえ生産量が大幅にダウンしても決められた一定の割合は日本に供給する、というような責任を明文化していくのである。さらに防衛に関してもお互いに保障し合うというような内容も取り入れた、相互信頼に基づく総合的な二国間の安全保障条約の締結を最終的な外交目標にすればいいと思う。

一方アジア諸国とは、段階的に同盟関係を増やすべきである。まず、二国間できっちり話さなければならない課題を残している国々、たとえば韓国、台湾、中国などに対して日本の「外交基本法」にまとめたポリシーを示し、理解を求める。そして二国間の相互依存度を高め、共に発展していく構想を練りながら、安全保障を実現していく。台湾に関しては「あるがまま」で外交を再開する。それが国なのか省なのかは問わない。それは中国と台湾の両者で解決すべきことと言い放ってしまう。今中国と台湾はハネムーンになっている。中国の経済開放区にいけば台湾の発展から学ぼうと熱心に講師を招待して勉強している。両国がこんな状態になっているのに、中国は日本に対してだけ台湾と外交関係を持つなと言っている。

理不尽とはこのことだ。こうした状況を見るに機敏なアメリカはどうせ近いうちに台中両国をくっつける努力をするに決まっている。PLOとイスラエルが棚ボタ式にくっついて得点をあげた。クリントンが次に狙うのは、台中関係しかないからだ。日本はそうなってから台湾を認めたのでは外交不在と言われてもしかたない。

次にマルチラテラルな視野を取り入れ、環太平洋の有力な国々と総合的な安全保障体制を話し合い、恒久的な平和条約の締結へと運ぶ。平和条約と言っても軍事的な安全保障だけではなく、経済や投資、技術、情報なども含めた総合的なものにする。アメリカやメキシコ、カナダ、オーストラリアも一員に加えて、広域な安全保障体制を樹立すべきだ。

そのあとで、アジアの途上国もだんだん仲間に入れていく。人口一一億の中国をどうするか、あるいは九億人のインド、バングラディシュ、パキスタンといった国々はアジアの一員という枠組みでとらえたほうがいいのかどうかなど、時間をかけて話し合っていくべき課題は多い。

それから、NAFTA（北米自由貿易協定）ができた時のカナダ、アメリカ、メキシコとの関係をどうするのか、という点についても準備をしておくほうがいい。その場合、日本だけが受け手になるのか、それとも韓国や中国と一緒に経済圏をつくったほうがいいのか、という選択も今後の展開のなかで重要なものとなってくるだろう。

ヨーロッパもＥＣのほかに、ＥＦＴＡ（欧州自由貿易連合）、東欧という枠組みがあるので、二国間の外交を実のあるものにしながら、いずれ複合的な体制や条約をつくっていく必要がある。日本外交は今までのようにシャンパン外交官に任せておいたのでは何一つ進展しないだろう。

ロシアとの外交も難しい。今のエリツィン政権にあれだけの国を治めていく力量があるとは思えないので、やがてロシア連邦は再分裂するだろう。そうした場合の対応をどうするのか。また、現時点ではエリツィンのロシアにパイプを絞るのか、それとも旧ソ連の他の共和国や自治区とも平等な外交関係を維持していくのか（そうなると八三もあるが）、という問題も残っている。

いずれにせよ、私はロシアもまたいずれ道州制地域国家群になるだろうと思っているので、これをベースに各地域とは総合的な安全保障条約を結ぶことを目標に、外交努力をしていく必要があると思っている。したがって、相互依存が安全保障を高めるという「外交基本法」の考え方に基づき、モスクワだけでなく、極東ロシア各州の実質的指導者たちと今から信頼関係を築いていくべきである。

軍隊は信頼できる国と共同管理

改憲が必要だという話をすると、おまえは軍国主義者か、と問われるが、前段で私の考えを十分に述べたので分かっていただけたと思う。私は軍隊の存在を積極的に肯定したことは一度もない。それどころか、軍隊というものは、結果的にその銃口をいずれ国民に向けるものだと思っている。国民が税金を払って軍隊を強化しても、為政者がその銃口を国民に向けさせるのだ。古今東西の歴史をひもといても、軍隊が武器を内側に向けて国民を威圧しなかった例はむしろ少ない。かつて日本も同様で、軍隊が恐いから国民は戦場に出て行ったという暗い過去を負っている。韓国や中国に謝罪するのもいいが、全体主義の最大の犠牲者はわが国民生活者自身であったことを忘れてはならない。

現代でも中国の天安門事件、タイの軍政批判デモ鎮圧など、銃弾が国民に向けて発射された例はいくらでもある。もちろん、北朝鮮の軍隊も銃口を国民に向けている。サダム・フセインの軍隊も、カダフィーの軍隊も同様だと思う。アメリカも暴動が起こると国軍が出動する。あのロサンゼルス暴動を鎮圧したのも国軍である。イギリスのような進んだ国でさえ自国の北アイルランドに銃口を向けている。

日本の自衛隊は今まで一度もそれをしたことはないが、未来永劫にないとは絶対に言えない。もちろん、今の日本の憲法では存在そのものが否定されているので、まずその点から改めて、これを軍隊として認知し、その役割とシビリアンコントロールの原則をはっきりと憲法の中で謳うべきだ。そうした作業をちゃんとした上で、私は軍隊というのは非常に信頼のおけるいくつかの国と共同管理をするのがいいと思う。軍事同盟もこうした本当に信頼のおける国とだけ、総合的な安全保障の一環として結ぶべきだ。ただし、それも信頼関係が先だ。軍事条約を結びたいから信頼を築くようなことは、間違ってもあってはならない。

このような「外交基本法」を作ることは、今の日本にとって焦眉の急である。それでないと日本大国主義者たちがどんどん国連中心平和外交とか、日本の国際貢献と言ってトンチンカンなこ

True

とをやってしまう。特に今の連立内閣の面々を見ていると、知事出身だったり、外国のことをほとんど知らない万年野党の人がいたり、自民党で権力闘争に明け暮れてきた人々がいたりして、本当にアジア・太平洋のことを知らない。こうした人はアジアの主要国の首長の名前さえ全部言えないだろう。ましてや電話一本で話し合いを、という関係にはないだろう。だから今の政治家にとっては外交の問題がいちばん難しいのだ。いきおい右傾化している外務省の影響を強く受けることになる。「政治改革内閣」には早いことその仕事を終わってもらって、外交のもう少し分かる日本の顔を揃えてもらいたいものだ。

私は今の日本人にはプライドがなくなっていると思う。心のどこかでフラストレーションがたまってきていると思う。そのうっぷんを右傾化によって晴らすのは誤りだ。日本は私の提案している「外交基本法」の精神にもとづいて外交のイニシアチブを次々にとっていけば、信じられないくらいのリーダーシップが発揮できる。そうすれば国際的信頼を回復する機会が豊富にめぐってくるだろう。第一今の世界にはお互いに国同士のことを考える枠組みや哲学がない。相互依存を安全保障の起点と考えて積極的に大国のエゴをおさえ込み、途上国の国づくりに協力していけば、日本は二一世紀初頭には誰からも信頼される国になっているだろう。そうなればアメリカも日本をサンドバッグのようにぞんざいに扱うことはできなくなる。回り道でも、このようなことを地道にやってゆくことが信頼され、尊敬される国をつくる近道なのだ。

第六章　日本を変える法案集

前章で日本の将来を規定する大きな項目について考え方を述べた。この章では「平成維新」を構成するものの考え方を法案の形で骨子のみ分かりやすく述べてみたい。

日本を変えていくにはルール（法律）によって変えていくしかない、という点を念頭に置き、読者諸氏も「日本は変えられるのだ」という信念を持って読んでもらいたい。その上で、私の提案に異議があったり、もっと良いアイデアがあれば、まさに政策提言をしてもらいたい。この国をよりよいものにするためには、一人でも多くの人が参加していく必要があるからだ。

（1）選挙権法（義務教育法、国籍法関連法案）

一、選挙権は、年齢によって自動的に授与するのではなく、本人が社会人としての責任、および権利を行使する意思表示があったときのみ授与するとの考えを明確にする。

二、一八歳以上の義務教育修了者（義務教育は高校修了まで延長）にそれを与える。

三、日本において教育を受けていなくとも（外国人を含む）、五年以上日本に合法滞在し、本人または配偶者が納税している場合は参政権を与える。

選挙があるたびに投票率が低かったと報じられる。自民党政府がウソつき解散をして政権交代となった七月の総選挙でさえ六七・二％なので、県議や市議の選挙にどれだけの人が投票に行くかは推して知るべしだ。

どうしてそうなのか、いろいろな理由が考えられるが、選挙権というものを、あまりに簡単にサッと与えてしまうから、一票を投じるという行為の大切さがわからないというか、選挙権に対する意識が薄れてしまったのだと思う。もちろん政治がおもしろくない、候補者がおそまつ、というのもその理由だろう。

日本もアメリカもかつては納税者だけに選挙権を与えていた。それがある年齢に達した日、つまり誕生日を迎えると同時に自動的にポンと与えられるようになった。もらう側にしてみれば、「くれると言うのだから、もらっておこう」くらいの気持ちだろう。どうも、これがまずいのではないか。

したがって、私は成人年齢に達した人に「社会人としての責任と義務と権利を行使する意思」があるかどうか聞いて、イエスと言った人にだけ選挙権を渡すようにしたほうがいいと思う。多分に儀式的であっても、国家と一定の契約関係を結ぶというプロセスを通して、選挙権を与えたほうがいいと思うのだ。

成人年齢も今の二〇歳から、一八歳に引き下げたほうがいい。それもただ一八歳になったら、というのではなく、高校までを義務教育にして、一八歳に達し、しかも義務教育を修了した者……とする。高校の卒業式に校長が本人の意思を確認して、卒業証書と一緒に選挙権を渡してもいい。

また、日本国民だけに選挙権を与えるという考え方をやめて、日本という大きな集団の運営に参加しているメンバーに選挙権を与えるという発想に変えるべきだ。日本で義務教育を受け、日本で仕事をして、税金もちゃんと払っている在日韓国・朝鮮人のような人たちには、本人が希望すれば、無条件で選挙権を与えるほうが好ましい。

日本で義務教育は受けていなくても、たとえば五年以上、日本に合法的に滞在して、本人もしくは配偶者が納税していれば、選挙権を与えるようにすべきなのだ。

(2) 被選挙権法

一、現在の年齢のみによる被選挙権の授与を改め、参政権を得てから税金を合計一〇年以上納めたものに対して、被選挙権を与える。

二、これにより、社会がどのように運営されているかを把握し、納税を通じて社会的責任を果たした人に被選挙権が与えられるようになる。

今回の選挙で若い候補者が大量に当選した。それは結構なことなのだが、その多くが地盤、看板、カバンを踏襲し、後援会丸抱えなのである。したがって立法府という国権の最高機関にふさわしいかどうかという点において極めて疑わしい。そうした候補者が、いとも簡単に通ってしまう今の世の中、有権者の認識の方にも大きな問題がある。そこでにわか仕込みの候補者が急遽立てられないように最低のハードルをつくっておこう、というのが本案の趣旨である。

すなわち、被選挙権は一律三〇歳以上にする、しかも、一〇年以上納税している人に限る、という条件を加える。要するに、まず働いて、税金を納めて、それから世の中を直すことを考えた人に議員になってもらおうと言うのだ。そういうハードルを用意しておかないと、素養も教養もなく、しかも働いた経験がまったくないような人も平気で立候補してしまう。比例代表制の下では、今よりもっとたやすくこういう人も議員になり得るのだ。

「被選挙権法」にまとめた内容は非常にマイナーな改革にすぎないが、しかし、これが実施されると、国民の意識はずいぶん違ってくると思われる。

(3) 多選禁止法

国会議員は二〇年間以上の議員活動を、そして地方自治体の首長選挙においては三選以上の立候補を禁止する。

日本はいつの間にか汚職が蔓延する国になってしまった。あらゆる権限が一部に集中していたために利権が生まれ、うまい汁を吸うことが当たり前になってしまったのだ。これを排除して体質を改善するためには、権限の分散が必要だが、同時に、一人の人間が長期間、特定の地位に居座れないように歯止めをかけておくことも大切だ。

地方自治体の首長は多選される人が多く、地元業者などとの癒着が生じやすくなるので、長くても三期まで、と期間を限定しておいたほうがいい。国会でも小選挙区制が導入されると、選挙区内に利権構造ができやすいので、議員活動期間の上限を決めておくべきだ。

「多選禁止法」のような法律が早くからあれば、金丸や竹下氏だけでなく、長老と呼ばれる年寄りたちは、とっくに国会から姿を消していたのだ。

また、年限を限ることにより、議員になるような優秀な人は、あらかじめ人生の設計をいくらでもつくることができる。世界的な組織に出ていくのもよいし、また教育にあたってもよい。要するに今のポジションに安住し、甘い汁を吸うことを考えられなくするのが肝心である。もちろん現行の人にいきなりこれをあてはめるのは気の毒なので、しかるべき移行措置は必要であろう。

(4)(上級)国家公務員キャリアパス法

国家公務員が満三五歳以上で離職した場合、出身官庁の関連業界についてはならないものとする。

国家公務員法が定める天下りに対する規定は、すでに有名無実化していて、銀行をはじめ、大手企業、各種団体の役員名簿には、ずらりと元エリート官僚の名が並んでいる。そして、言うまでもなく、これが政・官・財癒着の原因となっている。また、天下り先の団体における重要ポストへの登用も、本人の実力ではなく出身機関の権力に比例して決められるという不公平が恒例化しているので、これを打破しなければならない。

天下りの防止は一つの法律で十分なので、あとは罰則を設けるなりして、きちんと守られるようにすればいい。公官庁の企業への過剰な介入がなくなれば、当然、産業が活性化するし、また、重要ポストへの公正な採用がおこなわれるようになる。

なおこの問題は公務員といえども職業選択の自由があるはずだ、という人権問題との兼ね合いがある。今の上級国家公務員の場合、入省一〇年くらいで十分な権限を持つにいたる。ドイツなどではたしか四二歳で以後の天下りを禁じていると思うが、日本の場合にはそれでは遅すぎる。何しろ今、上級公務員は退職後七〇歳まで本省の方で面倒をみるというのが習慣化している。良い人だと思って定年後もらい受けても、何らかの事情でうまくいかなかった、六年働いたあとお引き取り願った、などということをしたら役所から睨まれてしまうのである。私は上級職の給与などをよくして、役人として立派な仕事をしたら心配ない余生が送れるようにすべきだと思う。また国家公務員試験を廃止して各省庁別に採用するなり、入省二〇年で帰属省庁をなくしゼネラリストとしてしまう、など国家公務員のキャリアパス全体を見直すべきときに来ていると思う。

(5) 投票促進法

一、投票日を二日以上とし、そのうち一日を平日にする。また、平日の出勤前や帰宅時に(駅などで)投票できるようにする。

二、不在者投票の方法を簡素化する。

これは国民の政治参加の意識を高めるために、行政サービスを向上させようという法案である。前章で述べたコモンデータベースが実施され、さらに音声鑑定のシステム化が進めば、電話で投票ができるようになるので、こうした法律は不要になる。しかし、そこにたどり着くまでには、まだまだ時間がかかるので、当面の策として、早急に実現させたほうがいい。

今日企業ではワークステーション（ＷＳ）などで業務をするのが当たり前になっている。選挙はいまだに四〇年前と同じように、ハガキを近くの学校などに持って行き、選管の雇った地元のおばさんに生年月日を聞かれて本人かどうかを確かめている。音声認識にいたる一歩手前ならばせめてWSを使って本人がどこに現れても投票できるようにすべきである。今選挙人への投票通知票はコンピュータで送られてくるので、そのデータをもとに、どこかで投票したら印をつけていくようにすれば二重投票もなくなり、また集計の手間も大幅に節約できる。

(6) 反対投票法

有権者がマイナスの一票（ネガティブ・ボート）を行使することができるものとする。

図々しいことは悪いことではないと思うが、だからと言って、図々しい人が得をするのでは困る。とくに国政の場ではなおさらだ。たとえば、誰が考えてもワイロをもらったとしか思えない、限りなく灰色の議員がいる。こういう人は心臓に毛がはえているから「国民に真を問う」と言って、次の選挙に出馬し、利権に群がる人たちや、利権団体の支持を取りつけて、当選してしまう。そうすると、心ある有権者はなんだばからしいじゃないかと冷めてしまって、政治をよくする努力をしなくなる。するとさらに政治が腐敗してしまう。

この場合、一番悪いのは目先のことしか見えない有権者である。だが、そんなことを百ぺん言ったところで、すぐに意識が変わるとは思えないので、こうした悪循環を断ち切るための特効薬が必要だ。

有効と思われる方法の一つは、有権者にマイナスの一票（ネガティブ・ボート）を行使する権利を与えることだ。つまり、こいつだけはどうしても許せない、という立候補者がいたら、反対票を投じる。そうすると灰色議員が当選ラインを越える票を集めても、反対票が差し引かれるので、獲得総数が減り、落選することになる。かりに五万票の票を集めても、マイナス票が三万票あれば、差し引き二万票になってしまうというわけだ。

ふたを開けてみたら、反対票のほうが多かったというような惨めな結果もあり得るわけで、図々しい人の出馬を断念させる効果もある。

しかしこの方法は必ずしも良くない面もある。特に誰に自分の考えを代議してもらいたいか、ではなく誰はいやか、ということを考える人が多くなれば、根も葉もない風聞を対立候補に立てられて、立派な人が落選することにもなる。しかし今の政治への無関心、候補者の質の問題を考えれば、これを時限立法とし、投票率が七五％になるまでとか、向こう五年で一度見直すとか条件をつけて実施してみるべきではないかと私は思う。

⑺　国籍法（選挙権法関連法案）

一、夫婦どちらかが日本国籍を有する場合、その子供には日本国籍を与える。

二、夫婦が共に外国籍の場合も、子供が日本で生まれ、または日本で義務教育を修了した場合には日本国籍を与える。

三、日本に移民をしてきた外国人に、二年間、日本の言葉、文化、法律、社会常識などの教育を無料で提供し、修了した者には永住権（米国でのグリーンカードに相当）を与える。「選挙権法」にも関連するが、国籍の供与についても法律を整備する必要がある。

手をつけやすい部分から話をすれば、まず、夫婦のどちらかが日本国籍を持っていて、彼らが希望する場合は、無条件で子供に日本国籍を与えていいと思う。最近裁判で争ったケースがあったように、現在では母親が日本人でも、父親が外国籍だと、子供は日本国籍を取りにくい。その原因は戸籍の取り扱いにあるので、もともとはたいした問題ではない。将来、コモンデータベースが導入されて戸籍の意味がなくなり、男女で差別もなくなれば（今は戸籍筆頭者なる概念があるが、コモンデータベースはあくまで個人主体なので、誰と誰が家族を構成するかは自由で、単にその個人の組み合わせの問題にすぎなくなる）、問題は何もなくなってしまう。

また、本人が外国で生まれ、すでに外国の国籍を持ち、日本の教育をまったく受けていない場合でも、本人が成人年齢に達した時に、日本国籍を持つことを望むなら、これも与えていいと思う。

さらに、両親が共に外国籍であっても、日本で生まれ、日本の義務教育を終え、両親および本人にその意思があれば、同様に日本国籍を与えるべきだ。

それから、もう一つ、見逃すことができない重要な問題は、移民、および長期外国人労働者への対応である。こうした人たちの日本流入の動きは今後さらに加速されるのは必至だ。ところが、現在は大半が不法就労者という形で、屈折した生活を強いられている。このような状況を一刻も早く解決するためにも、法的対応が待たれるところだ。

そこで私はかなり大量の外国人労働者を正式に受け入れ、しかも社会的緊張を生まないですむ体制をつくるべきだと思う。なぜなら、これから先の九〇年代の日本は、異質なものを受け入れる力を試される時だと思うからだ。異質なものを入れれば入れるほど、いろいろな問題が当然起きる。だが、それを克服して、異質を内包できる文化をつくることができれば、日本は海外でもっと受け入れられるようになる。やれグローバルだ、世界の中の日本だと言って、企業も人もどんどん世界に出て行っているが、自国のなかに世界を取り込むことができなければ、真の国際化などありえない。外国人の社員がゼロに等しい日本企業が、いきなり海外に工場を建てたり、海外の企業を買収して経営に当たろうとしても、うまくいくはずがないのだ。国内でカルチャーショックを受け、問題を抱え、苦労して乗り越えてこそ、今後、真価を発揮できるようになる。

ただ、何百万人規模の労働者を受け入れるからには、そこには一定のルールが必要となる。そのルールはしごく簡単なもので、まず、母国での義務教育を終えた人、つまり自由社会の基本的なルールを知っている人を受け入れる。次に、二年間の基礎教育を無償で提供し、勉強して一定のレベルに達した人には、アメリカのグリーンカードのような〝永住権〟を与えて身分を保障する、の二点である。ここで言う基礎教育とは、日本で生活するのに苦労しない語学力や、法律知識、文化、習慣などを教えてあげようというもので、戦前の軍国日本が朝鮮人（当時）から国籍や名字を奪い、日本語を無理やり教えた〝日本人化教育〟とはまったく違う。〝永住権〟を持てば就職も自由にできるし、出入国の制限もない。したがって、もし日本が大不況になって雇用状況が悪化したら、一時的に他の国に職を求めたり、母国に戻ったりすることが可能になる。

そのような日本を構成する〝準メンバー〟のような外国人労働者が増えれば、当然、日本人との緊密な交際がはじまり、親近感が育まれ、文化が交流する。兄弟や親類の往来などがはじまり、日本からも遊びに行く人が増え、経済的な波及効果もはかり知れない。

(8) プライバシー保護法(コモンデータベース法関連法案)

コモンデータベース法の導入に合わせて、国家コモンデータベースの管理を行う第四権として、人権院を新設する。立法、司法、行政三権を上回る第四権として位置づけ、国民投票により信頼の託せる一一人の委員を選定する。

くわしくは第五章の「コモンデータベース法」で述べた。現在の戸籍のようなものや、印鑑証明、各種登記、国家資格の有無、健康保険や年金、医療情報、納税、出入国など、個人のデータを集積して管理するコモンデータベースが導入されると、いろいろな役所をまわって手続きする手間がなくなる(つまり、行政サービスが格段に向上する)一方で、そのデータを誰がどんなふうに管理するのか、という問題が出てくる。

個人に関する情報が為政者の悪意に利用されたり、あるいは恣意的に公開されてしまうことを、確実に、未来永劫にわたって防ぐためには、立法、行政、司法の三権を上回る第四権(人権院）を設置して、ここにデータの取り扱いに関する判断を委ねることが最良の方法だと思う。そして、自薦他薦の末、国民投票で選ばれた一一人の専任の監督担当者（人権員）が、データベースのいわば〝鍵〟を持ち、本当に国民のためになるという時だけ、その利用を許すのだ。

（9）法律寿命一〇年法

一、一〇年で憲法などの基本法を除くすべての法を失効させる。
二、そのうえで、引き続き必要なものについては国会で審議した後に再公布する。

法律ができれば永遠にその効力を発揮する、という概念をどうにかしないと、チリのような法律でも積もれば山となって、六法全書がどんどん厚くなる。明治にできた法律や、戦時下の総動員法のようなものも依然として残っているし、戦後にできたものでも陳腐化して事実上すでに不要となっているものも多い。カビのはえたような法律でも残っていれば拘束力があるので、それが妨げとなって新しい法律が萌芽しない。

したがって、法律には寿命があるという新しい認識のもとに、憲法などの基本法をのぞく、すべての法律を見直すべきだ。さらに「基本法以外の法律は、成立後一〇年経ったら自動的に失効する」という法律があれば、ろくに審議もしないでつくられたリゾート法のようなくだらない法律も、だんだん姿を消して、すっきりするだろう。一〇年経っても引き続き必要であると思われるものは、国会で審議し、必要があれば時代に合わせて修正し、継続させればいいのだ。

(10) 道州議会法

一、道州議会を段階的に立ち上げる。
二、まずは現職の知事、政令指定都市の市長、有識者が参加する。この時点では議会に法律的な権限はないが、仮にあったとすればどのような法律を立案するかをシミュレーションしていく。
三、次に各県で広域予算を組み、電力、森林資源、産業廃棄物といった道州単位で扱うべき問題について協調して取り組む。
四、そして道州とコミュニティーを設立し国から徴税権も委譲した上で、実質的な道州議会の立法活動を開始する。道州議会では産業政策を中心に討議し、道州の産業基盤充実について責任と権限を持つ。

この法案の背景にある考え方は第五章の「道州設置法」で明らかにしているので、ここでは要点だけを述べる。

「道州議会法」はかねて私が提唱している道州制を実現させるために用意した「道州設置法関連法案」の一つで、まず、道州レベルの発想をしていくことに慣れ、次に道州議会のあり方と方向性を探り、同時に広域行政での共同作業を進めながら、道州移行への準備をおこなっていこうとするものだ。

現在、国内に抱える多くの問題が、県という枠組みを越えた広域レベルでの検討を必要としているのに対し、そのニーズに対応した形で政策立案を実施する主体がないので、できるだけ早く道州議会の母体となるような委員会などをつくって、段階的に立ち上げていくべきである。このような動きが盛んになれば、地域にとってより特色のある政策が次々に生まれ、本当の意味で豊かな地方の姿が見えてくるはずだ。

(11) 市町村合併・分割法

現行三三〇〇ある市町村を、人口五万人から二〇万人くらいの自然なコミュニティーに合併または分割する。合併・分割の際には市町村がイニシアチブをとるようにする。

これも道州設置に関連した法案で、くわしくは第五章で述べた。戦後の社会体制になって、すでに五〇年になろうとしているのに、国家運営の基本的枠組みである市町村は、さまざまな規模で乱立していて、その役割や権限も未整備な状態のまま統一されていない。また、現状では規模が大きすぎたり、小さすぎたりして、生活に密着した行政単位として十分に機能できないところも多い。それゆえ、住民サービスも地域の生活基盤の整備も進まない。

したがって、私は、一度現在の枠組みを外して、生活者の視点からサービスを受けやすい規模や範囲に線引きし直す必要があると思う。現在、うまく機能している枠組みはそのまま残せばいいし、問題のあるところは市町村がイニシアチブをとって分割合併をおこない、新しいコミュニティーに移行させていく。こうした議論が各市町村で活発になれば、生活環境に対する人々の関心も高まり、行政への参加を促す結果になるだろう。コミュニティーの単位は、人口五万〜二〇万人くらいがもっとも自然だと思われる。

(12) 地方予算ひもつき制限法

ある予算が地方のニーズに合わない場合は、生活者にとってより重要な（関連）分野にその予算を使えるようにする。たとえば、都会においては必要のない漁港建設や砂防工事のための予算を、代わりにマリーナや公園の建設にあてる等のことを可能にする。

中央政府の〝縄のれん〟的な行政は、地方自治を身動きできない状態にしている。たとえば、ある町が大きな公園をつくろうと思っても、中央から「これは河川に使いなさい」「これは砂防です」「これは道路です」というように目的別に予算や補助金が下りてくるので、地域の事情に合った本当に欲しいものや必要な工事ができない。「平成維新」が達成されてしまえば、地方に本当の自治が確立されるので、このようなことはなくなるのだが、それまでの間の暫定措置として、予算に付いている〝ひも〟を外して、地方独自の計画をやりやすくしようというのが、この法案の狙いだ。

(13) 地方自治体対外投資法

大都市圏などが、同一地域圏内だけでは解決できない諸問題を、日本国内の他地域や他国との相互互恵関係に基づき解決する。たとえば、大都市圏のシルバータウンを、海外を含めた他地域に建設投資が行えるようにする。

この法律は、法案の文面でも示したように、シルバータウンの建設などを例にとって考えるとわかりやすい。たとえば、東京都が来るべきシルバー社会を見越して、どこかに大規模なシルバータウンを造ろうと思っても、東京にはもうそんな場所がない。隣接県もすでに大部分がベッドタウン化してしまって、そんなものを受け入れる余裕はない。また、あっても地価が高いので莫大なコストがかかってしまう。東京のことを東京都内ですべて解決しようとしてもできないし、また費用がかかりすぎる。

では、どうするか。まだ土地が余っていて環境のいい高知県や島根県あたりと姉妹県の提携を結び、そこに東京都のシルバータウンを造ればいいのだ。付近の道路なども東京都のお金で整備する。小さな飛行場をつくって東京との間に循環バスのような飛行機を飛ばしてもいい。こうするとお互いにメリットがある。東京都は少ない費用で大規模なシルバータウンが造れるし、受け入れた地方の県および町は、国のひも付きの補助金に頼らなくても、町を開発し、道路を整備し、飛行場まで持つことができる。建設がはじまれば資金が循環するので地場企業の振興にもなる。小金を持った東京の年寄りがたくさん住むので、新しい商業文化や生活文化が広がる。

また、ゴミや産業廃棄物も東京やその近県では、場所、コスト、環境といった問題から、だんだん処理できなくなってくるので、同じ方式で、地方のまだ余裕のある場所に移すことを検討すべきだ。

これは、つまり地方の植民地化ではないか、という見方をする人がいるかもしれないが、逆の視点から見れば、地方の産業振興につながる民活構想なのである。

したがって、将来は首都圏道や関西道という、経済が盛んで人口の多い道州は、北海道や中国道、四国道などに、自らの財源を投下してシルバータウンや、大規模レクリエーション施設、研究機関、療養所、廃棄物処理場などを造るようになるだろう。

さらに、将来は海を越えて、オーストラリアやインドネシア、タイなどに、それぞれの道州が対外投資をして、衛星施設を持つことができるようにするべきだ。「地方自治体対外投資法」は、そうした時代を実現させるものだ。

(14) 複数省庁の関与制限法

複数省庁が担当するプロジェクトにおいて、省庁間の調整がつかず、六ヵ月以上経過したときには、そのプロジェクトの権限は自動的に地方自治体に委譲される。地方でも決められないときには、コミュニティーに委譲されるものとする。コミュニティーでも決められない場合には実施しないこととする。

お役所仕事、という言葉があるが、一つのプロジェクトに複数の省庁が介在すると、それぞれの縄張り争いや、思惑の違いから、その葛藤の調整に時間がかかり、いたずらに許認可が先送りされて、着工が大幅に遅れるということがある。その間に地価やコストが上昇し、五〇億で出来るものが一〇〇億円かかってしまう。こんなばかげたことがあってはいけない。

たとえば、ある県が三つの町にまたがる観光道路をつくろうとする。関係省庁に許認可を求めると、建設省、国土庁、環境庁の思惑が入り乱れて、なかなか書類がそろわない。「複数省庁の関与制限法」はこうしたことを改善して、スムーズな行政をおこなうための改革法案である。「待っても六ヵ月まで」というタイムリミットを定めて、関係省庁がそれまでの間に決められない場合は、そのプロジェクトに限り許認可の権限をすべて地方自治体に委譲する。さらに地方でも決められない場合は、権限をコミュニティー（この場合は三つの町）に下ろす。コミュニティーでもんでもダメな時は、そのプロジェクト案をすべて廃棄する。と、このように決めておけばいいのだ。たったこれだけで、意思決定の無用な遅れを回避することができる。

(15) 地方自治体起債市場形成法

一、全国の都道府県、及び政令指定都市が、起債のための自由市場を形成することを許可する。

二、起債の条件(金利)は、民間の格付機関(レーティング・エージェンシー)の審査に基づくこととし、自由市場の決定に委ねる。

現在の法律では、地方自治体が自由に起債して、投資家から有利な資金を直接集められないため、国の予算に対する依存度がきわめて高く、健全な財政運営をはかって自立することができない。

私は、日本のように経済的に成熟した国家は、公共債発行の権限を国だけが持つのではなく、地方にどんどん委譲して、都道府県、さらには政令指定都市が自由に債券を発行できるようにしても大丈夫だと思う。もちろん今でも地方債はあるのだが、この発行にはさまざまな条件がついており、郵便貯金などを利用した財政投融資の一環として国による地方支配の手段となってしまっている。県債や市債の起債条件、つまり金利は民間の格付け機関の審査に基づき、自由市場に委ねるべきだ。将来的には、道州別に債券、および株式の市場を形成することが望ましい。

そうなれば、たとえば九州の起債に華僑や韓国人などが積極的に入ってきて、お互いにもっと密接な関係となるだろう。日本でも一時アメリカの市債やカナダの州債がもてはやされた。住民には自分の住む市債を買えば市民税の、県（道州）債を買えば県民税上の特典を設けるなどすれば、郵貯よりも人気がでるだろう。郵便貯金という国家支配の手段を弱める意味からも、地方の自己起債能力を高めるべきだ。

債券が市場で自由に流通するようになれば、よい格付けを得るために、財政内容をよくしようと事業計画を慎重に練るし、自治体同士が競争するようになり、自主財政の健全化を促進することになる。

⒃ 法律再審要求法

地方自治体が、自らにとって著しく不利な法律（あるいは行政指導）について、国会の再審を要求する決議ができるものとする。

ある地方自治体にとって非常に不利な法案が国会で承認された場合、自治体は不服の申し立てを裁判所に対しておこなうことができるが、その場合でも、現行法に照らして判断されるので、施行の保留や修正など自治体が満足するような結果になることはまずない。

こうした現行法の不備や画一的行政指導によって、自治体によっては、地域の現状と法律との矛盾やムダに苦しんでいる。「法律再審要求法」はこの不備を改善して、自治体に地方の事情を無視した国会決議や政府の指導をサスペンドする（差し戻す）権利を保障しようというものだ。これによって不合理な状況を余儀なくされている地方自治体の行政を円滑にすることができる。

たとえばコメの問題について、一律減反とか一律増産といった国の方針に、自治体が逆らうのは難しい。しかし東京や大阪のようなところは当然、国のネコの目のような指導にはついていけないし、いくべきではない。漁港や砂防ダムなども同じことである。対馬のような地震のない地方における建築基準法適用にも問題がある。これらに対して、正規の議会決議を通じて法律や行政指導の見直しを、国に対して要求していけるようにするのだ。

⒄ ＩＣカード法（コモンデータベース法関連法案）

一、ＩＣカードを国民に与え、コモンデータベースに登録されている各人の情報を持つようにする。

二、パスポート、健康保険証、厚生年金手帳、戸籍抄本等や、オプションとして運転免許証、カルテ等もＩＣカードに記録して、情報を一本化し、携帯の便宜性を高める。

三、パスポートでも紙にスタンプを押すのではなく、ＩＣカードで出入国の情報を管理することで、滞在期間との照合などの確認が容易にできるようになる。近隣諸国ともこのＩＣカードのシステムを共有することで、利便性をさらに高める。

四、海外から入国した外国人にも、滞在中はその人の番号とICカードを渡して、出入国管理を行う。
五、情報には、必要に応じて鍵をかけて、本人以外は見られないようにしてプライバシーを保護する。

私たちはパスポートや運転免許証、健康保険証、厚生年金手帳、印鑑登録証などをバラバラに持っているが、これらの情報をすべて一元化してICカードで持つようにしようというものだ。さらに、医療カルテは患者側も保有できるようにして、血液型やDNA、病歴、治療歴をICカードにインプットする。つまり、国民はこのカード一枚を持っていれば、すべての行政サービスを簡単に受けられ、また、事故に遭遇した時にも役立つ。

カードは国民全員が持ち、コモンデータベース（第五章参照）の個人情報とデータを共有するが、国家に渡したくない情報には鍵をかけて（カードにシークレット機能を付ける）プライバシーを守れるようにする。

海外から入国した外国人も滞在中はこのカードを使うようにすれば、出入国の管理が万全になるし、また、外国人にとってもいざという時に便利である。

(18) 公務員多能工化法・公務員ゼネラリスト法

一、公務員が複数の仕事をこなすことによって、税金を上げずにサービスレベルの向上をはかる。

二、すべての公務員は採用後二〇年で、採用された機関ではなく地域全体の帰属となる。

沖縄の南の島々は世界でも有数の美しさを誇っている。それならば観光客をもっと誘致するために、飛行場の規模は今のままでも国際空港に昇格させて、今ちょうど旅行ブームの台湾や韓国に、ボーイング373のような小型ジェット旅客機を自由に行き来させればいいではないか、と言うと、出入国管理事務所や通関の役人がいない、新たに雇い入れる予算がない、という話になる。冗談ではない。たとえば、珊瑚礁で有名な石垣島の石垣港は立派な外港で、台湾からの定期貨客船が発着しているのだから、港の事務所の人たちを兼任させればいいではないか、とまた言うと、海の仕事と空の仕事は違う、という理解し難い話になるのだ。

突然、南の島の話をはじめたのは、役人の世界はおしなべて、みんなこんなものだとわかってほしかったからである。

だが、日本の民間企業は人材を多能工的に使う世界一の技術を持っている。一〇年くらい前、欧米の人たちが日本の工場を見て一番驚いたのは「多能工」の働きであった。欧米の労働者は一つの仕事しか覚えようとしないし、会社も単一工程を習熟させたほうが効率がよいと考えていたが、日本では一人が三役も四役もこなし、時間の無駄を省くことによって著しく生産性を上げていた。日本の工場ではこんなことは当たり前で、すでに「多能工」といった言葉さえ今日ではあまり使われない。ホワイトカラーの世界も同様で、ジョブローテーションによって何種類もの仕事に適応できるように訓練される。あるセクションの人が全員休んでも、仕事を代行できる人が何人もいるのだ。

ところが、同じ日本でも、役人の世界はまったく別である。人材を多能的に使うという感覚がまるでない。数ヵ月の研修で観光課の人が入国管理の仕事もできるようになるのに、それをしない。それならば、法律によって公務員の尻を叩き、多能人間になってもらおうというのが、この法案である。

いろいろな養成コースを準備して、消防士の仕事もできる警官や、教員の仕事ができる市役所職員、司書の仕事ができる税務官など……をたくさん育成するべきだろう。公務員が多能化すれば時間の無駄遣いがなくなり、全体の仕事に必要な人の数が減るだけでなく、その余裕で行政サービスの質を大幅に向上させることができる。当然、待遇も仕事がたくさんできる人には、たくさん給与を払うという能力給制度に切り換えていくべきだ。このようにすれば地方空港を国際空港にするのも簡単にできるし、全国四五〇万人の地方公務員にもハリが出てくるだろう。

第二の点について述べよう。たとえばある町で採用された職員は一生その町の職員である。視野が広がらないだけでなく、よどみがさまざまな不正を生みやすい。そこで採用され二〇年たったら恩給がつくようになる点を利用し、その時点で一般公務員（ゼネラリスト）として他の仕事につくようにする。たとえば特定の能力を買われて隣の町に行ったり、町ではなく県全体の仕事についたりするのだ。肝心なことは、同じ町の外郭団体などには行けないようにすることである。そうすれば、二〇年で何らかの技能を身につけなくてはならないので、仕事のやり方も変わってくるし、また町の役場が町の人だけで風通しの悪くなることも避けられる。どこの町の役所からももらい受けのなかった人は、民間企業に就職することになるが、その時には役人の能力の高さを証明する機会が待っている。万一だめでも将来は恩給がつくので路頭に迷うようなことはない。

(19) 技術利用促進法

一、公的サービスに先端技術を積極的に取り入れることを各官公庁に義務づける。たとえば、各省庁のコンピュータと各家庭のコンピュータをネットワーク化する。

二、国民が監視機能を持ち、先端技術が用いられていないと判断された場合には、提訴することができるものとする。

アメリカは九二年からパソコン通信を利用して納税手続きができるようになった。税務署に足を運ぶことなく、自宅やオフィスのデスクに座ったまま確定申告の手続きができるのだ。日本では相変わらず三月一五日が近くなると税務署内に長い行列ができる。

役所に支払いをしてもらう手続きのほうはもっとひどくて、カーボン紙を何枚もはさみ込む（民間ではとっくに使わなくなった）タイプの、決められた書式の請求書でなければ受け取ってくれない。しかも、県や市によってフォーマットが違うのだから、あきれてしまう。

私の知っている工事会社では、いくつもの自治体の仕事をしているが、請求書をつくる時はわざわざアルバイトを何人も雇って、コンピュータから打ち出されたものを役所用に手で書き直している。企業の経理はコンピュータ化が進み、ほとんどの企業はコンピュータで電算処理した請求書を使うようになった。人が書くよりコストが安く、しかも確実だから、最近はどんな小さな会社もそうなってきている。にもかかわらず、役所は「それではダメだから書き直して来い」と言って突き返すのだ。まったくばかげた話である。江戸時代のお上の態度がまだなおらない。先端技術をいち早く取り入れて効率改善をしようと努力している日本の民間企業やアメリカやデンマークの役所とは大違いだ。

請求書のケースにしても、本来なら役所は、企業の省力化の努力に歩調を合わせて同じレベルで処理できるシステムを採用するか、あるいは役所のほうが率先して電算処理のためのプロトコル（相互通信の規約）を決めるくらいのことが望まれるのである。

この状態をこのまま放置しておくと、事務処理における民間との技術のギャップがますます広がってしまう。そこで、法律でおどしをかけてでも役所の体質を改善しようというのが、この「技術利用促進法」である。この法律は当然国会での採決はボタンで行う（牛歩戦術などなくなる）、電話でほとんどの業務が片づくようにする、などペーパーレス社会の実現にも近づくし、行政コストも住民のイライラも大幅に少なくなる。また道路公団にしても傘下に何百という料金集金人を集めた子会社を持っており、料金所の自動化が進んでいない。これを無人化していくことをこの法律は要求しているのである。役所がもっと積極的に技術導入をすれば、産業界の振興にもつながるし、何度も役所に足を運ぶ必要がなくなる。つまらないことのようだが、このメリットは意外に大きいと思う。

(20) 窓口一元化法(シングル・ウインドウ法)

行政が受益者の側に立って窓口を一つ、または担当者を一人にし、煩雑きわまりない役所の手続きを簡素化する。

失業率の低下が懸念される今の日本において、もっとも大切なことは雇用の創出である。景気が回復しても、これからの日本はコンピュータ化やロボット化、市場開放や規制緩和が進むので、労働力が余って失業大国になってくる。欧米と同じように失業問題が政治課題になるまで、それほど時間がかからないだろう。したがって、雇用の創出につながるものは、どんな小さなことでも大切にしなければいけない。

ところが、家を建てようと思って役所に行くと、あっちに行け、こっちに行け、今度はあっちだ、とまるで罪人扱いなのだ。自動車免許の書き換え一つでも東京鮫洲の場合窓口だけで一〇カ所、階段の上がり下がりが合計二三〇段にもなる。ホテルやレストランをつくる時は二〇〇以上の申請が必要なので、素人にはできない。慣れた人でもこれまた役所詣でが大変なのだそうだ。自動車のナンバープレートを取るときの話をセールスマンから聞いたが、これまた書類の山で、しかも長時間待たされるし、少しでも書類に不備があるとまた並び直しだそうである。

家を建てるのも、ホテルやレストランをつくるのも、すべてありがたい雇用の創出につながるのに、役人にはそんな意識がまったくない。自分たちがやりやすいように機能分化した窓口をたくさんつくって、やってやる、建てさせてやる、という態度なのだ。雇用を創出するいわば〝恩人〟があっちこっち走り回っているのに、公僕は知らん顔なのである。

これではいけないと思い、日本の役所を改革する第一歩として、私はこの「シングル・ウインドウ法」を考えた。生活者主権をかかげる連立政権にはまずこれを通してもらいたい。役所は一般の人（住民）を窓口から窓口へと引きずり回したり、窓口をたらい回しにしてはいけない、と法律に明文化してしまうのだ。この法律ができると、たとえばレストランを開業するための申請をおこなう場合、役所に行って窓口の人に事情を話せば、その人が必要な手続きをすべて代行してくれるようになるのだ。またコモンデータベースがあれば、いちいち何枚もの書式に住所・氏名を書く必要もない。窓口の画面にそれが出てきて、必要な書式は役所の方で自動的に作ってしまうのだ。

このくらい思い切ったことをしないと、公務員は自分がパブリック・サーバント（公僕）であることを自覚しないのではないか。役所の業務は住民を小突き回すことではなく、住民にサービスを提供することだ、と再認識してくれなくてはいけない。こういう法律ができて、自分が住民に代わって役所の各窓口を次々にまわってみると、サービスの受益者であるはずの住民が、いかに大変な思いをしていたかわかるだろう。そうすれば手続きを簡素化する努力もするだろうし、形式だけの許認可は廃止しようということになるはずだ。この法律はそうしたプレッシャーをかけるためにも必要なのだ。

(21) 行政指導禁止法

法律に規定されていない事項について、政府が企業行動を制約したり、行政指導・通達を出すことを禁ずる。企業もそれらに対して従う義務はないものとする。

また、為替市場・株式市場で国が直接、間接の価格維持などの市場介入をおこなうことも禁ずる。

国内の経済政策を見ていると、政府がいたずらに企業行動を規制したり、市場介入している姿が目につく。発展途上の国ならいざ知らず、日本のような経済大国の政府はこんなことをする必要はない。かえって市場経済の活性化を妨げてコスト高を引き起こしたり、公官庁が過大な権限を持ってしまって汚職・腐敗の温床になるなど、ろくなことがないのだ。

したがって、法的な根拠のない指導や介入は即刻やめるべきだ。どうしてもおこなう場合は、法的な正当性をはっきりさせなくてはいけない。また文書で通達しなくてはいけない。はっきりした根拠のない行政指導に従わなかったという理由で、業務上不利な扱いを受けたり被害を被った時は訴訟できるようにする。また業界の団体が「慣例」を理由に特定企業にオキテに従うよう強要することも禁止すべきだ。企業社会における現代版村八分は政・官・財、鉄の三角形の温床となっているもので、これを根絶するまで法で「正義の一匹狼」を守るようにしなくてはならない。

(22) ユーティリティー法

一、電話・水道・ガス・電気などの公共サービス（ユーティリティー）の工事は、個別ではなく、複数で同時に行い、掘り返しなど行政上の無駄をなくす。

二、ある公共サービスの工事を行う際には、その情報を開示する。そして、同一箇所で工事を予定している他の公共サービスはすべてこれと共同で作業を行う。

三、共同で作業を行う際には、特有の技術を必要とする部分を除いて、作業を一本化して重複を防ぐ。このために業者の選定も個別には行わず、全体の作業に対して公開入札させる。

すでに何度も述べていることだが、ユーティリティー（公共事業の設備）のための工事は、どうしてあんな不合理なやり方をするのだろうか。一つの道路を春に電気会社が掘ったら、夏にはガス会社が、秋は電話会社が、冬は水道会社がまた掘る……ということを平気でしている。そのため住民は年がら年中、騒音に悩まされ、交通渋滞をがまんしている。最初に掘った時にまとめて全部工事してしまえば、費用も四分の一とまではいかなくても、相当安くなるだろうと誰でも思うのに、それをしない。

そこで私は、なぜいっぺんに工事できないのか調べてみた。すると、これはどうも工事会社保護のためにそうやっている、というばからしい実態が見えてきた。つまり、公共事業をあずかる電気、ガス、電話、水道の各社にはそれぞれ〝指名業者〟があって、電気ならA社とB社、ガスはC社とD社……のように工事会社がバラバラになっている。やはり縄のれんのように縦割りになっていて、電気事業会社というひもにぶら下がっている工事会社の一団、ガス会社のひもにつかまっている一団、電話事業会社のひもにつかまる一団……は、それぞれ横の繋がりがまったくない。ひもにぶら下がっている工事会社はユーティリティー事業会社幹部の天下り先であり、利権の分配先であり、選挙の時の集金、集票組織となっている。

どうして、一つの工事会社にすべてのユーティリティーの工事をさせないのか、とそれを監督する役所や事業会社に聞くと、電気やガスや電話ではそれぞれ工事技術が違うからだと言う。ほかにもいろいろと理由を言う。だが、本当のところは傘下の業者（指名業者）を食べさせるために、ムダを承知でこんなことをしているのだろうと、話を聞いていて思った。

かりに電線やパイプ回りの技術は違ったとしても、穴を掘って埋める土木作業は同じはずである。電気工事のA社が穴を掘った時に、ガス工事のC社、電話工事のE社、水道工事のG社がワアッと一斉にやって来て、バッバッと工事をすればはるかに短時間で終わるし、料金の高い土木工事も一回ですむ。そんなことは先刻承知のはずなのに、役所もユーティリティーの事業会社もぐずぐず言うだけでやろうとしない。これは高速道路公団の料金集金や工事にもあてはまる。工事が必要だからやるのではなく、そこに子会社があるからやるのである。

そのおかげで住民はものすごく迷惑を被っている。生活者優先という視点に立てば、これは何としても改革しなくてはいけない。役所や業者が率先してそれをやろうとしないのなら、法律をつくって一気に変えてしまおう、というのがこの「ユーティリティー法」なのだ。電気事業会社やガス会社などが工事をおこなう場合は、事前に計画の情報を開示し、同一箇所の工事を予定している他の事業会社は、これに歩調を合わせて合同で工事をしなければいけない、という法案である。もちろん緊急の場合はその限りではない。

これが実施されれば、利権による縦の関係がなくなり、そうすると工事会社は電気もやればガスもできます、という体質に変わるだろう。こうして公開入札の方向へだんだん道を開いていけばいいのだ。

(23) 情報公開法

一、公的情報は一般に公開しなければならないものとする(たとえば各市町村所得・固定資産等に対する税収)。

二、閲覧する権利は国会議員や官僚だけでなく広く一般に認める。

三、閲覧手続きは誰でも容易に行えるようにする。

たとえば、地域行政のある部分に疑問を感じた住民が、実情を知ろうと思って役所に出かけると、思いもよらぬ壁にぶつかる。まず、公開されている情報と非公開の区別がバラバラでその根拠も曖昧である。そのため、どれだけの情報がどうすれば手に入るのか、なかなかわからない。なぜ必要なのか、何に使うのか、しつこく聞かれる。さらに閲覧するまでの手続きが面倒だったりして手間がかかる。

本来、公的活動というのは、国民や住民の監視機能が働くことにより、健全な運営が期待できるので、公的情報は原則的にすべて公開すべきであって、公開できない場合はその根拠を明らかにする必要がある。気まぐれに、これは見せてもいい、これはダメと、やってもらっては困るのだ。そして、閲覧は誰にでも簡単にできるようにしなければいけない。「情報公開法」はこれを徹底させると同時に、インサイダー(政界・官界・財界)のみに情報が提供されがちな不公平な現状を改善することを目的としている。たとえば区画指定(第二種住専など)の変更には大きな利権がからむ。その情報はたとえ検討中の中間的なものであっても、今の株式会社の(少しでも株価に影響を与えそうな情報は開示しなくてはならない、とする)情報公開義務と同じように公開すべきである。そうすれば一部業者、議員などが情報で甘い汁を吸うこともなくなるし、共和汚職のようなわびしい事件もなくなるだろう。

(24) パブリックサービス法

一、公的機関の業務に対し定量的な基準・目標を設定し、遵守させる。たとえば自然渋滞が○○キロ以上となる道路、騒音レベル○○フォン以上の場所、待ち時間○○分以上の病院などは即時解決手段を検討する。
二、業績目標を公示できない公的機関は廃止する。

病院、図書館、児童館、職業安定所など、公的機関というものは、すべてパブリックサービスを目的としている。国家事業を担当する特殊企業の公社、公団も同様である。

ところが、不思議なことに、こうした機関には明確な努力目標というものがない。たとえば、道路公団ならば、新しい道路を造るだけではなく、箱崎区間の自然渋滞を五年後までに二○○メートルに軽減するとか、首都高速三号線の世田谷区間の騒音を六五フォン以下にする……など、つまり具体的でわかりやすい目標がないのだ。病院ならば一年以内に外来の待ち時間を一○分以下にする。できなければ院長が責任をとるくらいのことは、公共サービスを使命とする機関である以上、やって当たり前だろう。

これがもし一般企業だったら、ユーザーからの突き上げや、株主からの圧力がかかる。

では、公的機関のサービスを改善させるにはどうするか。公的機関の監視役が国民なので、まず、それぞれの機関の業績目標を示してもらい、その達成に対して国民や住民が目を光らせるようにすればいいのだ。公的機関の長は選挙で信任投票することもこの中に含まれる。また、業績目標を明示できない機関は廃止にする。すでに機能は陳腐化しているのに既得権だけで生きているような特殊法人もあるので、公的目標が発表できないような法人は税金の無駄遣いをさせないためにも一掃してしまうことが必要だ。

(25) 公共工事時限法(ごね得防止法・等価交換法、土地集約的利用促進法関連法案)

一、すべての公共工事に終了期限を定める。

二、その公共工事の期待成果を客観的な尺度で明記し、最短の期間に達成することを義務づける。

三、こうして工事の長期化による直接、および間接(機会)費用の増大を防ぐ。

現在の公共工事は、予算と支出形態が決まるとスタートさせてしまう。この道路はいつまでに完成させますとか、○○月までに工事が終わりますということが、きわめて不明瞭な形のまま進められている。成田空港や環状八号線はその典型だ。工事が遅れても誰も責任をとらないので、「とりあえず工事をはじめて既成事実をつくりましょう」みたいなことが頻繁に起きてしまう。

だから、足場だけできて、そのままになっているような事業がたくさんある。

工事というものは、予算面から見ても、あるいは環境に及ぼす影響を考えても、はじめたらできるだけ短時間で終わらせなくてはいけない。大切な税金を有効に使うためにも、主催者の都合や見通しの甘さで、工事が延びることを防ぐ必要がある。

そのためには、入札の段階から工期を明らかにしておくことが大切で、遅れたらペナルティーを科すべきだ。「公共工事時限法」は、公共工事の期待成果を明確にさせると同時に、工事の評価裁定をきちんとおこなえるようにするための法案である。

(26) アイデア公募法

パブリックサービス法で目標を掲げたら、目標達成のためのアイデアについては一般から公募し、採用されたアイデアの提案者には総工事費の〇・一%を支給することができるものとする。

官僚および役人の悪口を言うわけではないが、既成の枠組みにこだわった仕事ばかりしていると、自由な発想ができにくくなる。そのため、公共機関がある目標を発表しても、生活を改善するための画期的なアイデアが出てこない。特にいかに安く問題を解決するか、という視点が抜けている。

それならば、一般にアイデアを求めたらどうか、と私は思う。採用されたアイデアの提供者には事業予算の〇・一%を支払うなど、ちゃんと見返りがあるようにして公募すればいいのだ。たとえば大阪や東京の首都高速道路の渋滞箇所は決まっている。設計が悪いのだ。三宅坂の渋滞解消について公募し、最も安くて良いものが公正な審査で採用されたら、総工費五〇〇億円から五〇〇〇万円を当人に支払うというものである。〇・一%というのは、実はゼネコン疑惑などで問題となっている公共工事の（知る人ぞ知る）ワイロの一〇分の一なのだ。だからワイロなどに持っていく金があるなら、良いアイデアを持った一般人に支払え、という意味も込められている。公団、県庁や市役所が年に数回、行政サービスのアイデアを募集するようになれば、行政に対して広い関心が寄せられるばかりでなく、生活の中から出てきた知恵が役所のサービスに活かされることになる。

(27) 出入国管理法（コモンデータベース法、ICカード法、技術利用促進法関連法案）

一、出入国管理の作業を、コンピュータ化とICカードの利用により大幅に簡素化し、その精度を向上させる。
二、ICカードは日本人全員と日本に滞在中のすべての外国人に与える。
三、出入国の際にコンピュータにICカードを通すだけで、その情報が記録されるようにする。

四、近隣諸国でも同じＩＣカードの利用を促す。

ＩＣカードについては17項においてくわしく述べた。ここではＩＣカード（スマートカード）による出入国手続きの簡素化にしぼって、少し話をしてみたい。

外国によく行く人なら経験があるだろうが、成田の出国カウンターにすごい行列ができていて飛行機に乗り遅れそうになることがある。ゴールデンウイークや夏休み、正月前などはとくにひどい。帰国の時も到着便が重なると大渋滞になる。外国人用の入国カウンターが気の毒なほど混んでいることもある。せっかく成田には第二ターミナルができたのに、待ち時間は昔より長くなった。

だが、こんな不便さは、先端技術をちょっと導入すれば解決してしまうのだ。荷物チェックにしても同様のカードを使えばさらに簡素化される。パスポートをＩＣカードにすれば、駅の自動改札を通るように、スーッと実に簡単に処理できる。出入国カードも書かなくてすむようになる。本人かどうかの確認が不安だと言うのなら、本人しか知らない暗証番号かパスワードを決めておけばいい。

欧米や近隣諸国に働きかけて、共通のシステムを採用するようにすれば、さらに能率的だ。過去に麻薬を持ち込んで検挙された人や、国外退去になった人が通るとピーッと鳴って、さらに入念なチェックができる。もちろん、偽造も難しくなる。

フランスではこのＩＣカードが、いま年間一億枚以上使われるようになっている。個人情報を十分に記憶させられるＩＣカードは、日本でも、特に行政サービスの向上のための切り札として検討されるべきだ。

(28) 生活者優先道路行政法

一、安全上の問題がない限り、優先道路や環状交差路等を使用し、車の流れを止めないようにする。

二、車線のペンキの塗り直しや道路舗装の実施も、一定サービスレベル以下の場合以外は行ってはならないこととする。

三、工事による渋滞が五キロ以上になった時点で、その原因となっている工事を中断する。
また、工事は統計的に最も通行量の少ない日、曜日、時間に行うこととする。

混むことが予想される時間帯の、しかも幹線道路で工事をやっていることがある。当然、長い渋滞ができてドライバーはイライラする。それだけガソリンを多く使用し、付近に排ガスをまき散らすことにもなる。生活者にとって非常に迷惑な工事を自治体や公団がやらせているのだから、話にならない。行政の予算消化のためとしか思えない工事をさせている人は、パブリック・サーバント（公僕）という自分の仕事をどう思っているのか、と聞きたくなってしまう。
また運転していて迷惑なのは、理由のない標識、規制である。たとえば信号。あまりにも無造作に車を止めすぎる。夜など横からまったく交通量がなくても、いちいち赤信号で止める。また右折禁止とかUターン禁止なども理不尽なものが多い。またこの一〇年間で三回もルールを変えた交差点もある。一時停止後注意して合流させるようにするだけで間に合うところも、いちいち信号をつけて流れを止めている。

こういった現状を改善して、ドライバーを優先した道路行政が実施されるようにしようという法案が「生活者優先道路行政法」である。

(29) 車検前整備廃止法

車検前点検整備を廃止し、点検をしたうえで、問題箇所があればそこを指摘して修理させる方法に変更する。

消費者が車検制度廃止を訴えてから、すでに久しい。その間、新車購入後の最初の車検が二年後から三年後に延長されるという改善があったが、それでもなお車検時に過剰な修理がおこなわれて、余計な出費を強いられているという意見が根強い。

交通の安全上、どうしても車検制度が必要だと言うのなら、せめてシステムをもっとお金のかからない方法に変えるべきだ。現行では、まず整備をして、それから検査を受けるシステムになっているが、これを逆にして、検査によって悪いと指摘されたところだけを修理するようにすれば、過剰な修理がなくなる。これだけで平均五万円の節約になるので、すぐにでも実施するべきだ。またJAF（日本自動車連盟）など本来ドライバーの立場に立つべき団体が、この一〇年くらいの間に牙《きば》を抜かれたようになってしまった。もしこの法律を通せないのなら第二のJAFを作るか、なぜJAFの態度が変わってきたのか情報開示すべきである。

(30) 資格制度の国際認定法

一、医師、弁護士、会計士などの資格を国際的に統一認定する。
二、薬品、化粧品などの商品を国際的に統一認定する。

ボーダレス化が進んで国と国の垣根がどんどん低くなってくると、「資格」というものの取り扱いが難しくなってくる。

たとえば、医師免許という国家資格。日本で医師の資格を取ったからといって、米国で開業することはできない。もちろん、その反対もしかりである。だが、言葉の違いこそあれ、日本の医師もアメリカの医師も、知識や技術がそれほど違うとは思えない。ヨーロッパではEC加盟の一二ヵ国が、最近、医師免許を共通にしてしまった。イギリスの国家試験に受かれば、フランスでもイタリアでも医師としての活動ができるようになったのだ。こうした問題を日本はどうするつもりなのか。

私は、医師の資格の問題については、日本人の医師が自由に海外に出て行って、日本人への医療のみおこなえる制度をまずつくって、それから段階的に先進主要国と一緒に国家資格を共通にしていけばいいと思う。毎年、一〇〇〇万人以上の日本人が世界を旅行しているのだから、海外での日本人医師に対するニーズはすでにある。

それから弁護士。こちらは仕事の内容は同じでも、国が違えば法律が全然違う。日本の法律を知らないアメリカの弁護士が日本で開業しようとしても、事実上できない。しかし、日本とアメリカのように相互依存が非常に高い関係になってくると、「アメリカの弁護士が、アメリカの法律に基づく弁護士活動を、日本でやりたい」というニーズが出てくる。事実、日本に事務所をかまえ、アメリカに進出している日本企業の顧問弁護士になって、米国企業との訴訟問題などを手がけたいという人が増えている。日米関係に波紋を起こしたシャッピロ氏のケースなどが記憶に新しい。一方では、日本の企業や弁護士事務所のなかに、アメリカ人の弁護士を置きたいというニーズが高まっている。だが、現状では日本の弁護士の資格がないと、日本では弁護士の活動ができない。一級建築士や公認会計士の業界でも、同じような問題が起きている。

こういうことは、もっと緩やかに対処して、一定の条件を付けて開業を認めるなどのルールの改善をしたほうがいい。ノレッジワーカー（知的労働者）と言われる人たちが、国をまたいで仕事をすることは、双方にとって刺激になるし、能力やマインドの向上にもなるはずだ。お互いに学ぶことが大きいはずである。

もちろん、こうした問題は日本だけでは解決できないが、将来は国際的に統一するという方向のもとに、段階的な国際条約を結んでいくための準備を今すぐにでもはじめるべきだ。

それから、化粧品や医薬品の分野でも、主要商品の認可に国際規格のシステムを取り入れたほうがいい。現状では、アメリカですごく人気のある化粧品や薬品を日本で売ろうと思っても、日本の臨床試験を新たにおこなって、それをパスしないと輸入することができない。したがって、どうしてもコスト高になる。欧米の信頼のできるメーカーがテストを重ね、すでに各国で何年も使用されている医薬品でも、輸入するためには臨床試験という厳しいハードルがある。そのため割高でも日本のものを使わなくてはならない。

生活者は円高になっても、そのメリットを享受することができない。少なくとも主要先進国が定める規定をパスしたものについては、ノーチェックなり、審査を緩めたりすべきではないか。化粧品などは日本人の肌が敏感で、外国のものをそのまま認めるわけにはいかない、といって多くの非関税障壁を設けているが、日本の女性が外国に出かけて行ったときに、シャネルやレブロンを大量に買いあさっているのを見ると、実体のない単なる業界保護に過ぎないことが分かる。だから、国はお互いの認定機関そのものを審査し、十分に信頼できる手法でやっていることが確認されたら、本国で承認されたものは自動的に日本でも承認する（逆も真）ようにすべきだ。

また、国内の臨床試験制度は製薬会社と医師の癒着の温床となっているので、ついでにそのやり方も見直したほうがいい。

(31) 国家公務員試験廃止法

一、各省庁がそれぞれの必要に応じた採用、登用を行うものとする。
二、現在のような国家公務員試験を廃止する。ただし、最低限必要な知識レベルを測るための試験は行ってもよい。
三、各省庁がそれぞれのニーズに応じて、自由な採用を行う。外国人の採用も可能とする。
四、各省庁は必要な人材の基準を明確に提示する。

国家公務員になるためには、人事院が毎年実施する国家公務員試験にパスしなければならない。一九八五年に体系が変わり、従来の上級甲種がI種に、上級乙種がII種となったが、I種に合格して中央本省に採用されたものをキャリア組、それ以外の人をノン・キャリア組と区別していることに変わりはない。大蔵省のI種で入省した人は三年ほどで地方の税務署長になるなど、超エリートコースを歩く。II種の人が本省の課長以上に出世することは、きわめて例外なのが実情だ。

本省はこうしたやり方で半世紀近く官僚をつくり続けてきたが、このへんで人材登用の方法を改めたらどうか。このまま金太郎飴のような同質の人間を増やしていっても、すぐれた公的サービスを実現できる組織になるとは思えない。世界中から「日本人はみんな同じ顔(表情)をしている」とばかにされるだけだ。

そもそも国家公務員試験のあり方がおかしい。本省へ入ろうというのに酸性雨を知らない、PKOを知らない、ガットを知らないでは困るので、必要条件を満たしているかどうか判断する共通一次試験だというのならわかるが、「あいつはI種に合格したから、すべてにすぐれている」というように十分条件になってしまっていて、能力に応じた公平な昇進を妨げてしまっている。人間がすぐれた能力を発揮する時期というのは、人によってさまざまで、二〇代でそうなる人もいれば、四〇代を過ぎて輝きはじめる人もいる。それを二二〜三歳の時にバサッとふるいにかけて、一生の可能性を決めてしまうのだから、乱暴なやり方だと言わざるをえない。

また試験をするということは知識の有無を見ているので、問題解決能力の有無ではない。人間の能力、とくにこれからの公僕に要求される能力が何かを考えたとき、知識だけでテストするのではあまりにひ弱な人が採用されてしまう。

たとえば、今の制度のままだと、コンピュータのソフトづくりに非常に才能のある人などは入って来ない。コンピュータゲームのベストセラーを設計するような頭脳は、永遠に本省には入れないのだ。したがって、役所のシステムを大幅に改革してコモンデータベースを導入すると言っても、中心になってそれをリードできる人がいない。その点民間企業には、二〇人に一人くらい毛色の変わった人がいるので、いろいろな変化に対応できる。

それでは、どうすればいいのかと言うと、まず国家公務員試験の形態を変える。次に各省庁はどういう人材を必要としているのか、求めている能力と条件をくわしくまとめて公開する。そうすれば広く門戸を開くことになるし、本当に必要とする能力を持った人を中途採用するという道も開ける。給与もせめて一流企業並みとし、条件が悪くて公務員になりたくないということもなくす。また、公開した必要条件を満たしてさえいれば、必ずしも日本人である必要はないので、外国人の登用も当然可能になる。時代の過渡期にいい仕事をしようと思ったら、あらゆる能力と、タイプの違ういろいろなパーソナリティーを採用することが絶対に必要なのだ。

(32) 印鑑廃止法

一、印鑑証明を廃止し、ICカード、声紋、指紋、サイン等によって本人であることを証明する。

二、その際に、専業の印鑑業経営者を優先的に公証人とする。

印鑑では捺印した人が本人かどうか確認することができず、悪意ある他人に使用されることを防ぎにくい。現に一人暮らしの老人が、世話をするふりをして家に入り込んだ女性に、無断で実印を使われ、生活の糧だったアパートを売却されてしまった例もある。

したがって、役所は一日も早く先端技術やシステムを導入して、印鑑証明に代わる「同意」の照合法を採用すべきだ。個人情報を集積したICカードと声紋、あるいは指紋、サインなどの方法があると思う。これによって手続きも簡素化され、安全性も高まる。その際、印鑑専門業者が路頭に迷わぬよう優先的に新システム関連の仕事に就けるような配慮をすべきだ。

(33) 戸籍廃止法(コモンデータベース法関連法案)

一、現在各地で保管されている戸籍の情報を、一ヵ所のコモンデータベースで集約的に管理する。

二、コモンデータベースの中にある個人についての情報は、その人が保有するICカードに記録し、全国どこにいてもその情報が引き出せるようにする。

三、自らを証明する際は自分のICカードを使用することにより、戸籍謄本を廃止する。

今の日本では、自分が日本人であることを証明するものは唯一「戸籍」である。したがって、公に「私はこういう人間です」と明らかにする場合は、戸籍の原本の写し、すなわち「戸籍謄本」が用いられる。

だが、謄本は出生地の役所でしか取れず、郵送で取り寄せることもできるが、本人の負担が大きい。さらに、本人になりすませば他人でも入手できるため、それを所持していることが本人の証《あかし》とはならない。そのため、万一の時、たとえば財布を失くしてホテルの支払いができなくなった時などに、役に立つのは自動車免許証かパスポートである。

近い将来、私が提案しているコモンデータベース(第五章参照)が導入され、国民の情報がコンピュータによって一元化されるようになれば、ICカードで自分を証明することができるので、現行の「戸籍」は不要となる。血液検査の結果など、非常にプライベートな情報も守れるようにもなる。どんな場所にいても、声紋やパスワードを使って、電話で本人かどうかの確認ができるようになるので、格段に便利になる。

現在、戸籍謄本や抄本、住民票などの発行が、役所の窓口業務の大きな比率を占め、コストを押し上げている。コモンデータベース方式になり戸籍という概念がなくなれば行政コストが大幅に削減される。

(34)　世界税法（税基本法関連法案）

一、道州が集める法人税とコミュニティーが集める所得税のうち、その二〇分の一（五％）を世界税とする。
二、世界税は、日本の地球市民としての負担であり、平和・環境維持、そして途上国の開発援助のために使う。
三、「ひもつき」のＯＤＡのように、日本企業の利益のためにこの税収入を使ってはいけない。

現在、日本は世界一のＯＤＡ（政府開発援助）大国だが、その規模や使い途は、政府が実に気まぐれに決めている。これは、世界への大国としての役割を果たすために年間どのくらいの予算をつかうのか、という確固たるルールをつくらないでやってきたからだ。しかも、橋やダムや道路など、開発途上国のインフラ整備のために投入されたはずのODA資金の多くは、日本の商社やゼネコンが工事を請け負うことによって日本企業に還流してしまう。外務省が「海外建設省」へと変身してしまったのである。このような〝ひもつき〟援助をやっていたのでは、相手国からあまり喜ばれない。相手国が欲しいものは、橋やダムや道路だけでなく、そういったものが造れる自国の産業・技術の育成なのだ。これによって地球環境問題、貧困の問題、途上国の人づくり、国づくり、などについて世界に対する責任をはっきりと日本の住人一人ひとりが負うことになる。ODAなどの使途についても国民生活者から一定の条件がつく。

したがって、政府がいい加減な約束を海外でしてしまう前に、しっかりとルールを定めておく必要があり、それがこの「世界税法」なのである。

(35) 法人税徴収機構法

一、法人税は各企業の本社所在地にて道州ごとに徴収するものとし、企業の各道州における事業規模に応じて再分配を行うための道州の共同経営機構として法人税徴収機構を設置する。

二、同機構は各道州が徴収した法人税を一括プールしたうえで、各企業の事業規模に応じて道州に再分配を行う。

将来の地方自治の基盤として考えている〝道〟は、自主財政によって運営されることが望ましく、それは絶対に実現しなければならない課題である。ただしその場合、産業を多く抱える大都市圏を含む〝道〟と、地方の〝道〟とでは、徴税の方法に工夫を加えないと、財源の格差が著しくなる。

そこで、企業からの税収は、本社から一括して徴収した後に、各道州における事業規模において、各道州に再分配しようというのがこの法案の骨子である。

本社が東京にある企業の工場が北海道と四国にあり、支社が大阪にあったら、それぞれの拠点が受け持っている事業比率を割り出して、北海道、首都圏道、関西道、四国道で分配する。くわしくは第五章の「道州設置法」で述べているので参照してほしい。

(36) 不労所得課税法

一、不労所得（キャピタルゲイン、相続、金利など）への課税に対する思想を一本化する。
二、不労所得への課税をできる限り低く、一律にする。
三、懲罰的な課税は、犯罪、不正の防止目的に限定して行う。

現在の日本の行政システムをいろいろな角度から点検してみると、実に多くのところで、思想やポリシーといったものが欠落していることに気づく。驚くほど恣意的で、政治家がその場しのぎにやったとしか思えないものも数知れない。

「課税」を考えてみても、課税のやり方に根拠というか思想が見えない。たとえば、企業が銀行に払っている金利はコストであり、利益と相殺して課税額を下げることができるが、個人はいくら住宅ローンの金利を払っても、給料から天引きされる税金を減らしてはもらえない。では、なぜ企業と個人ではコストに対する扱いが違うのか、その点はまことに不明確である。たとえば、住宅ローンの金利に対して課税控除すれば、当然住宅建設にはずみがつく。工場建設なら金利などはもちろん経費として計上できる。個人といっても商店ならこれが青色申告で可能である。

こうした例はいくらでもあって、土地を五年以内に売却して得たキャピタルゲインは五二％も課税されるが、株の売買でいくら儲けても、売却額の一％を源泉分離課税として取られるだけだ。ところが銀行預金の金利で分離課税を選べば国税一五％、地方税五％である。土地も株も同じ市場原理で価格が動くので、どちらで利益が出ても差し支えないはずなのだが、土地で売買益を稼ぐとまるで罪人から富を没収するように徴税される。これは政治家がマスコミに突き上げられて、目先のことだけで恣意的に決めてしまった〝懲罰税法〟としか言いようがない。「土地で儲けるのは悪人だ」と言わんばかりだ。それで土地の流動性が失われて、本当に土地が欲しい人を困らせている。

頭のいい人は土地を所有するための会社をつくって、会社に土地をどんどん買わせ、自分は会社の株を持つ。会社の資産が増えれば評価が高くなり、上場して株を公開すると高値を呼んで、株の利益がガッポリ入る。しかも税金はほとんどかからない。つまり、会社が持っている土地を売れば税金がかかるが、会社ごと売ってしまえば税金がかからない。この仕組みを考えて四〇〇億円儲けたのが、あの元リクルートの江副さんで、儲けすぎて悪いと思って二〇〇億円を政界にバラまいたから、あんなことになってしまったのだ。

話がそれたが、つまり私はこういうような状況を見ていると、不労所得に関してはこれまでの税法を一回全部チャラにし、思想を一本化して同率の、しかもできるだけ低い税率（たとえば一〇%）にすればいいと思う。こうすれば、資産形成の歪みが是正されるし、土地の流動性を回復することができる。国民の抱く不平等感も少しは薄らいでくるはずだ。

(37) 相続税廃止法

一、家族を最重視する社会を構築するため、家族の離散を招く相続税を廃止する。
二、資産については相続税で一度に課税せずに、評価額の一%の固定資産税を課す。

バブルで土地の路線価が上がったために、地価の高い千代田区や中央区の商店主などは、代々続いた店を手放さざるをえなくなっている。また、父親の死によって生じた相続税が払えず、家を売って家族が離散するケースも急増している。

私は家族を不幸にする相続税は一刻も早く廃止すべきだと思っている。その代わりに、住民税を含めた固定資産税率を路線価の一%くらいに引き上げる。なぜなら、こうした税は資産所有の対価として考えるべきもので、相続によって所有者が親から子へと移っても、徴税する側にとっては一向に影響はない。残された資産を、家族や子供が何の不安もなく相続できない社会は、かなりおかしい。前の所有者と同じ額の税金をちゃんと払ってくれれば、それでいいのだ。つまり、資産の相続は、税金を払う義務も一緒に相続するということなのだ。

固定資産税や地価税を時価の一%にし、それを地方自治の財源にしようという提案だが、これでは今より高くなるという反対も出るだろう。しかし、年俸の五倍の家（平均的日本人四人家族で三五〇〇万円）の人にとっては年間三五万円である。これに所得税（一律一〇%）七〇万円を加えると税の総額は一〇五万円となる。手元に五九五万円残るので、今よりはるかに楽になる。また親から良い場所にある古い家を継いだら時価一億円だったとする。このような人は固定資産税が一〇〇万円となり、たしかにきついであろうが、時価評価の算定方法を過去一〇年間の平均にしたりして、土地急騰の衝撃を緩和する措置をとることによって十分支払い可能な範囲となる。それには所得税を一律一〇%にするという提案を組み合わせなくてはならない。ちなみに世界的にみれば固定資産税一%は低い方である。ニューヨークなどでは三〜四%のところも出てきており、賃貸マンションなどは成り立たなくなっている。

(38) 年収資産等価法

フローである年収だけでなく、ストックである資産をも一定比率で等価換算した税制及び福祉体系を構築する。

資産をたくさん持っていて遊んでいるAさんと、年収はたくさんあるが資産を持たないBさんでは、果たして経済的にどちらが豊かなのだろうか。

税制や福祉制度の基礎となる個人データが、年収に限られている現行の制度では、Bさんのほうがはるかに多額の税金を払う。健康保険や国民年金の支払い額もBさんのほうが圧倒的に高い。さらにAさんは低所得者として、自治体からいろいろな保護を受けることもできる。

こういった現実は不公平ではないか。資産は収入の源泉であるという評価をして、Aさんのような人の年収評価額がもっと上がるように、資産についての税法を是正すべきなのだ。

(39) 仕送り控除法

一、親や子供への仕送りなどの費用を必要経費（控除対象）とすることを認める。

二、ただし、公的機関である控除センター（仮称）を設置し、実際に仕送りが行われたことが証明されたものに限ることとする。

企業活動や個人の事業活動には「経費」が認められて、そのぶんの課税が控除されるが、生活のなかの「経費」は医療費控除があるくらいで、ほとんど認められていない。では、私たちの生活のなかには「経費」がないのだろうか。

サラリーマンが背広や靴を買うお金も経費だ、という声もあるが、私が「これは明らかに必要経費である」と考えるのは、親や子供への生活費および学費の〝仕送り〟だと思う。たとえば、地方に住む月収五〇万円の人が、月々、妻の母親に五万円、東京で勉強している子供に一〇万円の仕送りをしているとする。現行では収入全体に課税されるので五〇万円の月収が手取りで四〇万円くらいになり、そこから一五万円を仕送りすることになるので家計の負担が重い。

そこで、仕送り額を「経費」にできる法律をつくったらどうなるか。五〇万円から仕送りの一五万円を引いた三五万円が課税対象となるので、税金がうんと安くなる。つまり、家計の負担が軽減されるわけだ。

それから、女性が社会へもっと進出して、重要なポストにどんどん就くようになると、いわゆる家事の負担を少なくするために、ベビーシッターや家政婦を頼むようになる。私は、これも立派な「経費」であると思う。したがって、こうした支出は課税控除されるべきだ。

ただし、ここで問題になるのは「経費」を承認するための方法で、仕送りの時の銀行振込のレシートや、ベビーシッターの領収書などを、税務署に出せばいいというものではない。そこで私は「生活経費公社」のような公的機関をつくって、ここで処理するようにすればいいと思う。仕送りもいきなり銀行から送るのではなく、この公社をいったん通す。ベビーシッターや家政婦に支払うお金も同じようにここを経由させる。このように支払われたものだけを経費として認め、課税控除すればスムーズにいくのではないか。公社の運営費用は、取り扱い額のたとえば〇・五%を手数料として徴収して、それを充てるようにすればいい。

(40) 国内優先禁止法

一、国が国内の特定産業を保護するために、輸入を規制することを禁じる。
二、国の役割として、生活者が世界で最も優れたものを安く安定的に入手できるようにする。
三、この結果、生活の質を上げてそのコストを下げる。

牛肉の輸入規制を緩和したら、スーパーで売られている牛肉の価格がみるみる安くなって驚いた。こうした例を見るまでもなく、日本はまだまだ輸入規制や非関税障壁によって、世界のすぐれたものを廉価で手に入れる道を閉ざしている。規制により保護されている国内の特定産業や特定のサービス業は、国際的に価格競争力がないので、国民が「見えない税金」を払うという形でそれを保護している。

だが、国民はそれを望んでいないし、こうした市場の閉鎖性は外交上の問題にもなっている。

日本は世界屈指の経済大国なのだから、途上国のような規制や障壁は撤廃すべきなのだ。そもそも先進国における政府の経済的役割というのは、国民が世界でもっともすぐれたものを、もっとも安く手に入れられるように助けることが目標ではないのか。

「国内優先禁止法」はこうした姿勢を明示すると同時に、国民の生活コストを下げ、公平・透明な市場を開いて、世界の自由貿易体制の維持に貢献しようというものだ。

(41) 資材調達公社設立法

一、日本にとって真に不可欠の資材・資源を調達することは国レベルで実施するものとする。

二、木材、食糧の一部、石油、非鉄金属の一部等の調達を道州の共同経営体である調達公社が実施する。

三、調達先は外交政策の柱となる総合安全保障法の枠内で、総合安全が相互に確認されている国を中心に行う。

日本の政府は産業界保護のためいつも非常時に備えて、という理屈を持ち出して、平時に国民生活者に不便または高価なものを押しつけてきた。

この法案は、道州法が実施され、各道州が自由に経済活動をはじめた時に、国家全体の維持に必要な鉱物資源や食糧、エネルギー資源の調達だけは道州の自主判断に任せないで国家として一定レベルの安全保障を確保しようというものである。たとえば木材の輸入は自由化するのだが、その結果、いざとなった時の調達先の確保、国内備蓄をこの法律で行うことにより、生活者は平時には安心して安くて良いものを求めることができる。また道州法が施行される前でも、この考え方を実行して市場開放を進めることが大切である。その場合でも国民の生活に欠かせない重要物資の確保は、国政レベルで外交政策と一緒に進められるべきである。

(42) 円高差益還元法

輸入品の市場価格が為替変動に伴い、どう変化しているのかを定期的に検査をし、情報を公開し、円高時の差益が生活者に還元される仕組みを構築する。

アメリカのスーパーで一〇ドルで売られている品物は、本来なら日本で一〇五〇円で売られてもおかしくない。物流コストを加えてもそれほど高くはならないはずだ。ところが、日本の市場に出ると一気に三〇〇〇円になってしまう。高くなった一九五〇円分がどこに行ってしまったのかわからない。これを透明にして関税にいくら、業者のマージンがいくら、小売店がいくらかかったのか、見えるようにしよう、というのがこの法案である。

こうしておけば、たとえば関税が高過ぎるのなら文句が出るだろうし、業者が不当なマージンを得ていれば追及されるだろう。円高が進んでもそれが還元されないような時も、どこに問題があるのか、一目でわかるというわけだ。

なお消費税導入の時に代案として出てきた付加価値税で調票を順送りするシステムを導入すれば価格形成の透明性を高めることができる。また円高差益を誰が不当に取り込んでいるかも一目瞭然となるし、その人には三％の税金がかかる。消費税の導入で自民党は姑息な政治的配慮から例外をたくさん作って、逆に透明性を失ってしまったが、この点の見直しと共に考察する価値があろう。

(43) 過剰保護禁止法

一、国が特定産業を保護することを禁じる。

二、ただし、国家の存立のため戦略的に不可欠と思われる産業については、一定の期間内(論理的裏付けのもとに明確に設定する)において保護を許可する。

現在の産業保護の政策を見ていると、不平等だとしか思えない、あるいは保護する根拠が見出せないものが数多くある。

たとえば養蚕業。この産業は明治時代に保護を謳った法律がいまだに存在しているため、政府が手厚く保護している。サトウキビも沖縄返還の時に保護を約束したので、競争力がなくなった今もそれが続いている。

保護するのなら、今の日本にとって、その産業がどんな意味を持っているか、残そうとする根拠は何なのか、はっきりさせなくてはいけない。養鶏業は保護しないのに養蚕業を保護する理由を、国民の前に明らかにすべきなのだ。群馬のコンニャクもそうだが、こうした産業はこの二〇年間、生産性がぜんぜん上がっていない。世界の競争力のあるところとの格差はますます開くばかりだ。

逆の見方をすると、こうした産業は保護されているので自助努力をしていない。生き残りを賭けて必死になって努力していない。いつもダメだと言って、棚ぼた式の援助を待っているだけだ。私は保護がいけないと言っているのではない。保護をするのなら、根拠のあるやり方をすべきだと言っているのだ。たとえば、明治の富国強兵の花形だった養蚕を残したいのなら、競争力が全然ないので産業という形での保護はやめて、特定の養蚕農家や養蚕技術に対して、国の伝統農芸を伝承するという立場から保護する。それならわかる。

サラリーマンが競争に負けて会社を辞めても、また、クリーニング店が他店との競争に敗れて店を閉めたとしても、国家は決して保護してくれない。国家のお金の使い方は、平等でなければいけないのだ。

(44) 参入自由化法

一、市場の参入条件は、許認可制とせず、安全性などの客観的に判断できるものを基準とする。

二、ただし、「真似」の自由化であってはならず、特に金融業界などでは、知的所有権を保護した上で自由化を行う。

銀行・証券の併営など金融の緩和が進んでいる。だが、私に言わせれば、こんなものはまだまだ「みせかけの自由化」でしかない。経営能力の高い欧米の銀行や証券会社が、日本の金融市場に自由に参入して来ることはできない。自由化しましたよ、と言っても参入できる会社は決まっているから、大蔵省の指導ということでカルテルのようなものができて、本気になって競争をしない。金利が自由化しても、群を抜いて他に有利な商品を出した都市銀行など一つもない。

私はある金融商品の特許を一〇年前に申請したが、今年の八月に特許成立直前になって金融機関が、あまりにも包括的な特許で困る、と大蔵省に泣きついた。そこで大蔵省の圧力でこの特許は不成立になってしまった。クライアントと共同出願だったので、当然クライアントの意思決定に従ったが、日本の金融業界には新商品を特許で守る、という姿勢はまったくない。大蔵省に許認可されなくては意味がないからである。自分たちが新しいものをつくろう、という意欲が湧いてこないのだ。競争相手に出し抜かれることもなく、横ならび一線である。国民生活者のことを考えれば、より魅力のある商品を出さなくてはならない。そこでユニークなものを考えた人の知的所有権を保護するのは当たり前である。工業界では当たり前のことでも金融や運輸などではそれが当たり前となっていない。一社だけに認めるわけにはいかない、などと言う。したがって誰も生死をかけた経営努力をしないから世界的な競争に後れ、そういうところをまとめて面倒見るからいつまでも不便で高価、ということになるのである。

航空業界も安全を楯に国内の自由化をしぶっている。したがって、日本の航空会社の経営能力の範囲でしか、生活者はサービスの向上（当然、運賃の値下げも含む）にあずかれない。では、日本の航空会社の経営能力はどうかというと、運輸省の役人の天下りの受け皿になっているので、政府の考えを上回る画期的なサービスが実現するとは思えない。しかも、運輸省は各航空会社に対して「頑張って競争しろ」と言うどころか、経営が苦しくなると運賃の値上げを認めて調整してしまう。

こういうことが続いている限りは、日本の生活者は競争社会の本当のメリットを享受することができない。金融も航空も新規参入の妨げになっている許認可制度をやめてしまって、安全条件など客観的なレベルの審査だけを残して、開放してしまったほうがいいのだ。航空会社にはＩＡＴＡという安全基準も含めた国際協定があるのだから、それを基準にすれば何も問題はない。それよりもアメリカやイギリスの航空会社が国内を飛ぶようになると、おそらく東京―札幌は一万円くらい、東京―大阪は五、六〇〇〇円くらいになってしまうだろう。本来、日本の生活者はこういった価格を手に入れていいはずなのだ。しかし、外国の会社が国内を飛ぶのはいやだ、という人は乗らなければいい。また当然のことだが、日本の会社も相互乗り入れで、アメリカの空を飛べばよいのだ。アメリカには二五%までならすぐ資本を手放す大きな航空会社がいくつかある。日本の会社もアメリカ国内での生き残り合戦を実際に経験した方がいいのだ。そうすれば、そのノウハウが国内でも生きてくる。日本の会社のサービスは最高だと思うが、同じようなサービスはシンガポール航空やキャセイパシフィックなどでも見られる。高くてもサービスを選ぶのか、安くて安心できるところを選ぶのか、選択肢を利用者に与えることが大切なのである。参入の自由化は米英では運送業（トラック）などでも行われたが、結果は銀行や航空業よりももっと利用者にとってメリットがあった。サジ加減一つで許認可するのではなく、誰にもわかる条件で自由化する、という本法の実施を強く望むものである。

(45) 業界協定防止法

一、工業会・業界団体を通じて日本で幅広く行われている業界協定（談合）を禁止する。
二、価格だけでなく、生産能力、マーケットシェア、規格、下請けの選定、業者指定制度など幅広い分野に関する業界協定を禁止する。

どの産業界にも業界団体があって、そこで業界協定を決めているが、どうもこの協定が業界内の競争を制限しているだけでなく、新規参入業者に対する障壁として機能しているようなのだ。もともと業界、工業会などは戦中、戦後の物資の配給組織としてできたという。それだけに歴史もあり、団結も強固なのだが、そのために生活者は時として不当に高いものを買わされたり、不便なものを押しつけられたりすることになる。工業会は研究、親睦以外の目的で運営（特に政治活動）することを禁止する。

また、業界団体は政・官・財という利権のトライアングルの〝財〟の一部にあたり、さまざまな癒着の原因になっている。また工業会などを通じて政治献金をすることが多く、これがまた腐敗の温床となる。そうした現状を一掃して健全な市場機能を取り戻し、生活者の恩恵を取り戻そうというのが、この法案である。もちろん多くの企業は真剣に良いものを安く、という努力をしてきているので、本来業界のカルテル的な申し合わせや、政治献金を好んでいない。しかしこの日本では業界の協調のために独占禁止法スレスレのところでいやいやながらつき合っている。だから、本法に反対する会社は少ないだろうと思われる。

(46) 投資・雇用促進法

一、投資を行い、雇用を自社・他社で創出している会社に対して、これを奨励するために法人税の軽減を行う。

二、この法人税の軽減がなければ収益的に事業を営むことができない企業を増やすことは避ける。あくまでも企業の通常の意思決定の結果として投資が行われ、雇用が創出された場合に、これに特典を与える形にする（つまり、特典は与えるが、それを与えすぎて、結果的にそれなしには運営できない企業を誘致するような各地の地方自治体の失敗は繰り返さない）。

欧米の主要先進諸国は例外なく失業問題に悩まされている。日本もすでにこの傾向が見えはじめているが、これに対する抜本的な政策というものがない。

そこで、積極的な投資をおこない、多く雇用を創出している企業に対して、これを奨励するために法人税の軽減をおこなおうという法案である。投資は経済全体に影響を与えるであろうし、努力して「雇用を生む」という意識の高まりが期待できる。今は資本金などを基準に小さいところの方をむしろ優遇している。成長期の日本ではこうしたやり方がうまくいき、技術をもった多くの中堅企業が輩出した。しかし、雇用問題の深刻化するこれからは、大企業で雇用の多いところを優遇する方が理にかなっている。

(47) 土地自由化法

一、宅地、緑地といった土地の使途指定（ゾーニング）を現状より厳格に運用する。時間軸の制約を設け、その期間内に使途指定に合致しない場合は、立ち退き等も要求する。

二、ゾーニングを決めた上で、その土地の指定使途の範囲内では、使い方を自由にする。
三、こうしてゾーニングの中での土地の有効利用度が上がり、流動性も高まる。

現在でもゾーニングは存在している。しかし、昔からある工場は宅地にでも残れる、などというように、既得権による例外を認めてしまっている。その結果、ゾーニングの中でさまざまな使途の土地利用が行われているため、逆に使い方に制限が多くなり、有効利用度が低くなってしまっている。ゾーニングはもっと厳格にし、その中での使い方はもっと自由にすることで、土地の有効利用度が上がり、流動性も高まってくると思われる。

(48) 国土保全法

一、乱開発による自然破壊を防ぐ。
二、残すべき自然（海岸線、河川、山など）を指定し、これらの地域における工事を大幅に制限する。
三、ある工事を行う際には、その工事が他の地域の残すべき自然に悪影響を与えないことを確認する。
四、従来これらの工事に向けられていた予算を削減し、税金の無駄遣いを減らす。

日本列島は到るところ乱開発で、自然の形態がどんどん失われている。自然破壊の張本人は政府で、年間何十兆円も使って日本の国土を壊している。その代表はダム、それから砂防工事、河川工事、海岸の護岸工事などで、「こういう工事が悪いからやめろ」と言うつもりはないが、どうもそのやり方に間違いがあるようだ。

たとえば、ダム。ある県が一つつくると、それが既得権となって次々に予算がとれる。それでダムがつくれそうな場所はないかと県中をくまなく探し、水資源の開発を大義名分にしてどんどんつくる。その結果、多目的ダムなどという何の役に立つのかわからないようなダムもたくさんできてしまった。

砂防工事も同じで、山崩れの起こりそうなところを徹底的に探して、コンクリートの壁をつくっている。本当に必要だから工事をするのではなく、役所が自分の縄張りを守るために、延々と税金の無駄遣いをしているのだ。税金を使って自然をメチャメチャにしているのだから話にならない。

ダムを過剰につくり、河川にはコンクリートの堤防を「これでもか」と言うくらいつくったために、土砂が流れなくなり、海岸の砂が年々減っている。すると今度は海岸に大量のテトラポッドを並べたり、護岸工事をして、自然の海岸線を壊してしまう。もう自然の海岸は半分しか残っていない。日本列島は工事のための工事で著しい自然破壊が進んでしまったのである。

こういう悪い循環はどこかで断ち切らなければいけない。そのためには思い切った法案を成立させて、法で規制する必要がある。私は、日本の地勢をよく研究して、自然のまま残すところと、手を加えるべきところを、はっきりと区分けすべきだと思う。そして、自然のまま残すと決められた区域は、たとえ山崩れが起こっても「これも自然の営み」だと思って、何もしない。するべきではない。このくらい徹底してやらないと、日本の国土は取り返しのつかないことになってしまうのではないか。

(49) 土地集約的利用促進法(ごね得防止法・等価交換法、公共工事時限法関連法案)

土地の有効利用を可能にする公共のための地上げを促進するため、近隣世帯の三分の二が同意すれば、地上げを公的に認可する。

日本人の〝地上げ〟に対するイメージは悪い。地上げ屋はまるで悪人の代名詞だ。だが、よく考えてみると、地上げという行為は決して反社会的なものではない。それどころか、土地を集約的に有効利用するためには欠かせない行為なのである。では、なぜ地上げが社会悪だと思われるようになったのか。それは地上げの過程においてうさん臭い利権や〝ごね得〟が発生したからである。すぐに売らずにああだこうだと文句を言えば、価格がだんだんつり上がる。立ち退かずに頑張れば頑張るほど得をしたのだ。兜町のある蕎麦屋などは近隣がみんな立ち退いても最後までごねたため、小さな土地がなんと二〇億円になってしまった。こんな人が何人もでれば、当然みんな真似をするし、そうすると最後には暴力団が出て脅しをかける、という具合になったのだ。

つまり、ごねても得をしない法律をつくって、民主的な地上げができるようにすれば、地上げは社会悪でも何でもなくなる。そこで、議会で正式に決められ、近隣世帯（地上げ対象世帯）の三分の二以上が賛成した場合は、自治体が公的に地上げを認可して支援するという法案がこの「土地集約的利用促進法」である。

東京のような大都市では、大規模な地上げをして、たとえばアークヒルズにおける森ビルのやった開発のようなことをやれば、職住接近が促進される。公園や劇場やホテルができるなど、アメニティーも向上する。大規模な地上げをして、スケールの大きい開発をするほど、こうした効果も高くなる。商業ビルや住宅がたくさん造られるので、商店は全部残ることができるし、もともとの住民もそこに住める。家一軒や二軒分をビルに変えてもペンシルビル（鉛筆のように細長いビル）が乱立するばかりで土地は少しも有効に利用されない。地上げ屋が来ると言うと「先祖代々の店や土地が……」と言って泣くが、本来はまったく違うものなのだ。

〝地上げ〟のイメージが悪いのなら、英語のアマルガメーション（合併）や米語のアセンブリー（集積）と呼ぶようにしたらどうだろうか。

(50) ごね得防止（等価交換）法（公共工事時限法、土地集約的利用促進法関連法案）

一、地上げによる立ち退きの際、土地の売却は理論的にリーズナブルな（納得できる）価格設定によって行われるか、ないしは等価と判断された他の土地と交換されるようにする。

二、公的認可のおりた地上げに対して、立ち退きを拒否した者には、その間の機会費用損失分（金利分）を負担させる。

この法案は、前項の「土地集約的利用促進法」をスムーズに実施するためのものである。法案の骨子は、地上げのための等価計算をおこなう信頼できる第三者機関をつくって、理論的にリーズナブルな価格をはじき出し、その金額で買収するか、あるいは等価と判断された他の土地と交換するか、のどちらかに交渉の結果を限定して（つまり、ごねても得をしないようにして）しまおうというものだ。

要するに、交渉をいたずらに引き延ばしたり、高度なテクニックを使っても得をしないことが、明確になればいいのだ。

アメリカはシンプル・マジョリティー（単純多数）を信奉する国なので、地域の議会の決定に対して、いくらごねても得をしないことを誰でも知っている。日本でも近隣の三分の二以上の人が賛成したら、町会のようなものが第三者機関をつくって、そこが全部を買い上げるようにすると、摩擦がなくなるのではないか。また、信頼できる第三者機関が決めた等価額は神聖なものとして、これに反対する人には、それによって地上げが遅れた期間の損失分を負担させるようにすればいいと思う。つまり一〇〇〇万円と決定されたものに対して不服があれば裁判をしてもよいが、負ければ決定の日から起算して金利分だけ目減りしてしまう。正当な理由もなく待てば待つほど安くなってしまうのである。

（51）公的集合住宅法

一、大都市圏において公的集合住宅を大量に整備し、住宅供給を増やし、そのコストを下げる。

二、これらの集合住宅は、借家（長期リース）にすることで安くて大きな住宅を実現するが、従来の借家に与えられてきた過剰な権利は認めない。

三、一級河川沿い（たとえば江戸川沿いの土手）でも、所轄官庁の建設省が洪水などのリスクを反映して、安くて長期的なリースを設定して建設を許可する。リース権は転売可能にして、流動性を高める。

どうも日本人は「土地を持つ」「家を所有する」ということに、実体以上の価値を感じているようだ。その割には家が高いので、五〇～六〇平方メートルの家に一生の給料を注ぎ込むというビ（貧乏）のライフスタイルが改善しない。ところが、スイスでは借家に住む人が七割くらいいて、広くて暮らしやすい借家がたくさんある。

そこで私は借地権というものを利用して、首都圏などに一〇〇万戸くらいの集合住宅を建てる構想を考えた。二一世紀にも十分評価されるであろうようにすべて一二五～一五〇平方メートルくらいの広い家にする。これができると現在の賃貸住宅の価格は大きく崩れるし、住宅の価格も下がるだろう。

その構想とは、まず江戸川や荒川や多摩川にそった広大な土手を所轄官庁の建設省から九九年の約束で借りる。洪水が起こるかもしれないというリスクがあるので、ものすごく安い値段で借りる。ここにロンドンのテムズ河上流にあるような集合住宅を建てる。川沿いにベランダを張り出し、景色もよく川遊びもできるようにした高級な住宅だ。土手の外側に駐車場、内側に道路を作るが、洪水のときは冠水して使えない。それでもよい、という条件の人にしかリースしない。私の簡単な試算では、江戸川沿いだけで四〇万戸できる。そして、建物は二〇〇〇万円くらいで希望者に売り、土地はその人にリースする。こうすると、ほぼ建物の値段で大きな家が持てる。土地はリースなので所有するわけではないが、九〇年以上の契約があるから問題ない。しかも、家はリース権付で譲渡できるようにする。私は休日に江戸川沿いをオートバイで栃木県の方までよく上っていくが、大都市とは思えない豊かな自然があり、運動場があり、景色もよくいつ見てもあきない。一級河川として人々を寄せつけないのはいくら何でも、もったいない。これを住宅問題の解決に使う。

ただし、洪水になって家が流された時はすべてがパーになる。だから、そのぶん地代が安いのだが、こうしたリスクは保険でカバーできるし、災害救助法を前提に対策を立てておくこともできる。夢のような話だが、実現不可能な話ではない。そして、こういうプランを実現するためには、この法律が必要なのだ。それから日本の中には売却になじまない土地がある。たとえば島原。わずか二〇〇年前に島原大変があって壊滅的な打撃をこうむっている。それを承知で移住してきた人々は、情報が本当に公開されていれば当然土地が安かったりして恩恵を受けているはずである。しかし災害が起こると今度は国がこれを全て補償する、というのでは納税者がたまったものではない。情報公開を義務づけることは言うまでもないが、その上で国の責任に限界をつけるべきである。アメリカでは工場跡地を住宅として売るときなど、何を生産していたのか、その結果としては万が一の場合どのような公害が残っているのか、などを書いたものを見せて、それを承知で買う、という文書にサインをさせられる。将来万一事故が起きても自己責任ですよ、ということを予め念を押しておくのである。火山列島である日本ではどこで新山が噴き出してもおかしくないのだが、少なくともその可能性の高いところ、洪水、高潮、津波の起こりやすいところなどは危険を承知で住んでもらい、そのかわり値段も安くするか、あるいはリースにするなどの措置が必要となろう。しかし、万が一のとき以外は安くて快適な生活が送れる。それを好む人もいるはずだ。要は生活者の選択の問題である。

(52) 駐車・駐輪場法

公共施設やアパートなどに必要な駐車場及び駐輪場設置数を定め、これを遵守させる。たとえば、電車の駅では、一日の通行人の一定割合、アパートでは戸数に対して一定割合の駐車・駐輪能力を義務づける。

日本の車の保有台数は、単純計算をすると一家に一・四台である。どう考えても駐車場が足りないので、路上駐車する。車を買う時に駐車場証明が必要だが、セールスマンに頼めば幽霊駐車場をどこかで見つけてきてくれる。何の歯止めにもなっていないのだ。警察は駐車違反を取締るが、どちらにしても置くスペースがない。

では、どうするか。駅や商業施設には通行人や買い物客の数から割り出した駐車場や駐輪場の設置を義務づける。アパートやマンションなどの集合住宅には、たとえば総戸数の二倍（一家に二台）の駐車設備を義務づけ、これを遵守させる。同時に行政側も、地下に駐車場をつくった場合はこれを建蔽率に含めない、などの配慮をすべきだろう。

オーストラリアのアパートは一戸につき二・五台の駐車スペースをつくることが決められている。〇・五台分は客用で、全部の家にいっぺんに客が来ることはないだろうからと半分になっている。駐車を考えない自動車の乱売が結局取締りの対象になっている。取締るべきは政府であって、駐車違反をしないで済む街づくりをすべきなのである。過疎地に立派な道路を作ったり、砂防工事に膨大な金をかけるより、こうした生活に密着したところでもっと生活者の利便性を考えた施策を次々に打ち出してもらいたい。

(53) 新建築基準法

一、建築基準はすべてを全国一律で決めるのではなく、道州・コミュニティーに自由裁量の部分を与える。
二、地震や台風のように地域によってその頻度と度合いが大幅に異なるものについては、その安全基準の裁量は道州に与える。
三、建物の色など美観については、そのコミュニティーに裁量を与える。
四、安全性などに関する基準の設定においては、技術進歩を必ず反映する。

建築基準法は全国一律の法律になっているが、私は前々から、それがそもそもおかしいと思っていた。雪が積もる地域もあれば、台風のコースになりやすい地域、二月に春の花が咲く地域もある。天候も地質もまったく違う地域において、同じ基準を適用しても、地域のニーズに合うはずがない。地域に自由裁量の部分を与えるべきなのである。

したがって、私が提案する「新建築基準法」案は①全国共通のレベル、②道州のレベル、③コミュニティーのレベル、の三つのレベルを組み合わせて、地域性を細かく反映できるようになっている。そして、最新技術を基準のなかに取り入れるという項目を加えた。

コミュニティーのレベルというのは、主に外観である。しかし環境や省エネからコミュニティーによっては熱のムダが少ない構造を要求したり、エアコンの屋外ユニットについて騒音基準を入れたりするところも出てこよう。同じコミュニティーに住んでいる人たちが、建築物の統一性を高めたいと思えば、コミュニティーの議会にはかって、「屋根の色はグリーンかブルーに限る」と基準法に盛り込むことができる。このように統一基準を決めておけば、のどかな田園風景のなかに安っぽいイギリスの宮殿のようなホテルが建つことはない。もちろん、雑多なほうが面白いというコミュニティーがあれば、それでもいいのだ。今の日本は個々の建物については信じられないくらい細かな基準がありながら、街並みや外観などについては何も決めていない。しかしそれらが全部合格しているハズの建物でも台風で飛んだり、地震でペシャンコになったりする。建築基準法とは何を達成しようとしている法律なのか、そもそもよくわからない。だから本提案のように地域ごとにその役割を変え、日本全体にもっと活力が出るようにすべきなのだ。

建蔽率については安全基準を中心に考え、技術進歩と共に増やしていけるようにするべきである。また、日照権などの条例も本項と関連してコミュニティーごとに見直す必要がある。東京の山手線の内側や大阪の環状線の内側は、二〇〇五年まで日照権を凍結する、等の措置ができれば、土地の有効利用が大きく進むだろう。

(54) 中深度地下の公的利用促進法

一、深度一〇メートル以下の地下を公用地とし、議会の承認により、民間への補償を伴わずに、公的利用を可能とする。ただし、特定地域は除く。

二、上記の特定地域とは、新宿など大商業地域ですでに一〇メートル以下にまで民間の使用が進んでいる地域などを指す。ただし、これらは民間が公用地を借りていると解釈する。

三、地下鉄などの建設により地上への騒音の問題が生じる地域は、防音材などを使用することで解決をはかる。

大深度地下の利用は行政改革審議会でも討議され、二〇メートル以下の地下の公共利用を考えることで合意したが、二〇メートルでは深すぎて、利用の際の工事費が膨大なものになってしまう。一〇メートルにすると高いビルのある特別商業地区や、江戸川周辺の軟弱地盤地域では利用が難しいが、その他の地域なら十分間に合う。地盤を固める技術も進んでいるので、一般利用なら安全性にも問題がない。したがって、一〇メートル以下の中深度地下を公共用地とする法案を提案したい。

現在、大都市周辺では地下を利用しない限り、駐車場などの解決がつかない。そのため、地下を利用する計画は以前からいろいろと進められてきたのだが、地上の土地所有者からの所有権の買上げコストが高く、思うようにいかなかった。都心だと建築コストの三分の二くらいが用地買収のためにかかるのである。将来的に使うはずのない地下を利用するのに、多額の税金をつかうのはばかばかしい話だ。また最近では地下鉄建設の話が持ち上がると一平方メートルくらいの土地を持つ人がたくさん出てきて公団と延々と交渉し、土地買収費を異常なものにしている。マスコミなどはこうした人々を非難するどころか公団が強い態度に出ると「住民無視」などと騒ぎかねない。そこで法律をつくって、一定深度以下の中地下は、地上の所有権に関わりなく公的に利用できるように提案したい。

　この法律が施行されれば、都心の地下に公共駐車場などをつくるコストが大幅に下がるし、後れているインフラの再整備もやりやすくなる。もちろんガス、電気などの共同溝は大きなものを安く作れるようになる。こうして生活者主権に大きく一歩近づくのだ。

(55) 国際空港促進法

一、各道州に国際線の離発着が可能な空港を建設し、日本の国際線を現在のハブ型から、欧州のようなネットワーク型に転換する。
二、入国審査官や税関審査官は、他の職業（たとえば学校教師、消防士）との兼業を可能にする（「公務員多能工化法」との組み合わせ）。

　日本の国際航空路線は、成田と来年開港予定の関西新空港が、二大ハブとなって、ほとんどここに集中する。そうすると、すぐ隣りの韓国に行こうと思っても、首都圏道の平塚に住んでいる人は、一時間前にチェックインしなければならないので、四時間前には成田に向けて家を出ることになる。そして、乗ってしまえばソウルまでわずか二時間のフライトだ。山形の人はもっと大変で、新幹線で東京駅を経由してバスで成田に行くか、飛行機で羽田を経由してバスで成田に行くことになる。わずか二時間の国際線に乗るために、半日の国内旅行が必要なのだ。埼玉県の秩父から羽田に出るのも半日仕事だ。

新空港がオープンした後の大阪はもっと悲惨で、なにしろ伊丹から新空港まで二時間かかる。島根の人は海のすぐ向こう側の韓国に行くために、松江から伊丹に飛び、そこから陸路二時間かけて新空港までの大旅行となる。

二〇〇五~七年頃に第三のハブとして中部国際空港ができるらしいが、そんなものは待てないし、できても知多半島の先端では大幅に便利になる見込みがないので、最近はローカル空港が少しずつ国際空港化して、チョロチョロと定期便やチャーター便を発着させている。現に今日ソウルまで直行便を飛ばしている空港は一五にもなる。

だが、本当はそんな間に合わせ的なことをしないで、ほとんどすべてのローカル空港を一挙にドーンと国際空港化すべきなのだ。滑走路が二〇〇〇メートルあれば中型のワイドボディー機(B―767など)の発着が可能だから、ソウル、北京、上海、台湾、香港、オーストラリアくらいまでの中距離路線に対応できる。特に千歳はアジア全域から北米に向かう飛行機のハブとしてアムステルダムのスキポール並みの繁栄が約束されている、と言っても過言ではない。MD―11を飛ばせば理論的には北半球のほとんどの大都市に直接行ける。もちろん千歳、福岡、沖縄のようにジャンボ機が発着できる空港ならアメリカやヨーロッパとの定期便を就航させることができる。また、税関係員が足りない、出入国管理官がいない、検疫の担当者をどうするんだ、という人もいるが、これは18項で述べた「公務員多能工化法」により、消防署や図書館など他の仕事に就いている公務員の兼業でまかなえるのだ。

ローカル空港がすべて国際空港になると、島根の人は不便な大阪の空港を利用しなくても、松江からソウルに行き、そこで飛行機を乗り継いでヨーロッパに行ける。また千歳に行ってそこでアメリカにも行ける。そのほうがはるかに便利なのだ。鹿児島の人は台北で乗り換えてヨーロッパに行くことができる。羽田と成田、伊丹と関空など国内と国外を分けて考えている運輸省の一九世紀的発想では二一世紀には役に立たなくなる。すべての空港が（羽田も伊丹もローカル空港も）ボーダレス時代には国際空港化するのだ、という発想を持たなくてはならない。

そうなると、路線の割り振りも運輸省が全部決めるのではなく、道州がそれぞれ決定権を持って、地域の人が一番利用しやすい路線を考えればいいことになる。東京や大阪という突出した国際線のハブに頼るのではなく、アメリカやヨーロッパのようなネットワーク型の航空網に切り替えるべきなのである。特にここ一〇年の間にヨーロッパではどの町からでもほとんどの主要都市に国境を越えて直接行けるようになった。パリ、ロンドン、フランクフルトなどがハブとして栄えた時代は終り、まさにＥＣ型（単一市場）になってきているのである。

それから、出入国手続きにＩＣカード（17項参照）を使えば、出発二〇分前のチェックインで間に合うようになり、国内便と同じような感覚で国際便を利用できるようになる。

(56) 軍事施設民需転用法

冷戦の終結を契機に軍事施設の民間併用を実施し、国内、国際空港として転用する。

(例) 厚木、入間、横田、木更津、岐阜、沖縄など

国内の航空網を充実させるためには、従来の大土木工事時代のように新設ばかり考えないで軍事施設の民間併用を促進させる必要がある。埼玉県入間にある米軍の飛行場がローカル空港として民間使用できるようになれば、埼玉の人たちはすごく便利になるし、木更津を小型機専用の空港として使ってもいい。二〇〇五年に中部新空港ができるまでの間、岐阜の飛行場を利用するという方法もある。岐阜は二七〇〇メートルの滑走路があるので、ワイドボディーの旅客機が発着でき、すぐにでも国際便を飛ばすこともできる。

新規空港の開発は、用地確保や建設工事に莫大な費用がかかり、また、騒音の問題もあるので、すでに軍用機の離着陸がおこなわれている軍事施設の民間転用を、積極的に検討する必要があると思う。アメリカはカリフォルニア州だけでも一〇以上の主要空港がある。日本から直行便が入っているのは、ロサンゼルス、サンノゼ、サンフランシスコの三つである。しかしサンノゼからオレンジ・カウンティやロングビーチ、サンディエゴなどに直接行けるし、有名なペブルビーチのゴルフ場のあるモントレーの空港も西部の主要都市とほとんど直接結ばれている。ニューヨークの郊外には大企業の本社が多いホワイト・プレーンズという町があるが、ここからボスト

ンやダラスにまで直接行けるのである。乗客はそんなに多くないので二〇～三〇人乗りのターボプロップ機をひんぱんに飛ばし、乗客の利便性をはかっている。日本には航空会社が実質的に三つしかなく、これらの会社は現行ネットワークでもアップアップしている。彼らの拡大できるペースでは日本の空の利便性は遅々として改善しない。44項「参入自由化法」と55項「国際空港促進法」とともに本項を成立させ、前にも長崎の例を用いて述べた「空港を通じた新しい地域発展の構想」を進めなくてはならない。

(57) ドラフト法（徴公法）

一、個人が、社会の一員であるという認識を高めるために、すべての国民に一定期間の非営利（ドラフト）活動を義務づける。

二、ドラフト活動は、一八歳から二八歳まで、または参政権取得後一〇年以内に、最低六カ月間行うものとする。

三、活動領域は、自衛隊を含む公務員、議員秘書、平和部隊、ボランティアなど、様々な非営利活動の中から選択できるものとする。

四、ドラフト活動期間中の費用は国が負担する。

五、ドラフト活動を理由に雇用主は参加者を解雇してはならないものとする。

六、ドラフト活動が行われる行政機関では、公務員の数をそれに見合った分減らし、かつサービスレベルを向上する。

義務教育は高校まで延長すべきだ、というのが私の持論だが、さらにその後、二八歳までの一〇年間の間に、すべての青年男女が半年間は「社会の役に立つ仕事に参加する」ことを義務づけたほうがいいと思う。

徴兵制度がある国では、これが「社会の一員である」という意識を高めることに役立っているので、日本の場合は軍人を育てるための徴兵(ドラフト)ではなく、〝徴公僕〟という意味でドラフトを実施してはどうか。今までお世話になった地域にお返しをするという発想から、参加を義務づけるのだ。したがって、就くべき仕事は、警察官、消防署員、自衛隊員を含む公務員の仕事全般、議員秘書、国際平和部隊、障害者や老人看護などの仕事から、好きなものを選択させる。またそれが契機となり一生そうした仕事をしたい、という人も増えるだろう。

若いうちにこうした経験をすることは、社会の一員としての自覚をうながすだけでなく、公的業務とは何なのか、公的業務の効率を妨げているものは何か、といった問題意識を芽生えさせることにもなり、社会に対する感度や、政治に参加する意識を高めることができる。

当然、企業や大学はドラフト期間中の身分を保障しなくてはいけないので、これも法案のなかに明文化しておく必要があるだろう。日本には、死にもの狂いで大学受験をし、就職して一生ご奉公、という非常に狭い視野の中で暮らす人が多い。社会奉仕、といっても税金払ってんだからそっちでやってくれよ、という感覚になってしまう。自分の損得でしか物を考えない人々が多くなってしまうと、社会コストが上がるだけでなく、国際的にも本当に信頼される国にならない。

(58) 国際貢献法

一、海外勤務中の日本人の民間人を準公務員として扱い、必要な国際貢献研修を実施したり、現地滞在中のコミュニティー活動などを奨励する。

二、通常の賃金等については出身企業が負担する。

日本企業の国際進出が海外でさまざまな軋轢《あつれき》を引き起こしている反面、たとえば海外赴任している商社マンのなかには、ローカルコミュニティーのなかで、教会の仕事を手伝ったり、ロータリークラブに出たり、子供に野球を教えたり、あるいは奥さんが着物を着て学校へ行き、日本文化についてスピーチをしたり、というように、ある意味では民間外交を一生懸命にやっている人もいる。インドネシアのジャングルの村に、電話局開設の仕事に出かけたエンジニアは、毎晩、学校の先生たちにコンピュータの使い方を教えて感謝されたという。

私はこういうことのほうが、PKOやPKFよりも、はるかに国際貢献に役立っていると思う。

それならば、海外に赴任するビジネスマンに〝嘱託公務員〟のような資格と待遇(といっても給料は企業が払う)を与えて、草の根の外交活動ができる人をもっと増やしたらどうか。とくに役割を与えなくても、民間外交の大切さを自覚してもらうだけで、休日や夜の過ごし方が違ってくるのではないかと思う。海外に派遣される人の多くは、すぐれた能力や長所を持っているので、この人たちや家族の余った時間を活用しないのはもったいない。赴任前に二週間ほどの研修をして、正式な資格を与える、などすれば目的意識と予備知識が高まり、さらに効果が上がるだろう。

もちろん、この法律は強制力を持たなくていいし、実施期間も暫定的なものでいいと思う。要はこうした活動を公的に認め、その重要性が評価されることが大切である。

(59) 年金辞退制度法

一、金銭的余裕のある年金対象年齢者に、一定期間、年金受取を辞退できる制度を設ける。
二、辞退者は辞退した年金の用途として、国家救済（国債償還）、国際貢献、もしくは道州またはコミュニティー振興いずれかの基金に寄付することを選択、指定できる。
三、辞退期間（一年、五年、一生）に応じて、石碑に氏名を残すなどの褒賞を与える。

国家の台所は火の車である。これまで国債を乱発してきたので、その償還と利払いだけで膨大な国家予算を消費している。一方、年金や失業保険など老齢者福祉の財源も行き詰まっている。二〇一五年には日本は世界一の年寄り国になることが予想され、若者が福祉を負担することに堪えきれず、労働意欲をなくしてしまうのではないか、と心配されている。

それならば、年金や失業保険を無差別に渡すのはやめて、受給資格者であっても辞退できる制度をつくったらどうか。辞退期間を一年、五年、一生に分けて、もちろん更新もできるようにする。そして、受け取りを辞退した人は、そのお金を何につかってくれと指定できるようにする。国債償還、自分の道州の振興、生れ故郷や生涯を過したコミュニティーの振興、国際貢献……など、いくつかの項目を用意しておいて、それから選べるようにする。辞退と言うより、一度もらって寄付をするわけだ。もちろん生きている間にそれをするのは不安だが、死んでしまえば自分の私的財産を同じ目的に寄付してよい、という人もいるだろう。

そして、富士山の裾野あたりに大きな石碑をつくって、辞退したり遺産を寄付した人の名前を刻み込む。国家からの感謝の証として、毎年毎年刻み込んでいくようにする。人生の何十年かを一生懸命に働いて、心配のないくらいのお金ができた。だから、年金は国家のために使ってください、という人にとって、こういう讃え方は勲章をもらうより誇らしいのではないか。

この法案の特徴は、経済的に余裕のある老齢者が、本来受給できるはずのお金を国家に寄付した時に、そのつかい途を指定できるところにある。一般会計に入れて土木工事にバケてしまい、金丸さんのような人に渡ってしまっては困るからだ。

(60) 後期選択制度法

一、社会福祉の水準を、破綻しないところにまで引き下げる。
二、六〇歳の時点で、自分が希望する社会福祉の水準を二つの選択肢の中から決定する。
三、一つの選択肢としては、基本的には自分の経済力（収入と資産）で生活し、社会福祉は引き下げた最低限のもののみ受ける。
四、もう一つの選択肢としては、六〇歳になった時点で自分の全資産をコミュニティーに与え、その代わりにその後の生活を保障してもらう。この場合は、生活費を支給され、自宅に住み続けてもよいし公営の老人ホームにも入ることが可能になる。
五、後者の選択肢のサービスを提供する団体は、一団体にせずに二、三団体設立し、競争させることで質を高めると同時に独占による沈滞を防ぐ。

社会全体の高齢化が進み、二〇一〇年には五人に一人、二〇二五年には四人に一人が六五歳以上になるといわれている。このまま社会福祉の支出を続けていたら、財政はたちまち破綻してしまう。そんなことはわかりきっているのに、この問題に対する抜本的な改革は何一つ行われていない。

前者の選択肢を選んで自助努力で生活する人が増えれば、社会福祉支出は大幅に削減される。また、後者を選んで国家に依存する人が増えても、国家にはそれなりの収入が入ることになる。

いずれにしても今よりずっと国家財政は楽になる。

相続の時点で税金を納める現状の制度では、遠い親族にまで相続権があり、国の収入は増えない。配偶者や子供がいない人で、遠い親族に相続権を与えたい、という人がいったいどれだけいるだろうか。それよりも全資産をコミュニティーに渡し、その後の生活を保障してもらった方が、多くの人にとって好ましい選択であるはずだ。またこれからは親の財産の相続は不要だが、親の扶養も勘弁してほしい、という子供（または配偶者）も増えてくるだろう。そういう時にはこの選択肢の方がスッキリしていて好まれると思う。親の面倒は見たくないが相続だけはしたい、ということで、社会的コストを上げてゆく今のやり方に一定の歯止めをかけるのが本法の精神である。

(61) 義務教育法（選挙権法関連法案）

一、義務教育を高校の三年生までとする。
二、教育の中身として、知識を詰め込む「知育」と「教育」とを半々にする。

今の学校でやっていることは、「教育」ではなく「知育」である。教育とは、社会人として立派に生きていける人間を育てることだ。

成長期の日本では、欧米に追いつき追い越せ、ということで知識が豊富で理解力があり、何でもこなせる人間が大量に必要だった。そのため「知育」が横行してきた。その結果、人間としての成長を促す教育や、社会奉仕の機会を与えられないまま社会人になってしまった人がたくさんいる。知識偏重で教育された人は、豊かでバランスのとれた人格形成がされておらず、世界に出て行っても自分の意見を述べたり、リーダーシップを発揮したりすることができないのだ。

知識だけを問題にするなら、小学校から大学まで学校で教わる量は、コンピュータで置きかえればほんの一片の半導体メモリーの中にすべて入ってしまう。これからの人間は、情感とか、説得力とか、他人にできない発想回路といった、知識以外のところで勝負する必要がある。そのために私は、義務教育期間をあと三年延長することを提案したい。知識を教える時間を半分にして、余裕のできたあとの半分の時間で、責任感とか世界に通じる価値観、人に対する思いやり、コミュニティーの大切さ、などを学ぶのだ。

具体的には、たとえば消防署の人に来てもらって、安全というものについて話をしてもらう。弁護士に来てもらって、最近増えているトラブルについて学ぶ。商店の人に、仕入れや商品管理、帳簿のつけ方を教わるのもいい。母親が来て家族の価値についてディスカッションをしたり、実際に体験したりして考えを深めていく。

そして自分たちも外に出て、ゴミを始末する、公衆便所のそうじをする、病院に行って病人の世話をするなどの社会奉仕活動を経験する。どのように社会的コストは発生し、どうしたらそれを減らせるか、身をもって学ぶのだ。そうすることによって、社会的コストと税金の関係を実感することができる。

していく。

そのようにして個人の価値観、社会や家族に対する責任感を持ち、社会に貢献する方法を修得していく。

健全な社会人として必要最低限のことを身につけた上で、卒業時に参政権を与えれば、大切な一票も生きてくるというものだ。

次に掲載するのは私が今年筑波大学の先生方と行った教育に関する対談である（『教育研究』九三年一〇月号）。

私は今の教育に深い失望と危機感をもっており、二一世紀の日本を本当に一流の国として保つためには何とか本法案を実施してもらいたいと願っている。少し寄り道になるが、これを是非読んでいただきたい。

＊　＊　＊

今の子どもが、二一世紀に活躍する人間になるために、どうしたらいいか。答えははっきりしている。学校に行かないことだ。なぜならば、今の学校は当たり前の人間をつくる凶器だからだ。

大きく二つの点で学校は間違っている。一つは、将来絶対に役に立たないことに対して、異常なエネルギーを使っていること。もう一つは、こんなことをしては、本来子どもがやるべきことをやらなくなってしまうということを、一生懸命やっていることだ。

これからの時代に生き残るためには、学校には行かない方がよい。今学校で教えていることは、どうしようもないことばかりだ。反対に、教えて欲しいことを教えていない。たとえば、自分の意見を相手にわかるように言うとか、もしこうなったらどうなるかといった具合に、自分の考えを構築する勉強をしていない。今の学校で教えているのは知識だけだ。知識なら、小学校から大学までに教わる量は、コンピュータの中の一〇〇〇円のチップで収まってしまう。知識だけを問題にするなら、一六年間でたった一〇〇〇円の価値しかないのだ。

成長期の日本は、知識が豊富で何でもこなせる人が大量に必要だった。しかし、今そのような人は、世界に出て行っても指導力が発揮できないでいる。リーダーシップが取れない。自分の意見を言わず、ただにこにこ笑って周りを見ているだけ。言葉もしゃべれない。知識偏重で教育された人にはこういう人が多い。

これからの人間は、知識以外のところで勝負せざるを得ない。たとえば、豊かな感性とか他の人が発想できないような思考回路、説得力、リーダーシップなどである。

教育とは、社会人として立派に生きていける人間を育てることである。そうであるならば、今の学校でしていることは教育とは言えない。自分に対する責任、世の中に対する責任、世界に対する責任を感じ、立派に生きていけるような人間をつくることこそが教育なのだ。今の学校でやっているのは、教育というより訓練である。しかも、その訓練が社会に出てから何の役にも立たない。私は、知識はいらないと言っているわけではない。オールオアナッシングの議論ではなく、程度の問題である。基本的な知識も半分ぐらいは必要だろう。しかし、残りの半分は、責任感とか世界に通じる価値観とか、人に対する思いやりを育まなければならない。これらがなければ、これからの世の中で活躍できる人にはなれないからだ。特に、世界のどこへ行っても通用する、普遍的な価値を持った人を育てることが重要である。

今のように百パーセント訓練されてしまったら、頭も感情も育たない。訓練されたことができないと、みじめになってしまう。「ああ、自分はテストでいつも五〇点しか取れないから、ダメな人間だ」などと、敗北者として社会に出て行ってしまう。それをやめてもらいたいのだ。知識を詰め込むことより、考え方を教えたり、事象の原因を理解させたりすることの方が大切だ。おかしいことはおかしいと言い、わからないことは質問できる。誰もわからないようなことは、どこに行ったらわかるんだろう、どうやったら解決できるんだろう、と考える思考回路をつくる。そういうことこそがこれからの本当の教育ではないだろうか。

一般の社会人が、知識で勝負することなど、実際の世の中ではまずない。それどころか、自分が知識を持っていると驕《おご》っている人は、勉強しなくなる。実社会で活躍できないでいる〝かつての優等生、学校秀才〟がいかに多いことか。今の経済をケインズで説明しようとするエコノミスト、今の社会の説明にウェーバーを持ち出さないと気が済まない学者たちがいい例だ。彼らは、事象を無理に型に押し込め、理解した気持ちになっているが、実は自己満足にすぎないのだ。

大切なことは、知識を持っていることではなく、新しい知識を身につける方法を考えることの方ではないか。

今の世の中には、答えのないことの方が多い。環境問題にしても、人とのつきあい方といったことにしても、答えはない。昔の日本は、知識が答えだった時代があった。たいていのことは欧米に範をとればよかったから、それらの国がどうやってきたかについての知識があればよかったのだ。しかし、今は九割のことに答えがない。しかも答えのある一割のことは、コンピュータがやってしまう。ところが今の学校では、あたかもすべてのことに答えがあるような教え方をしている。

こういう時代に対応していくためには、教え方だって変わらなければならない。小学校の授業は、答えのない問題を扱い、今わかっていることや自分の知識から、自分の考えを構築し、それを他の人にわかりやすく表現することを教えていくべきなのだ。

答えのない問題をみんなで話し合う。そのようなとき、コミュニケーションがいかに大切かが分かってくる。コミュニケーションがうまくいって解決に至るときと、うまくいかなくて問題がこじれてしまうときがあることを学ぶ。

コミュニケーションを考える上で、英語と日本語、コンピュータの三つのツールに習熟することはたいへん重要である。後に「コミュニケーション法」のところでも述べるが、これらのツールを自在にあやつりながら、コミュニケーションに対する感度を磨き、世界に通じる価値観を育むのである。

日本の学校には、人間としてたいへん大切な〝家族〟や〝コミュニティー〟が存在していない。日本の子どもは、同学年の子どもとしかつきあう力がない。学年が五つも違う人とは議論ができない。

日本人は外国人とうまくつきあえない。世界に出て、いろいろな人が集まってくると、対応できなくなってしまう。日本人はなぜ世界の人に受け入れられないのか。日本人としてのプライドを持って、世界の人とうまくやっていくにはどうしたらいいのだろうか。

まずは異質な人とつきあう機会を多くし、それらの人や考えに対して排他的になる習性を改めるところから始めなければならない。

夏休みを長くすべきだ。四〇日では短かすぎる。少なくとも二ヵ月は必要だ。

ドイツにはスキーバケーションがある。しかも学校ごとに休みの日が違うから、家族が分散して過ごせる。日本のように、みんなが一斉に休み、同じところで休みを過ごすなどということはない。

アメリカにはサマーキャンプがある。そこでは小さい子どもは、自分の意見を主張しないと大きい子どもにやられてしまう。考えをまとめ、他人にわかるように表現する。アメリカの子どもたちは、そういう中で生きていくことに慣れているのである。

二〇年前の日本は、より速く、より多く、より深くやった方が勝ちという時代だった。方向がわかっていた時代は、勉強する時間の長さで勝負ができたのだ。親も教師も、そのころの成功のカギを信じて今でも教育している。

しかし、今は海図なき時代、方向が見えない世の中である。もう、当たり前のことしかできない人間はいらない。今必要なのは、方向を読み取れる、ボートにたとえればコックスのような人なのである。そのためには、先入観を持たず、景色を見て判断できる人を育てなければならない。今のような詰め込み教育をしたのでは、子どもが成長したとき、残念な結果が現れることは間違いない。そのとき気づいたのでは遅すぎるのである。

教育は、本質的なことから組み換えなければならない。入学試験のやり方を変えてみたり、業者テストを廃止してみたりの小手先の改革ではすまない。

現在、教師は副業を認められていないが、解禁して認める。つまり、先生の多能化を図る。夏休みにどこかの会社でコンピュータを動かしたり、図書館で働いたりする。税理士などの資格を取るのもいいだろう。世の中に対して、教師は敏感にならなければならない。社会性のない教師が、学校という狭い集団の中にいて、その価値観で子どもに接するということに私は強い恐怖を感じる。教師には、もっと世間ずれしてもらいたい。

休みの日にアジアの国に出かけていって授業をするとか、中国や韓国の人と一緒に、日本の教科書（特に歴史）などを共通な部分は一緒につくるのもよいかもしれない。

教員の免許にも書換えが必要だ。ＡＩとかスピルバーグとか酸性雨について、教師と子どもの両方に聞いていったら、子どもの方が知っていた。教師は古い知識ばかりを子どもに詰め込んでいるのではないか。子どもにとって学校は、自分たちが知りたい知識は教えてくれず、化石になっているような知識ばかり教える、苦痛の連続になっている。

一〇年に一度、教員試験をしなおしたらどうか。今のように年功序列ではなく、絶えず新しい知識の吸収につとめている人、よく働く人が給料の高い先生になっていくしくみをつくらなければいけない。二〇年前の教員免許で、あと二〇年も飯を食おうというのは、虫がよすぎる。新しい試験に合格するには、もっと勉強しなければならないとなれば、教師の目線も高くなるのではないか。

教師の世界は性善説だ。しかし、それでは長期にわたって組織を活性化することはできない。これは、洋の東西を問わず普遍の真理だ。

政治家に政治改革ができないのと同じように、教育界の人が教育を変えていくことには無理がある。行政府の文部省に働きかけても、抜本的な改革は難しい。官僚には抜本的なことはできない。教育臨調でも、教育の本質を改革するような議論などされたことがない。入試の方法や新学期のスタートをいつにするか、といった小手先の改革ばかりだ。

外部から働きかけていかなければ、教育界に風穴が開かない。それには具体的な法案原案をもって立法府から働きかけるのがよい。

今のように、全国一律に文部省の指導要領にまかせるのではなく、北海道なら北海道、九州なら九州という単位で教育を考えてみる。九州は、東シナ海や黄海経済圏に入っているのだから、中国や韓国を抜きには語れない。そういうところともっと交流できるようにしたらいい。どこもかしこも東京を向いているようではおかしいのだ。地域を活性化していく中で、子どもたちの人間教育をしていかなければならない。文部省は、最低限必要なプログラムや共通ノウハウ集を作ればいいのであって、他のことには口出ししない。あくまで地域にまかせるのだ。そうなると、教師の自由裁量も増え、創造性も活かされる。

結局、コミュニティーを育てることに戻っていくのだ。家族というコミュニティー、自分たちの育った町というコミュニティー、国というコミュニティー、それからアジア、太平洋というコミュニティー、そして地球というコミュニティー。これらのコミュニティーを育てていく中で、子どもを育てていく。そこで人間の普遍的な価値観も形成されるのだ。

(62) 国立大学廃止法

一、国立大学を廃止する。

二、大学を継続して運営する場合には、産業政策の担い手である道州の大学とするか、または私立大学とする。

国家運営のために、あるいは国家が標榜する目的のために、特別に人材を育てる時代はすでに終わりを告げた。お国のための人材など、先進国ではもういらないのだ。これからは各道州で、それぞれの地域の特色を活かした人材育成を行うようにならなければいけない。たとえば、リゾートとしての活性化を目指す地域なら、大学の中に観光科をつくるのもいいだろう。環日本海経済圏構想をもつ北陸道あたりなら、ロシア語や貿易について造詣の深い人材が求められるかもしれない。北海道の農業地帯では世界中から農業の研究生が来て世界のトップクラスの知識と情報、農場経営のノウハウが集まるようにする。そうすれば日本の農民も農耕者から世界の農場経営者として雄飛できるようになるだろう。今の農水省のやり方では日本の農林水産業はジリ貧である。帯広あたりがこうした発想から世界の農業研究のメッカにならなくては、役所に依存していても将来の展望は開けてこない。こうして地域が人材を育て、人材が地域を発展させるしくみができるのだ。

また、現状では日本中の学生が一部の国立大学を目指しており、受験戦争は異常なまでに過熱している。東大に入るために幼稚園から塾に通うなどというばかげたことがまかり通ってしまっているのだ。そして、その競争を勝ち抜いたものは非常にえらく、そうでないものは人間が劣るとでもいうような、学歴偏重のおかしな価値観もいつまでたってもなくならない。しかし新しい時代には古い価値観や知識をつめ込みすぎた人が時代に追いていかれるだけなのである。今の教育なら、むしろ受けないで自由に育った人の方が将来の活躍が期待される。受験戦争、学歴社会の弊害をこれ以上増やさないためにも、国立大学は廃止されるべきなのだ。

(63) コミュニケーション法

日本語、英語、コンピュータの三つの言語を従来の教育とは別に、重点教育する。

コミュニケーションというのは、ボーダレス社会に対応する基本スキルである。日本語、英語、コンピュータの三つの言語は、きわめて重要なコミュニケーションのツールであるにもかかわらず、今の学校では十分な教育がなされていない。

たとえば英語は中学、高校とあれだけ時間をかけて教えているが、ほとんどが受験用英語であってコミュニケーションのツールとしては役に立たない。英会話学校があれだけはやるのをみても、そのことは明白である。

日本語についても同じことがいえる。日本人はみんな教わるまでもなく日本語をしゃべっているじゃないか、という意見もあるだろう。だが、自分の意見をきちんと言い、他人の意見をしっかり聞きとれる人がはたしてどのくらいいるだろうか。友達同士のくだけたしゃべり方で一〇〇人に向かって話をしても、おそらく誰も説得できないだろうし、理解してもくれまい。

私はエンジニアを九年やっていたから、言葉によるコミュニケーションというものを非常におろそかにしてきたし、また苦手でもあった。設計図さえちゃんと引ければいいということで、人とほとんどしゃべることがなかった。ところがマッキンゼーに入って、お客さんに対して説明ができない、私の説明では相手が納得してくれないということがわかり、これはたいへんだというので、一生懸命自分で録音テープを聞きながら勉強した。その結果、今では人前でスピーチができるような人間になった。このように、誰でも訓練さえすればきちんとした日本語でコミュニケーションできるようになるのだ。

さらに、コンピュータが非常にやさしくなったので、誰でも親しみをもってマスターすることができるようになった。これからの情報化社会に対応していくとき、コンピュータというのは大きな力を発揮する。さて問題は教師である。日本では職業教師がこれらの言語を教える。そこに問題がある。私はこれらのコミュニケーションツールは一般社会人や外国人に直接やってもらうべきだと思う。企業の社会的貢献（フィランソロピー）が言われているが、地域の学校に日本語、コンピュータ語に強い人を無料で派遣したりしてくれればいろいろ副次的メリットも出てくる。そういう企業を税制面で優遇してもいい。英語については今の英語の教師の大半は失格だ。母国が英語の国の国語の教師がそのまま日本で教えられるようにするのが一番だ。

これら三つのツールに習熟する、つまりコミュニケーションに対する恐れを取り除くというのは、生活の質を上げるとか、人生そのものを楽しむ上で、これからは非常に重要なことだと、私は考えている。

(64) 教育自由化法

私学や国公立大学への助成金を廃止し、代わりに学生または親（義務教育期間中）に対し税控除を出す。大学については私的奨学金を充実し、一部低利の返済を求める。

文部省が国公立大学を運営したり私学に助成金を出しているが、どのように使われているのか、非常に不透明だ。税金を使って文部省が大学に対するコントロールを強めたり、金をめぐって不正が行われたりするのなら、そんなことはもうやめるべきではないか。

学校に対する助成金が、学生一人あたりに換算してたとえば五〇万円になるなら、そのお金を学生(または親)に税控除という形で渡す。たとえば年収七二〇万円の人なら所得税七二万円から、そのまま五〇万円が控除されるのだ。やり方としては天引きされたあとすぐに還付して親に手渡すか、39項で述べた「仕送り控除法」の公的決済機関を通じて大学に振り込んでもよい。このお金をもった学生は自分でいいと思う学校を選択する。そうすることによって、企画力のない、先生もプログラムもよくない学校は淘汰され、学生の集まるすぐれた学校だけが残ることになる。助成金に頼らなければやっていけない学校など、なくなったって誰も困りはしない。学校の新設も届け出制とし、参入を原則として自由化する。今までのように大学のブランドが自動的に物を言うことはなくなるので本人が何をどう勉強したか、卒業生がその後どのような活躍をしているかで学校の名声が定まる。

学校として生き残っていくためには、教育の質の改善を図らざるを得なくなり、それによって学校に競争力がつき、全体の水準が高くなることが期待できる。誰も授業料を持って来てくれなければそれでおしまい、ということになる。文部省が力を入れている、なんて気持ちの悪い表現がこの国の学校から消えていく日もそう遠くないだろう。

(65) 受験廃止法

一、大学受験を廃止し、入学希望者全員に入学を許可することで教育の機会均等を保障する。

二、希望者が多く教室に入りきれない大学の学生は、自宅でマルチメディア（双方向）のパソコンネットでハイテクの授業を受ける。よりハイタッチな授業を望む学生は、空いている大学に入学をして、教室で授業を受ける。

希望する大学には誰でも入れるようにし、教室に入りきれない学生は、マルチメディアの双方向のコミュニケーションを利用して、どこにいても講義を受けられるようにする。それによって海外にいてもパソコンさえあれば日本の大学を卒業することができるし、講義の時間だけ機器に向かい他の時間は社会奉仕などにあてることもできる。

そのようにして、ある大学から一度に何万人という卒業生が出れば、たとえそこが有名大学であっても、徐々に価値が下がってくる。

一方で、ハイテクによる味気ない授業がいやな学生は、それほど人気のない空きのある大学に入学し、先生から直接きめ細かい授業を受ければいい。すると、ハイタッチな授業が受けられるということで、今度はこちらの価値が上がってくる。

要するに自由市場のメカニズムを大学にも導入してしまうわけで、大学の人気は平準化してくる。その結果、今までのように出身大学によって人間のランク付けをしてしまうような学歴社会をなくすことができるし、何より、受験を中心とした極めて異常な教育制度に終止符を打つことができるのだ。

これからの世の中では、大学の卒業証書なんてほとんど何の意味もなくなってくる。今までは答えのある時代――つまり、橋の架け方はこうだと、建築科や土木科で習ってくれば、それだけである程度仕事ができた時代だった。ところが、今われわれが住んでいる社会はほとんどの問題について答えがない。たとえば政党をみても、共産主義や自由主義についていくら講釈、説明できてもこの日本にふさわしい新しい政策を一つも打ち出すことができないでいる。環境と産業はどちらも大切だが、どうしたら共存できるのか方法がわからない。そういうとき、今までの教育のやり方では対処のしようがないのだ。

個人の価値観や社会的責任が形成される大事な時期を受験勉強ばかりして過ごしていたら、これからの世の中に適応できない人材ばかりできてしまう。だから、受験を廃止して教育の機会均等だけはちゃんと保障する。しかし、その先の成果については、本人が人生の中で出していくしかないのである。また今の大学の教授会などを見ていると完全に保護された閉鎖社会の浮世離れした権力闘争や理念闘争が渦巻き、学生にとって決して刺激的な環境ではない。たまたまマスコミで名を売った先生などがいれば、たとえ漫談にすぎなくても教室に人が溢れる、なんてこともめずらしくない。スペシャリストを育てる大学院はともかく、大学については受験を廃止して大学も生徒も手づくりで自分たちの価値をつくり出していってもらうしかない。

(66) 教育等価法

国内および海外における業務、私生活上の経験などを学校での受講と等価換算し、場合によっては資格の提供も行う。たとえば、病院での介護経験、家での育児経験を看護学校の授業と等価換算し、これを受講単位として認定する。

今の日本の教育は、基本的に閉じこめ教育になっている。小学校から大学まで、教室で同じ教科書を使って指導要領に沿って行われているので、どうしても思考的に画一化の方向に進んでしまう。これからの人間の価値は多様化にあるはずだ。そのために、学校以外での体験を学校での受講と等価換算し、人々が新たな価値観を持てるようなしくみをつくることをここでは提案したい。

アフリカの難民キャンプでこういう奉仕活動を三年やったというなら、それは日本の大学教育におけるこの教科の「三年分」と認定するとか、あるいは子供を二人育てたら看護学校の授業二年と等価換算する。もちろん何年分に当たるかということについては様々な意見があるだろう。しかし大切なのは、学校における画一教育以外のものにも同等の価値があり、そういう経験を積んだ人は尊いんだという価値観を持たせることだ。そうしないと、大学を出ていないからといって最初からやる気も起こさないとか、どうせ主婦だから勉強してもしようがない、といってテレビばかり見てしまうといった、ある意味で人生をおりた人がでてきてしまう。

そうではなく、どんな経験でもまじめにやれば蓄積になる、将来何かの資格試験を受けるときでもプラスになるという価値観をつくりあげて、人生の寄り道がしやすい、各人の個性が引き出せる社会基盤を醸成していくべきだ。

(67) チャリティー法

寄付行為に対しては非課税とする。内外を問わず、外国の慈善団体に対する寄付金も含め非課税とする。

今、日本で寄付行為をする人といえば、よほどの篤志家に限られるのではないか。政治献金については驚くほどやりやすく、細かく決められているが、課税控除の受けられる財団や団体を作るには届出作業だけでも大変である。私は以前イギリスのある大学の寄付を手助けしていたことがあるのだが、課税控除をもらうことがいかに難しいか身をもって感じた。そこで既存の基金の中に埋め込んで便宜を図ってもらう、ということになったのだが、今度は寄付する人から何でそこに、ということになり、結局これはうまくいかなかった。先進諸外国には「ノブレス・オブリージェ」といって、身分の高い人や社会的に成功した人がそれなりの慈善行為や社会貢献をすることは、なかば義務だという概念がある。ところが日本では、寄付金までが課税対象となっているため、こうした考え方が社会に浸透しにくい。
そこで、国の内外を問わず、大学、地方自治体、団体、博物館など、その存在がすでに十分認められている公的機関に対する寄付行為については非課税とすることで、日本にも「ノブレス・オブリージェ」の考え方を普及しやすくする。国内ばかりでなく、国外に向けても社会貢献や寄付行為がもっと活発になれば、諸外国からも評価、信頼される国づくりができるだろう。

(68) サバティカル法

企業が終身雇用者に対して、一〇年間の勤務につき三ヵ月間の有給休暇を付与することを義務づける。

ユダヤ人は七年に一年サバティカル（安息休暇）をとっていた。この習慣を取り入れて欧米の大学でも研究や旅行のため七年に一年、教授に休暇を与えているところが多い。そこまでいかなくても、せめて一〇年ごとに三ヵ月はまとまった有給休暇を与え、会社以外の活動がこなせるようにしていくべきだ。今でも一部の企業は「リフレッシュ休暇制度」などを導入しているが、まだごくわずかだし、一生に一度だけというところが多い。そうではなく、だれもが定期的に長期休暇を取れるようにすれば、職場の中に仕事以外の価値観が持ち込まれるし、社畜化防止にもなる。今日本の勤務時間を年間二〇〇〇時間から一八〇〇時間にしよう、という議論が出ている。

しかし今の社会情勢ではこれがなかなか難しい。だが一〇年間で三ヵ月というのは誰にとっても計画の中に入れられるので比較的実行しやすいと思う。またバラバラに時間を削っていってもまとまったことはできない。三ヵ月まとまれば、別な人生経験ができるのでメリットはこの方が大きいだろう。

ある人は長年あたためてきた小説を書くかもしれないし、また別の人はボランティア活動を通して地域との関係をつくりあげるだろう。山小屋を建ててしまう人もいるかもしれない。そういうことを通じて豊かな人間性、家族との絆《きずな》を形成していくのだ。

(69) 健康保険相互乗り入れ法

資金的に余裕のある企業の社会貢献として、企業保険と国民健康保険の相互乗り入れを行い、企業保険が国保の赤字を部分的に克服する。企業の補助は、できる範囲で、できる時期のみでよいものとする。

国民健康保険の赤字は、このまま続けば国家財政をも揺るがしかねない状況になっている。そうなると、厚生年金までもが破綻して、年金はもらえない、医療行為も受けられないという状況になる恐れがある。

一方で企業の健康保険組合はお金が余っている状態だ。だから相互乗り入れ法で、その黒字の一部を国民健康保険の赤字にまわす。もちろんそれは、強制という形ではなく、あくまで企業の社会貢献という形にしなければならない。

また、もっとわかりやすいやり方として、たとえばうちの会社の健康保険組合はまだまだ体力があるから、国民健保の人を一〇〇〇人引き受けましょう、というのも考えられる。その場合は、この会社は一〇〇〇人に対してこれだけの貢献をしたということを公表していく。一〇〇〇人も受け入れられなくなったら八〇〇人に減らしてもいいし、財政が苦しくなったら一時中断してもいい。

大企業の保険組合のお金のつかい方を見ると、たいていが伊豆や那須に別荘を建て、それでもまだ黒字を消化しきれないものだから、健保組合主催の温泉旅行なんかやっている。そんなことをやるよりは、国民健康保険と乗り入れて社会に貢献したほうが、よほど有意義ではないか。

(70) リサイクル法

一、紙・木材、アルミニウム、鉄など、日本で少ない有限資源を保存するために、社会的なコストを払ってリサイクルを推進する。

二、リサイクル品の方が新品よりも高価な場合には、その差額を平準化するべく新品の価格と混合平均したものとする。

一般的に、リサイクルには手間も費用もかかる。だから資源を大切にしようという気持ちはあっても、なかなかそれを実行できないのではないか。自治体などを中心に資源回収も行われてはいるが、まだ細々とした活動にすぎない。それならば、国として貴重な資源を守るために、社会的コストをつぎ込んで、リサイクルを推進したらどうか。

しかし、いくら紙を大切にしようといっても、再生紙の値段が新品より高ければ、みな新しいものを買って使い捨ててしまうだろう。そのようなときは、差額を是正するべく新品の価格をリサイクル推進費用と混ぜ合わせて平準化する。そうすることによって資源の保存が促進されるし、社会的なコストを支払うことを通して、地球を守ろうという責任感も育っていく。もう一つのやり方はコミュニティーと道州から上納された国税の一部を使って、リサイクルを確立するための費用を負担する。またコミュニティーや道州に最低限のリサイクル投資を義務づけることをする。環境と資源の問題だけは自由競争になじまない要素が強く、このような法律を作って社会的コストとして正式に認知していくことから始めなくてはならない。

(71) アダプション法

一、家族を最重視する社会を実現する上で、一定の条件を満たす人は三歳以下の子供を国籍を問わずにアダプトできるようにする。

二、養子はすべての点で家族の一員として、あるいは社会人として対等に扱われなくてはならない。

日本では、正式の結婚による子供以外はなんとなく社会的差別がある。そのため独身者や子供のできない夫婦など、子供の養育を通じた家族の価値を体験できない人が増えている。アダプションがふつうのこととして抵抗なく認められれば、子供に恵まれない人でも家族を形成できるし、親が養育を放棄してしまった子供たちも施設ではなく家庭で育つことができる。そうなれば自然に、非嫡出子に対する偏見や差別もなくなっていくだろう。

「一定の条件を満たす人」という条件をつけたのは、極端な話、非常に貧乏な人が、子供を働かせて自分は遊んで暮らす、なんてことに利用することがないように、という意味からだ。また、子供の年齢を三歳以下にしたのは、相続税対策——前述のように相続税というのは廃止するよう提案しているのだが——のために養子制度を悪用するような人がけっこういるからだ。

アメリカでは、親が養育を放棄してしまった子供たちを社会施設で育てているが、そのコストがものすごくかさんできている。膨大な社会的コストをかけて子供を悲惨な状況の中で育てるより、こういう法律でちゃんと育んでやったほうが、子供のためにも社会のためにもいいのではないか。

(72) シルバータウン整備法

一、今後急速に高まるであろうシルバータウンの需要に応えるためにシルバータウンの整備を促進する。

二、シルバータウンのアクセスを良くし、交通インフラを整える。たとえば、各道州に空港を設置、空港からの連絡道路を整備する。

今、六五歳以上の人に聞くと、シルバータウンなんてとんでもない。そんな過疎地に追いやられるのはごめんだ。いつでも孫の顔が見られる近くで暮らしたい、という。そう答える理由の一つに、その年代の人はラッキーな人が多くて、都会のわりと便利な場所に三世代住宅なんかで暮らしているということがある。

ところが今、四五歳くらいの人になると、四人家族で二LDK、七〇平方メートルくらいのところに住んでいるので、三世代同居は所詮難しい。その上毎日すさまじいラッシュにもまれて通勤していて家には寝に帰るだけ。近所とのつきあいもあまりない。こんなところで一生生活するのはいやだ、もっと伸び伸びしたところで暮らしたい、と考えるようになってきている。だから、この世代の人たちには引退後のシルバータウンに対する潜在需要がかなりある。それならば、その人たちが引退する一〇年後、一五年後に向けて、今からシルバータウンを整備していくべきではないか。

欧米の状況をみると、一人あたりGNPが一万ドルを超えるあたりから、給与をとっていたときに生活していた場所と、引退後に住む場所がずれてくる傾向が非常に顕著になっている。日本も本当の意味で豊かな老後のおくれる国づくりをしていこうではないか。

なおここでもう一つ補足をさせてもらいたい。それは老人介護についての私の考え方である。老人問題は若人の教育の問題と共にこの国の将来の二大問題である。しかし今の画一的なやり方や、金だけで魂の入らぬやり方をしていては問題は解決しない。社会的コストが増える割に質が改善しない。発想の転換が求められているのは教育と同じである。最近『介護ジャーナル』にこの問題について書く機会があったので、ここで紹介させてもらいたい。

＊　＊　＊

押しつけのゴールドプランはいらない

一九九九年を目指しての、老人保険福祉計画の一〇ヵ年戦略（通称ゴールドプラン）に基づいて、さまざまなプラン策定の動きがある。主な施策は「市町村における在宅福祉対策の緊急整備」「寝たきり老人ゼロ作戦」「長寿社会福祉基金の設置」「施設の緊急整備」「高齢者の生きがい対策」などである。なかでも「長寿社会福祉基金」は七〇〇億円という大きな額を決定した。

果たしてこれは、老人たちにとって本当の〝ゴールド〟プランになるのだろうか。

現在の機能別縦割り行政では、老人問題も他の問題と同様、機器はこの省庁、保険はあちらというように、利権化している。利権に関係のないものは、めんどうくさいという理由で放っておかれている。そのうち、金だけをつけて、質についてはたれ流し。ヘルパーから何からタダでサービスして、モニターすらしないという状況になってしまう。これでは、民間の営業ベースで良質な介護をしていこうとしているところまで侵食することになりかねない。したがって、老人問題は機能別縦割りではなく、国民生活省とでも呼ぶべきものをつくり、その中で総合的に扱うべきだと考える。

ところで私は、こうやったら老人問題はうまくいく、というケースをつくるために、基礎となる統計データを探したのだが、老人の統計はほとんどなかった。日本の行政はあれだけ細かい職業別統計をとりながら、主婦と老人に関するデータはとっていないのである。一口に老人といっても、子どもと同居しているのか、ひとり暮らしなのか、子どもがいるのかいないのか、奥さんに先立たれたのかなど、事情は一人ひとり違う。その状態・状況すらわかっていない。福祉の拡充もゴールドプランもたいへん結構だが、議論のもとになる老人の基礎データさえないのが日本の現状なのだ。

老人福祉行政は、まず、老人の自助努力を助けるという立場からすすめられなければならない。自助努力をまつことなく、なんでも国が一律にやると、二つの現象が起こってしまう。一つは、社会的コストが無限に高くなり、富を生産する側よりもそれを再配分する役人やもらう側の人が多くなること。これはヨーロッパの主要な国で起こっている現象だ。もう一つは、若い人の負担が大きくなりすぎると、彼らのやる気がなくなり、産業全体が活力をなくして国が滅びてしまうことになる、という点だ。

社会的コストを下げるには、老人の自助努力を推進するシステムをつくる。つまり、国からもらえば得、もらわなければ損だといった概念をつくらないようにするのだ。たとえば、現状では年金は、ある年齢に達すれば一律にもらえるようになるが、これを見直す。退職はしたけれど、ある程度の蓄えがあって普通に生活できる人や、あるいは三世代同居などで年金はそれほどいらないという人などは、年金を返上できるようなシステムをつくるのだ。ただ返すのではなく、自分の出身地や世界の貧しい国のために役立てる、若い人の教育助成金として使うなど、いくつかの使途を指定できる形にする。さらに、たとえば富士山の麓《ふもと》に返上者の名を刻んだモニュメントをつくって、その人たちを讃えるようにしてはどうか。そういうシステムが確立すれば、老人といえども一方的に国の世話になるのではなく、自分でも世の中のためにいろいろなことをしているのだという
プライドが持てるし、最後まで自分でがんばろうという意欲も出てくる。もちろん、一度返上したら二度ともらえないというのではなく、必要になったらすぐにもらえるよう、細かく対応していく。

冒頭に触れたゴールドプランに戻れば、国の構想自体は結構なものだが、これを実施する地方自治体では、押しつけられて困惑気味のところもある。増員しろ、と言われるヘルパーはなかなか集まらない、デイ・サービスの利用は進まないなど、さまざまな問題がある。だいたい、国に老人に関するデータすら満足にないものだから、地方自治体にプランの策定をゆだね、自分たちでやりなさいというが、地方だってわかっていないからやりようがない。結局悪循環が続くだけ

だ。

老人問題は国と地方共通の問題だ。しかし、たとえば沖縄と北海道では季節性からしてまったく違うのだから、地方を一律にとらえるのは間違っている。考えられることは一緒に考えても、実施にあたってはそれぞれの地方に思い切ってまかせた方がいい。そうはいっても、各地がてんでんばらばらにやると著しい不公平が生じてしまう。企画は国が考え、しかしそれを地方に押しつけるのではなく、地方自治体が自主性をもってうまく取り入れていく。そういう方向で考えていくのがいいと思う。

シルバータウン

日本の住環境の悪さは、バブル時代が終わっても一向に良い方には向かっていない。これから高齢者になるわれわれにとっては、親子同居もできず、コミュニティーにも恵まれない状況で生活していかねばならないという深刻な問題が待ち受けている。

いま、シルバータウンというと、リゾートがうまくいかなかったからシルバータウンに作戦変更、という土建屋的発想のものを想起されがちで、概していい印象を持たれない。私がシルバータウン構想を話すと、「老人を地方に追いやる気か」などと反発する人もいる。しかし、高齢化がすすんでいく二〇年後には、シルバータウン、つまり高齢者用の町は絶対に必要なのだ。

現在、大都市周辺に住む六五歳くらいの人は、職場から四五分くらいのところに一〇〇平方メートルはある住宅を持っている。交通の便はいいし、三世代同居型住宅にするのも可能な広さがある。それが三五歳から四五歳くらいになると、通勤時間は一時間、広さは七五平方メートルになり、さらにそれ以下の年齢の人たちは、大学を出たサラリーマンで、通勤時間が一時間二〇分もかかるところにせいぜい五〇平方メートルのものしか買えない。三世代住宅などは夢のまた夢。子どもは一人がせいぜいで、二人持ったらプライバシーも何もない生活になってしまう。

高齢化社会に向かっている現在、老人問題は、比較的恵まれた環境にある今の老人を対象に考えるのではなく、二〇年後に老人となる世代を調査対象として対策を練らなければならない。一時間二〇分もかけて通勤している人たちに、近隣とのつきあいやコミュニティーはつくれない。退職しても近くには気の合う仲間もいない。かといってそんな狭い家では、子どもや孫との同居もできない。そんなところに年をとってからも住み続けたいと思う人はほとんどいないはずだ。そこにシルバータウンの必要性がある。

私が考えるシルバータウンとは、生活の質と家族との接触頻度、両方が確保できる、次のようなものだ。

特に産業はないけれど風光明媚、気候温暖なところにシルバータウンをつくる。スポーツや自然に親しめる素晴らしい環境なら、週末や長い休みには子どもや孫が頻繁に来るだろう。そのためには交通インフラを整えて、特に空港からのアクセスをよくしておく。そのころには、飛行機の料金も自由化されて安くなっているだろうから、シルバータウンへは飛行機なら短時間でしかも安く来られるのだ。結果として、ふだんはいい環境のなかで生活の質を高め、しかも地理的には離れていても、子どもや孫とはすぐ会えるという、二つの大きなメリットが得られるのだ。

老人問題に関して、日本が他の先進国と違う点は、そのかなりの部分を家族の問題として処理してきたというところにある。たとえばアメリカでは、一八歳や二〇歳ぐらいになってまだ親と同居していると、親離れのできないやつだと軽蔑される傾向がある。家族の絆の強かったドイツでさえ、最近ではアメリカのような状況にさしかかっている。日本は先進国の中では珍しく、そういう傾向とは逆に、三世代同居を希望している人が増えてきている。働く母親にとっては、おばあちゃんというのはベビーシッターにうってつけの存在だからという理由もあるだろう。しかし、理由はともあれ、せっかく残っているこの家族間の絆は、なるべく大切に伸ばしていくべきだ。三世代同居という価値観をもった人は、老人の保険福祉のための社会的コストを一部負担しているわけだから、たとえば税制面で優遇するなどしてあげる。そうすれば、社会も安定するし、老人にとっても国に面倒をみてもらうより、家族にみてもらったほうがずっといいだろう。子どもにとっても、価値観の伝承など、プラスの影響がかなりあるはずだ。

ただ、何もかもを家族の問題としてはいけない。あるところまでは家族でがんばったけれど、これ以上は難しい、困ったというときには、いつでもタオルを投げて行政の支援を受けられるような制度はつくっておくべきだ。

寝たきり老人について言えば、つくらない、寝たきりにさせない努力が必要だ。つまり、医療行政の対象者にするのではなく、高齢者行政の枠内にとどめておくことが重要なのだ。家族の絆を大切にした老人福祉行政を考えるならば、自分の家にいるのと変わらない雰囲気のもの、病院ではなく住空間を意識した半病院のような、病院と家庭の中間のようなものが必要になってくる。老人保険施設がつくられてはいるが、これは部屋の収容人数、ベッドの大きさまで決められていて、家族と二人で住むという概念ではできていない。あれこれ規制があるので自由にできないのだ。自宅をそういうものにしようという人には、増・改築への公的補助やヘルパー派遣などの援助がある。しかし、よく考えてみると、せっかく改築しても自宅の場合、その人が亡くなったあとはむだになってしまう。だから、そういう住宅と病院の中間施設のようなものを、専門家の意見を取り入れながら地域内に数多くつくるというのが、日本ではいいのではないかと考えている。

(73) 負担選択法

一、個人が社会コストを負担する上で、納税するか、または公僕・兵役のボランティア活動を行うかを選択できるようにする。

二、よって、公のボランティア活動に使った時間に応じて所得税を削減することも可能になる。

ドラフト法のところでも触れたように、公僕・兵役のボランティア活動には多くのメリットがある。国にとっては財政支出の節約につながるし、個人にとっても所得税の軽減になる。経済的なことばかりではなく、積極的なボランティア活動を通じて、社会運営に参加するという考え方が広まっていく。そこで自分の時間の一〇%、二週間に一日を社会奉仕に使った人は、所得税を一〇%から〇・五%下げて九・五%にしよう、という提案である。

先般カンボジアの選挙にボランティアとして出かけた人たちを見ても、意欲のある人は相当数いると思われる。しかし現状では、ボランティア活動をするためには有給・無給の休暇を取らなければならないなど多くの障害があり、活動を奨励する仕組みがない。この法律で積極的かつ恒常的なボランティア活動を推進することができる。

(74) ステイクホールダー法

一、企業は社会的機関として社会的な責任があることを法的に明示する。

二、企業は、顧客、従業員、下請け・外注会社、資本家、銀行、コミュニティーといった様々なステイクホールダー(利害関係者)の利益を調整し、長期的に最大化することを目的とする。

現在の商法では、企業は資本家のものであるということを強調するあまり、企業の繁栄にとって不可欠な他のステイクホールダーの利益の追求について十分論じていない。むしろ、自分だけ儲かればいいといってステイクホールダーの利益をないがしろにしているところも目につく。もちろんアメリカやイギリスの赤裸々な資本主義の論理を入れたからそうなったのであって、多くの日本企業は自分たちのできる範囲でステイクホールダーのことを十分に考えてきている。

これからは、かなり長期にわたって雇用不安が顕在化し、企業収益が圧迫される、と予想される。だからこそ企業が社会的責任をより深く認識し、資本家のみの利益ではなく、幅広いステイクホールダーの長期的な利益のために運営されるようになるべきだ。しかし資本主義社会において富を創出し、雇用を増やしていく能力があるのは企業だけである。この社会的貢献を正式に認め、資本の論理が行きすぎないようにすることが本来の狙いである。

また、労使関係についても、今までは資本家と労働者が対立しているという構図になっていたが、日本の場合それは正確ではない。対立よりも協調しているというほうが近いわけで、それを前提に枠組みをつくり直す必要がある。

(75) 新「公序良俗」法

社会常識が明らかに欠如しており、他の人に迷惑がかかるような行為（公園や路上にゴミを捨てる、家で大きな騒音を出す、道で唾を吐く、海岸でガラス片を捨てる等）に対して、罰則を設ける。

公の場ではだかになったり、立小便をすれば罰せられるが、ゴミを捨てても罰せられない。このように、現在風紀や公徳というものについての処罰行為にはその基準について一貫性がない。新たに「他の人に迷惑がかかる行為はすべて処罰に値する」というような基準を設けたらどうか。このままでは、罰則がないんだからやってもいいだろう、という風潮になり、海や川は空き缶だらけ、道路はゴミだらけという惨憺たることになってしまう。いや、すでにそうなっている。それを掃除する社会的コストもたいへんだ。もちろんこれは教育の問題でもあるのだが、公徳心を教え込むのに時間がかかるのでその間（一〇年間）これに罰則を設けよう、というものである。罰則で社会風紀を正していく、というのは私も好ましいことだとは思わないが、当面の措置としてはやむを得ないと思われるのである。

この点で、ゴミやガムを捨てると罰金あるいは清掃奉仕が義務づけられているシンガポールは日本の一歩先をいっているのかもしれない。日本でも何らかの罰則を設け、社会常識を高める努力をしなければならない。アメリカのカリフォルニア州では自動車で大きな音を出してビートの強い音楽を聞く人が絶えないため、五〇メートルくらい離れたところから聞こえる大きさで走っていたら逮捕されるようになった。私はシンガポールが地下鉄でガムをかむことを禁止した時には、独裁国家のやることだ、と思った。しかし日本の海岸、河川、公道などのゴミ、カン、タバコのポイ捨てなどの現状を見ると、国民の関心を少しひくためにも、この法律を正面から練り上げることが意識改革には良い、と思うようになった。

(76) 男女平等法

一、現在でも不平等が残っている男女間の平等を達成する。
二、その際に、機会の平等だけでなく、結果の平等の考え方も導入する。

いまさらこんな当たり前のことを言わなくても、という声もあるだろうが、本当にそうだろうか。たしかに現在でも、性別、年齢、人種、宗教などによって差別をしてはいけないという一般的な決まりはある。しかしながら現実にはあらゆるところでまだまだ不平等が多く存在している。

一応、雇用機会均等法が八六年に施行されたわけだが、採用・昇進にはいまだに明らかな男女差別がある。経済界が今年のような不況だと、女子大生なんか就職できない人もたくさんでてくるし、せっかく総合職で入ったのに、昇進もできないままやめざるを得なくなったケースもある。だから、もっと積極的な男女平等を実現するために、結果の平等についての法律を思い切って導入したらどうだろうか。

今の労働基準法では、残業時間その他で女性の方が過保護になっている。だが、残業時間を同じにしたら、結果は本当に平等になるだろうか。

結果の平等というものさしで見直せば、あらゆることが相当変わってくるはずだ。

わかりやすいように、すごく卑近な例で説明してみよう。コンサート会場やドライブインのトイレを、男女平等ということで同じスペースにしたとする。女性の方が一回の時間がかかるから、休憩時間内に用がたせない人が出てきてしまう。これは結果の平等という考え方でみれば、非常に不公平だ。平等にするためには当然女性用の数を増やさなければならない。トイレの面積からいえば不平等かもしれないが、こうしなければ結果の平等は得られないのだ。先述のように女性が安心して働けるようベビーシッターの費用を税控除するというのも、その一つの例だ。女性に機会の平等を与えても結果的には子供のことや親の看護などがあり、同じようにはなかなかならない。「女のくせに……」とか「女だけど……」という表現がなくなる社会の実現をめざすことが大切になる。もちろん日本の母親が子供の教育に注いできた情熱が今日の工業大国日本をつくり出した、ということは否めない。しかしこれから価値観が多様化し、世界の中で指導的役割を果たしていかなくてはならない日本の将来のことを思うと、子供の将来しか考えられない母親では世の中に取り残されてしまう。親子の食卓の会話にもついていけなくなるのだ。

見回してみれば、身近なところにもこうした女性の自己改革が必要な例がたくさんある。本項はそれを法的に支持していこう、という提案である。

(77) 時差法・サマータイム法

各道州が、標準時を自由に選択することができるものとする。

私は八八年に書いた『遊び心』（学研）の中でサマータイムの提言を行った。また北海道と東京で時差を設け、全国一律という今までのパラダイムを変えたらどうか、と北海道での講演などでくり返し述べてきた。これを受けて北海道庁の中に有志からなるプロジェクト・チームができて、サマータイムの検討に入った。結論は肯定的なものであったが、現在の明石標準時を定めた法律のもとでは時差の導入は困難、というものであった。本法はその法律の変更を求めるものである。

北海道や沖縄など明石の標準時から経度がずいぶん離れたところでは、まだ暗いうちに活動を始めたり、暗くなるまで仕事をしなければならないことがあって、エネルギー効率が悪い。

したがって、各道州は自分たちで自分たちの時間帯を選ぶことができるようにする。そうすれば、これらの地域ならではの時差によって地域の特性を活かした展開が可能になる。たとえば北海道が時差をつくれば、ウェリントンと並び世界でいちばん早く開くマーケット（市場）となり、世界中から金融機関を誘致できる。サマータイムを併用すれば夏の夕暮れは九時過ぎで、会社から帰ってスポーツなどを楽しむことができる。旅行者にも一日が有効に使えるなどヨーロッパなみの雰囲気が出てくる。

ただし、北海道は東京より二時間進んでいるが、東北道は一時間遅れている、というような混乱が起こらないように、各道州で調整する必要がある。

実際に時差をつくる道州はほとんどないかもしれないが、そういう範囲まで自主行政で決められる、という精神的なメリットはあると思う。

(78) 二院制法

一、まず、三回の選挙で議員定数を徐々に減らし、国会を一〇〇人の一院制にする。
二、そして、二院目を国民による直接投票（レファレンダム）とし、重要な案件はこれにより決定することとする。
三、同時に国会が取り組む内容を外交、安保、中央銀行・為替管理、法務、道州間の調整、全国基準・規格の設定、そして最低生活の保障に限定し、その他は地方が行うものとする。

第五章の「国会議員半減法」でくわしく述べたとおり、国会議員は最終的には各道州から一〇人前後選出されれば十分である。全体で一〇〇人程度の人数なら、国会は議論の場になりうるし、一人ひとりの議員にも国民を代議しているという責任感が強まり、結果として国会の質は向上するだろう。

しかし、やはりそれだけでは不十分なのだ。重要な案件はぜひとも国民によるレファレンダム（直接投票）にすべきである。これを上院とし、一院制の国会と合わせて二院制の原則を守るのである。今でも機能していない参議院は不要となる。コモンデータベースのところでも触れたように、声紋などによるアイデンティフィケーション（本人同定）の技術がすすめば、電話での投票も可能になるし、日本の先進技術をもってすればレファレンダムのシステムくらい簡単につくれるはずだ。また海外にいる人々も投票できるようになり、外から見た日本に対する意見として、六〇万人の貴重な票が投じられることになる。国民が直接重要な案件の決定に参加できるとなれば、政治に対する関心は大きくなり、国家について、ひいては国民としての自分の責任についても今以上に真剣に考えるようになるだろう。

⑺⑼　税基本法

一、現行の三九％の租税負担率は変えずに国税を廃止し、道州とコミュニティーからの上納一〇％分で国家組織を運営する。
二、道州税は二～六％の消費税と三五％の法人税から成り立つ。
三、コミュニティー税は、一律一〇％の所得税と、評価額の一％の固定資産税から成り立つ。
四、家族の基盤である生活権を保障するため、家族離散を促進する相続税は廃止する。
五、法人税と所得税の五％を世界税として世界の環境・平和維持、および途上国の開発援助のために使う。

いくら中央集権から地方自治に移行しようとしても、現在の税制では地方に自主財源が少なく、自立した自治を行うことができない。徴税のしくみを右のように変えれば、地方が独自の展開をするための財源の確保ができる。

この制度がきちんと機能するようになれば、国は各道州が共同運営するという理念が、税制上も実現される。また、現状では法人税と所得税が高すぎて、企業と個人の活力をそいでいるが、これも結果的には減税になるので、経済の活性化も見込まれる。

ボーダレスワールドでは、自分たちのことばかりでなく世界中のことを考えなければならない。世界税は地球市民として世界に貢献するための税で、多くの国でこの制度を採用するならば、地球を守る大きな力になると思われる。国家の運営は税に始まり税で終わると言ってもよい。どういう理念で、どういう目的のために、どれだけの税を取るのか、これを今「平成維新」達成のために考えて提案しているのが本法である。

今のように取れるところから取る、という方法では不公平感が広がる一方である。またガソリン税などを道路建設に使う、という目的税は国民の理解は得やすいが、無駄遣いのもとにもなっている。ガソリンとタバコには重税を、生活必需品には手加減を、というのは国の価値を国民に押しつけることになる。ギャンブルを禁止しておきながら、公営競馬や競艇を地方税の財源のために使うなら良い、というのは何と官主導の考え方だろうか。私は税はなるべく一般概念の中で、例外なく取る方が良いと思う。その結果生活が苦しくなり、憲法で保障された人間の尊厳が守れなくなるというのなら一般の社会福祉を受けられるようにすべきだ。守られない戦略物資でも戦略産業でもないものを国民の税金を使って保護するのはフェアではない。守られない産業や職業が山のようにあるのだから。このようなことをしていけば税の種類も控除もごく少なくなり、徴税コストも下がるし、脱税者もほとんどなくなるだろう。民主主義とは、納税し、参加し、そのシステムを守る人々によってしかうまく機能しないものだということを改めて確認しようではないか。

補遺

読者のみなさんは、これまでの私の提案（第五章の四項と第六章の七九項の計八三項）を読まれていかがお考えだろうか。法律など難しくて、と思わずに、素人の言葉で、生活者の感覚で、おかしいことをおかしいと言い、かくあるべきことをかくあるべしと言えばいいのだ、という私の信念が伝わっただろうか。私は法律にも政治にもまったくの素人だが、寝ても覚めてもこの日本の将来のこと、いかにしたら人々が幸せになり、かつまた世界からも信頼され、尊敬される国になるのかを考えている。ただ、それだけのことでも、サラリーマンをやりながら、このような本が書けるようになってきたのである。

生活者の立場に立った立法を考えていく上で参考となるいくつかの追加事例を次に書いてみる。これらの事例を通じて、日本の役所が今まで「国はじめにありき」であったこと、これから「生活者主権」になると、いかに細かなことにまで関心を払わなくてはならないか、「平成維新」がなぜ市民参加型で推進されなくてはならないのか、なぜ役所や政治家に任せておくだけでは達成されないと私が思っているのか、などがお分かりいただけるだろう。

海外選挙区

第五章で述べたコモンデータベース法で声紋による電話投票ができれば、海外在住の六六万人（うち有権者四四万人）が直接投票できるようになる。そうなれば代議士をそれぞれ自分の出身地から選出する手だてもできるが、もう一つ、諸外国で行われている方法の中で注目に値するのは「海外選挙区」である。この方法だと、ちょうど一つの小選挙区が「海外区」ということになる。もちろん比例代表も海外在住のインタレストグループが立候補すれば、一〜二人を当選させることができる。

海外に暮らす日本人は今怒っている。日本政府が国際音痴で恥ずかしいことばかりして、祖国に対してプライドが持てなくなっていると思っている人が多い。また帰国子女の受け入れの問題や日本人学校などの問題について、大きな不満を持っている。日本の国際化が進まないことで家族が苦労することが多いのだ。

たとえばスイスは自国企業の多国籍化を進められるよう全寮制の学校をたくさん作り、両親が安心して海外赴任できるよう努力してきている。このような問題は、たとえば人口数百人の過疎地に対する今の日本政府の過剰ともいえるサービスぶりと比較すれば、いかに海外在住日本人のインタレストが無視されてきているか明らかだと思う。それもこれも、この人々を正面から代議する人がいない、役所がないことに起因している。

そこで私が提言するのは海外選挙区制である。ただし候補者は日本に在住していても構わない。自分がはっきりと六六万の海外在住者の代議人である、という認識があればいいのである。

太公望

日本には釣り人口が一二〇〇万人もいるという。日本の釣り道具は世界一。まさにアマチュア・フィッシングは巨大産業なのである。当然これに基づく雇用の創出も、釣り船、釣り宿、釣り具店、釣り具メーカー、養殖業などなど数え切れない。しかし、この人たちの利益を代表する役所はないし、また法律はない。県や市に担当の係がいるということもない。一二〇〇万人の釣り人は全国三七万人の漁師たちの間隙をぬって、じゃまをしないように釣り糸を垂れなくてはならない。もちろんレジャーボートを持っていてもトローリングは違法である。世界で遊び用のトローリングを条例等で禁止しているのは日本だけである。もちろん漁業権が認められているのも韓国と日本だけである。

私の提案はレジャー用釣り人を公式に認知すること、職業漁師は線引きによって守るが、それ以外のところではレジャーとしての釣りなどを自由化すること、魚介類保存のため一定のルールを設け、その運用費は年間一〇〇〇円くらいのライセンスフィーを徴収してあてること、海岸や湖、河川の岸に数多くの安全な釣り場を設けること、などである。

私の提案している国民生活省の中に、釣り、スキー、テニス、ゴルフなどのレジャーや文化、教養などを高めていく課を設け、ここが音頭をとって法整備をし、人生をゆとりあるものにする。もちろん実施は地方で自主的にやらなくてはならない。このようにすればゴルフのプレー代が何万円もしたり、スキーのリフト待ち時間の方が滑っている時間より長い、などということを何とか解決しようという政治家や役人が出てくるだろう。今のように業者、提供者、少数利益団体指向から、受益者、生活者、市民のための当たり前の行政が行われるようになるのだ。

ヘリコプター

日本ではヘリコプターの離発着手続きが非常に面倒くさい。ヘリコプターを何か特殊なもの、金持ちの遊びくらいに考えているからである。しかし最近では政治家の被災地訪問や消防、警察などにはひんぱんに使われているので、結局ここでもまた一般人には縁の薄いものとなっている。つまりヘリコプターを規制し、一般の人とは無縁のものとしている間に、役人の遊び道具となってしまったのである。しかし病気などの急を要するとき、仕事上、空からみる体験、など多くの人に利用される機会は多いはずである。

私の提案は、日本全国すべての市町村（または二〇キロメートル四方）に最低一つの簡易ヘリパッドを設けること、事前届け出制（今は何と一週間前）は、それ以外の場所で離発着する場合のみ、とすること、計器飛行を導入し、事故を少なくすること、などである。いくら道路を整備しても海や山を短時間で越えていくのは難しい。日本のような地形のところは、もっとヘリコプターの利用が一般の人にも簡単にできるようにすべきである。

たとえば、今は半日もかかる秩父から羽田などは三〇分で行けるし、もし営業が軌道に乗れば、一人一万円以内で行けるようになる。そうなればむしろタクシーなどより安くなる可能性さえある。決して金持ちだけのものではないのだ。

西暦

昭和が六〇年以上続いてあまり気にならなかったのだが、平成になって政府はいち早く、公文書に元号を使うことを決めてしまった。しかし海外と切り離しては考えられないことの多くなった今日、元号はまことに不便である。たとえばブラックマンデーから六年というとき、一九八七年と覚えていれば済むものを、昭和六二年と覚えていれば、にわかには計算できない。もしどうしても使うなら皇紀二五〇〇年などの連続性のあるもの、またはせめて明治一三〇年などと、年齢の計算などで引き算が簡単なものにすべきではないか。世の中は複雑になる一方なので、せめて元号ぐらいはシンプルにしてもらいたい。

勲章廃止

経済人とつきあっていてつくづく思うことだが、年をとってくるとどうしても勲章が欲しくなるらしい。それが高じてくるとノーベル平和賞まで欲しくなるらしく、今私の知っているだけで日本に三人も、まじめにノーベル平和賞を目指して、世界に出かけていって金をバラまいている人がいるのだ。そういう人のスタッフもたまったものではないが、ノーベル財団もさぞ困っていることであろう。

勲章がなければ世の中のためになることをしない、というのも困りものだが、勲章のためにパフォーマンスしたり、役職、公職を喜んで引き受けるというのも醜い。勲章はそもそも官尊民卑である、と言われている。官が民のランクづけをすることを通じて、長いものに巻かれる習慣がついてしまう。まあ体《てい》の良い統治手段の一つ、ということであろうか。

もし勲章を出すとすれば、公務員や民間ボランティアなどに限り、等級をつけないでカテゴリーだけにするのが良いだろう。勲一等瑞宝章、なんていうよくわからないものの代わりに、福祉分野では友愛賞、公務員なら公貢献賞をそれぞれ表彰状と金一封をつけて授与する、というので十分ではないか。

人々は皆一生懸命生きており、家族を養うのも精一杯という人もいる。また余裕をもって社会改革に尽力する人もいる。どちらが世の中の役に立っているかは官僚が判断するべきことではないだろう。しかし、たくさんの人の助かることをやってくれた人が公的に認められるというのは、モラル上にも好ましいという考え方も理解できる。

しかし今の勲章は、そういう人よりも自民党により多く寄付した工業会の会長、経団連などの会長、副会長など、驚くほど為政者の道具となってしまっている。従業員をたくさん雇い、税金をたくさん納めても勲章の対象にはならない。政治的貢献が優先されるのである。また公団、財団、天下り先などを作ってくれれば、それも評価されるのである。

つまり、あまりにも官僚と政治家の恣意的道具と化しているのだ。まともな神経の民間人なら、これをもらったら政府・自民党（今なら政府・与党?）に何か特別のオベンチャラをしたのだろうと勘ぐられるのがいやで断わるのではないか（少なくともこれからは……）。

予算削減

所得減税と消費税アップを組み合わせるなど、歳入側の議論が最近にぎやかである。また赤字国債や新社会資本用の六〇年国債など、いかに財源を確保するかでアイデアコンテストをやっているようである。私はこれは間違った議論だと思う。今の日本は歳出削減を真剣に考えるべきなのだ。地方、企業、個人すべてにわたって自己責任、自立、自助努力の観点から経費を見直すべきである。

本章で提案した法案を実施すれば、税金は半分で済むようになる。日本にもグラム・ラドマン法のような予算膨張に歯止めをかける法律が必要だ。もちろん地方自治を本当に実行すれば自己財源のないプロジェクトはやらなくなるから、自動的に歯止めがかかる。公務員の多能化により、より効果的な人材配置ができる。道州とコミュニティーの二階層でやれば行政経費は大幅に減る。またコミュニティーの議員を無給とすれば一兆円を超える経費が倹約できる。

国会議員の定数半減をした上で、政策スタッフを増員する、というのなら話がわかるが、利益誘導型作業が中心の議員スタッフを増やすのは理屈に合わない。

いずれにしても私はこの際、向こう一〇年、少なくとも五年は税収が上がらないという前提で、かつ子孫にこれ以上国債の利払いをつけ送らないという条件で、歳出の大削減を法的に義務づけるべきだと思う。その上で、本書で提案したような相続税の廃止（約二兆円の税収減）などを実行すべきだ。この際、税体系はなるべくシンプルに、徴税権は使う人と同じところに、公的サービス提供はなるべく民営化して競争原理を導入し、歳出には企業経営の手法を用いて税金を増やさなくて済むように、などの国家運営上の基本認識を再確認することが必要だ。

ペーパーレス化

最近私の入っていた一時払い養老保険が満期になったので、受け取ろうと思ったら住民票が必要だと言われた。契約するときにはそんな面倒な手続きはなかったのに、自分の金を引き出すのにわざわざ区役所に行って書類をもらってこなくてはならない。しかしこの書類は印鑑さえ持っていけば誰にでも取れるので、なぜこんなものが必要なのか、まったくわからない。労力と紙のむだである。

ことほど左様に、いわゆるお役所仕事というのは書式を揃えることばかり気にしており、いかに書類を少なくするか、ということは考えていない。行政などの手続きを簡素化し、しかもコンピュータやメモリー機能を大いに使って住民サービスを上げて、かつコストを下げ、ペーパーレス化をはかるべきである。

本書にある提案の中で、コモンデータベースができれば大いに進むが、それを待たずにペーパーレス化を進める法案を一つ作ってはどうかと思う。

第七章　日本の選択

スローガンでは解決しない

私は本書を読んでくれた人に深く感謝したい。なぜなら本書を読めば日本の選択が、単に標語をどれにするか、という程度の問題ではないことが理解されるであろうからである。消費大国とか生活大国という類の問題ではなく、目の前には賢明な国民が選択しなくてはいけない難しい分岐点が数多くある。

そのうちの最大の問題は、富の創出をいかに続けていくか、という課題である。実は富の創出能力、つまり個人、企業、地方の「やる気」というものがいかに喚起されるか、という問題なのである。政府は「創造性」とか「活力ある社会」とか標語を作るのはうまいが、果たして今、社会システムが本当にやる気、創造性を助長しているだろうか。

新聞などの論調があまりにも社会主義的平等の原則になっていないだろうか。法人税や所得税があまりにも懲罰的になっていないだろうか。新聞の論説も、貧しい過疎地に同情的で人口の多い都市部の問題に冷淡ではないか。騒音に「悩む人々」に同情的で、「政府」に対して攻撃的ではないか。

しかし、そうした「社会的傾向」が、国民生活者、納税者にいかに高くついているかはあまり報道されていない。ようやくゼネコン疑惑に気づき報道されるようになったが、ここでも勧善懲悪的である。大手のゼネコン首脳や地方自治体の長が刑務所に入ることで問題が解決するわけではない。その原因は、自分の金でないもので、さして必要とも思えぬものを、途方もない額で建設することを望んだ地方があり、またそれを推進する人々を選んだ有権者がいるというところにあるのである。よくゼネコン疑惑などの例をもって地方自治に反対する人がいる。しかし原因の原因はその逆なのだ。自分の金でないものだから悪いことをするのである。中央省庁の官僚が自治体の長になって中央とのパイプを売り物にする。これもまた不正の発覚した地方の一つの特徴となっている。私は官僚が地方自治体に行って活躍するのが悪い、と言っているのではない。あまりにも安易に今様代官を受け入れる地方の自立心のなさと、自省の権益確保のために陣取合戦をやる省庁の腐ったやり方を変えたいと思っているだけなのだ。

オレンジ・カウンティVS.関西新空港

私の好きな空港にカリフォルニアのオレンジ・カウンティ空港がある。映画俳優のジョン・ウェインが愛用したということで地元ではジョン・ウェイン空港と呼ばれている。それが一九八〇年代に生まれ変わり、近代空港となった。ロサンゼルス空港から南に五〇分くらい行ったところにあるので国際線は飛んでいないが、アメリカ全土、ほとんどのところに行けるのである。九一年に完成した新空港は、立派なターミナルビルの建坪だけで一万坪、ボーディングブリッジを一四、他にゲート二ヵ所を持つ大施設である。チェックインも楽で、ゲートにも近いし、ターミナルビルにつながった駐車場は四棟八四〇〇台分もある。また近くを通るハイウェー四〇五号線へのランプも新しくなった。

この新空港の全建設費が三・一億ドル（三二五億円）なのである。それを全額郡が債券を発行してまかなった。滑走路（ジャンボ機は無理だがボーイング767までが使用できる）は五七〇〇フィートと二八八七フィートあり、年間の発着回数は五五万三〇四〇回にも及ぶ。つまり、この空港は発着料だけで経営が成り立つのだ。なぜこのようなことが可能かと言えば、これが地元のオレンジ・カウンティ（日本の郡に相当）によって経営されており、郡の議会で承認され、自力で資金調達し自主的に建設、運営されているからである。事実、工期が五ヵ月遅れ、予定通り開港できなかった、当初予算を一〇億円オーバーした、といって問題となり、議会や地元の新聞でこっぴどくたたかれているのである。なぜなら赤字は郡住民の負担となるからである。しかし初年度から早くも年収四〇〇億円を越える売上高で十分に採算がとれている。

関西新空港は予定より少なくとも一年以上遅れ、地盤沈下もあって予算はオレンジ・カウンティ空港換算〝何港分〟もオーバーしたが、おとがめ一つないし、大阪の人が文句を言って騒いだ、ということを聞いたこともない。関西新空港は総工費一兆四〇〇〇億円と言われている。空港島を人工的につくる費用がその半分以上である。このような巨費を投じることが本当に意味のあることなのかということは、ひとたび決定してしまえば問う人がいなくなる。業界は受注合戦に突入し、誰一人として、これを全体で八〇〇〇億円で仕上げることをもっと真剣に考えよう、などとは言わない。税金が八〇％なのに、これを第三セクター方式でやると言えば、もう公的歯止めがかからないのである。第三セクターとなると責任者さえはっきりしない。大出資者の大蔵省の〝いじめ〟に耐え抜きさえすれば、この日本では何とかなってしまうのである。

ところで、ここでなぜ関西新空港がそもそもできたのかを考えてみよう。これは誰もが記憶しているように（私は時々、本当に覚えているのか！　と叫びたくなることがあるが……）、伊丹空港の騒音問題に端を発しているのである。夜間一〇時間は使えない、ということになり、代替地を探したが良いところが見つからず、泉南沖に人工島をつくるということになってしまった。関西新空港ができれば、伊丹は閉鎖され静寂が戻り、地元も安堵の色……と思いきや、いつのまにか地元で伊丹存続運動が起こった。今では伊丹と関西新空港との間に路線と航空会社の奪い合いが起こり、いまだに来年（九四年）九月に完成する関西新空港からどこに何便飛ぶのかさえ決まっていない。なぜ伊丹が存続運動をし、なぜ国民が一兆四〇〇〇億円の八〇％も出費させられるのか、誰にもわからない。

しかし一つだけ確かなことは、伊丹の騒音対策費が今日までですでに六〇〇〇億円にもなっている、ということである。騒音対策と称して建物の強化をする。何フォン以上の人には窓を閉めていても暑くないようにエアコンを買い与える。エアコンは動かさなくては意味がない、として電気代の一部を負担する。エアコンも古くなった、といって買い替えてあげる。そこに地元有力者や議員が暗躍することは想像に難くないのだが、あの巨大なオレンジ・カウンティ空港を一八もつくる費用が、廃止する予定の空港の騒音対策だけに使われてしまったのである。新空港も土地造成代を除けば、だいたい上物だけなら六〇〇〇億円もかかっていない。しかも伊丹を存続させるということになり、空域の関係で新空港は大阪からうんと遠くに持って行ってしまったから、今や伊丹は存続させざるを得ない。少なくとも神戸新空港ができるまでは。そうしなければ東京便などはすべて新幹線〝のぞみ〟に客を持っていかれてしまう。泉南から羽田に行く人は少ないと見積られているからである。

しかし伊丹の騒音問題は少なくとも今世紀中は解決しないし、また神戸ができても伊丹を前提とする（と神戸も言っている）ので、もしかしたら未来永劫、伊丹に対するこの国民の負担は消えないのかも知れない。しかし大阪では誰でも知っているし、また公費である以上公開しなくてはならないので、知り得るこの程度の情報でもマスコミは書かないし、批判しない。住民を敵に回し購読部数が減っては困ると思うのか、それとも長年の朝日新聞の功績で、新聞とは常に「弱者」保護の立場で書くものと思っているのか、私にはわからない。

オレンジ・カウンティ空港は住民が自主財源で安く工事し、また初年度から営業利益を出している。関西新空港は、少なくとも今の納税者が生きている間には損益分岐しない。伊丹の騒音対策費の負担は永遠に続くのだ。

これが今の日本の政治家や行政官の、私たちサイレントマジョリティーに対する贈りものである。消費税を上げる前に、歳出を削るために日本が選択すべきことを提示すべきではないか。今の、しまりのない税金のたれ流しを前提に税金を上げる話はやめにしようではないか。

マスコミのいびつな攻撃

農業問題でも、漁業権の問題でも、大都市圏と生産圏は分けて考えるべきだ、東京湾でなぜ漁業を続けるのかはっきりすべきだ、あまりに過大な補償は考え直すべきだ、と私が言えば、弱者切り捨て、漁民の敵、と書き立てる。しかし三〇〇〇万人の首都圏の人々にも海へのアクセスを与えるべきだ、と私は思っている。白か黒かではない、もっとうまい中間の方法があるのでそれを議論しよう、と言っても「鉄の三角形」はその既得権益をあらゆる手段を使って守る、という態度である。そこに利益団体、議員、有力者、官僚が暗躍し、スキャンダル専門の雑誌が食っていける余地が出てくる。そして有力紙は見て見ぬふりをして、あくまで大衆迎合、高みの見物である。

しかも全国紙ともなると、ひとたび権力の座にかげりが見えると、何ヵ月、何年にもわたってこれでもか、これでもか、と(その腐敗を生んだシステムそのものではなく)個人を攻撃しつづける。ロッキードからリクルートを通って佐川、ゼネコン汚職まで、権力の座についた人はほとんど葬り去られたが、その腐敗の温床は直っていない。それは日本の社会構造を変えてきていないからであり、個人の責任、企業の生存、地域の自立などに対してたれ流し的エセ社会主義的傾向に正面から取り組む議論がなされていないからである。

今のマスコミを前提とする限り「巨悪」は次々に逮捕されるかも知れないが、それらの人々を生み出してきた組織運営のシステムそのものにはメスが入らないだろう。現象は追うが原因は追及しない。とくにその原因が大衆や有権者の意識の問題、ということになってくればなおさらである。

問題となった仙台市長選や茨城知事選では結局新しく選ばれた人も官僚出身で、体制側の推した人である。汚職を生み出した構造を変えずに、見かけの少しは良さそうな人に託しているのだ。大多数の有権者は変化を望んでいるのではなく、現状に満足しているのである。ただし、「変化」というスローガンだけは買っている。政治家が「政治改革」というスローガンをお守りのように大切にしてきたごとく。

またマスコミも、かつての自民党に都合よくできている公職選挙法に基づく公示中の自粛という名のもとに、候補者の〝本性〟を透明にあぶりださない。ひどいところになると、元記者という（自社出身）候補を守るため、報道機関の中立性を疑うような提灯記事を書いたりする。

偏狭なナショナリズムこそ問題

もう一つ、日本における議論が貧困になる理由は、いわゆる識者同士の論争があまり見られないことである。対談をすればすぐに同じ意見になるか、対談ができないくらい対立してしまうかのどちらかである。相手の論点をよく聞いた上でそれをより高めていったり、争点を明確にした上でもし意見が違うならどう違うのかを説明する、ということが必要であると思われる。

私の「平成維新」に対して、日本人的発想ではない、という一点から攻撃をしてみたり、バタ臭い、とか経済合理性だけだ、という意見も見られる。私はなるべく分かりやすくということを心がけてきているので、反対意見も賛成意見もたくさん出てくることを歓迎する。多くの人が具体的意見をもって政治に参加することが必要である。私が間違っているのなら、どこがどう間違っているのか指摘してもらいたいと常に思っている。それにより私はまた自分の考えを磨いていきたいと思う。

私が『ストラテジック・マインド』（プレジデント社）を英文で出したのは八二年のことだが、それ以来、海外で六冊の本を出版してきた。私の「国境なき経済」という概念については賛否両論あるが、しかし国境は厳然としてある、というのも正論である。問題はどのような事象をとらえてボーダレスと言い、またどのようなものをボーダーの中で解決していかなくてはならないか、である。

今の世界における混乱は、基本的にボーダレス化のために起こっている。たとえば貿易不均衡という問題を、ナショナリズムをむき出しにして解決策を交渉している、という矛盾においてその原点が問われているのである。日本の会社だから日本に貢献する、と決めてかかるのか、日本に職や技術をもたらし、消費者利益を真剣に追求する外資系企業を名誉市民として受容するのか、という問題でもある。

問題は偏狭なナショナリズムである。それは北方四島や竹島問題だけでなく、「日本」というものに特別な意味を置こうとして、結局世界中の笑いものになっている徒である。日本の何を守

り、何を改革していかなくてはならないのかについて、冷静な議論のできない人々があまりに多い。たとえば、

コメ――このままいけばコメはなし崩し的に開放されてしまうであろう。私が七年前の『文藝春秋』に書いた「第三次農地開放」、あるいはそれよりも六年前の昭和五五年にプレジデント社で出した『加算混合の発想』で書いた「水田の価値」を問う、という文章を読めば、いかにこの問題が人災であるのか分かってもらえるだろう。

結局「一粒たりとも入れず」とつっぱっている間に都会の人々の不満が増大し、コメしか作れない人々を救うことができなかった。つまり解決策は白でも黒でもない中間であるはずなのに、またどこの国でも農業問題は国内政治とガットなどの建前との板挟みになっているものなのに、十分な議論と対策をしてきていない。

今からでも遅くない。よく聞いてもらいたい。私は基本的に日本の農耕者は世界の農場経営者となる道を模索すべきだ、と言ってきた。またその間は①産業として農業、特にコメしか作れないところは守る、②野菜など輸入にそぐわないものに力を入れる、③大都市近郊（五〇キロメートル圏）は土地の使用を基本的に農民の自主選択に任せる、④不足するコメなどの農産物は輸入する、⑤輸入食糧は国際市場で調達せず、現地農民と共同経営とする、⑥食糧等調達国とは第五章で述べた「外交基本法」に沿って総合安全保障条約を結ぶ、⑦緊急時のために少なくとも一年分の備蓄をする、⑧輸入したコメは市場価格で販売する、⑨生活できない農耕者は救済する。

政府はコメ問題をウルグアイラウンドの受諾という問題、つまりガットやアメリカのせいにし

ないで、①から⑨までをすべてやり、国民に納得のいく全体シナリオを見せるべきだ。一律関税などといって六〇〇％を超えるものを課せば、生活者の利益がないがしろにされる。あくまで日本の食糧の価格は国際市場価格に近づけていかなくてはならない。農民が海外事業を展開するための補助金ならまだわかるが、先の見えない事業に対していつまでも補助金で助ける、というような安易な政治的決着をすべきではない。

アスパラガス――これはもう北海道産が一番、という日本人のブランド信仰のおかげで今やオーストラリア、クィーンズランド州産のアスパラガスの最大の輸出先は北海道となった。全国の消費者はこれを北海道のアスパラガスとしておいしくいただいている。十勝ワインにブルガリアのバルクワインが入っているように、これは北海道の生き残り戦略なのだから文句を言う筋合いはない。しかし、もしこのようなことをするのなら何も隠さなくていいし、堂々とやればよい。しかし補助金は払う理由がなくなるので勘弁してもらおう。

牛肉――和牛が一番と思っている人があまりにも多いので、オーストラリアの牛肉を産地に送り、あまりうまくない乳牛の肉と混ぜて「和牛」として店頭に並べたりする。これもわがニッポン人の愛国心か、単なる汚らしい上げ底商売か。値段は二〜四倍はね上がる。舌の肥えた賢明な消費者なんてこの日本にいるのだろうか。

うなぎ――浜名湖の養鰻業者は国際化で日本の先頭を切っている。流通を確保した上で早くから台湾に進出し、今では広くアジアの低コスト生産地に鰻の養殖業を展開している。

私が理解できないのは、新幹線のひかり号に乗って浜松あたりを通る時に（停車もしないのに）

「（浜名湖の）うなぎ弁当です」と言って売りに来ると、グッと唾液が出てきて、「一丁！」という本能的仕草が出る人が多いことである。かく言う私も、それを知っていて、ついウナ丼は「浜松」と思ってしまうのである。

北方四島――ずいぶん前のことだが、知床の漁師たちは四島返還には反対している、と聞いて調べたことがある。つい最近になって根室についても同じようなことが新聞記事に出ていた。要するに四島が返ってしまえば、今ロシアとの間でうまくやっている密漁ができなくなり、うま味がなくなってしまう、今のままが良い、ということなのである。

北海の漁場――日本の北洋漁業はもちろん、ロシアの領海問題があり、入漁料を取られたり、締め出されたりして次第に衰退してきたと思われている。しかし、実際には荒海に出ていく若人がだんだんと少なくなり、３Ｋの職場として、いずれにしても人手不足の状態に陥っているのだ。これを解決するため青森県のある漁港では、ロシアの漁船を直接魚市場に入れて、そこで彼らの獲ったものを（安く）買い上げている。これならロシアの漁師には貴重な外貨が入り、日本の漁師は危険な海に出かけなくて良い。ましてやロシア人なら領海問題もない。このようにすばらしい解決策を実行していながら、そのことを人々に知らせようとしない。ロシアの領海から締め出されてしまった時は国民が大いに義憤を感じ、また悲しんだ。補償もやむなしと思った。

このようなボーダレス化のもたらす良い知らせは国民と分かち合ってもらいたい。

膠東――最近中国を旅行していておもしろい新聞記事を読んだ。なんでも山東半島の突端に近いところに膠東《ジアオドン》という漁港がある。そこに一万二八〇〇平方メートルの大魚市場をつくり、国際交易場とする、というのである。そこに中国、韓国、台湾、（なんと）日本の漁船が来てセリをし、また母国に持ち帰るというのだ。これもまた長崎の漁民にとっては朗報である。自分たちでとらなくても膠東に行けば中国の人件費でとった魚が安く手に入るのだから。もっともこの新聞ではすでにこうしたことは報道されていて、新市場は単にその規模を拡大し、業務のコンピュータ化をはかるだけ、とも書かれている。このようなボーダレス化の朗報は国民一般と分かち合ってもらいたかった。

日本の松茸が一番、と言うくせに韓国産と区別できない人がいる。海苔は浅草と思っている人は東京湾でマスクをつけて潜ってもらいたい。あのヘドロの海でなぜ安全な食料としての海苔や貝ができるのか、大学に研究委託をしてもらった方がいいのではないか。カリフォルニアの国宝米を、いわゆる外米の範疇に入れて軽蔑する人は今やいなくなった。日本の伝統とか日本人の心というものを大切にしなくてはならない、と口では言ってみても、何が日本の味で何が日本人の心なのか明確に説明できる人がいるだろうか。私たちはもう少し距離を置いて自分たち自身の自画像をながめてみるか、姿見に自分たちのやっていることを映し出す必要があるのではなかろうか。

日本の国益のために、と言いながらそれが少数利益集団の我田引水的議論であったり、弱者救済と言いながら、それが利権集団の強化につながったりしている。弱いものを助けるのは必要なことである。しかし本書でもみてきたように自助努力なき富のたれ流しは国力を著しく衰えさせる。日本の将来のことを本当に思うのならもっと自立できる産業、自立できる地方、自立できる個人をつくるように勇気を持たなくてはならない。日本は明らかに二一世紀に向けた選択をしなくてはならない。

・大幅な歳出削減をし、国民の租税負担率を今の三九％からたとえば二〇％台にもっていく――ヨーロッパのように四五～五〇％など容認したら日本の強さが一気に崩れる。

・自己責任の概念を政治、行政に大胆に導入する――しかしそれで努力してダメだった人々は社会福祉の枠組みで救済する。特定の地域、産業、企業などを保護しないことを明文化する。

・ルールを明確にし世界中の企業が日本で活躍する場を与える――ルールに違反した企業は内外の差なく処罰する。

・政府の役割は国民生活者に選択肢を提供すること、安全で快適な生活の送れる社会システムをコストをかけずに作り上げること――サービスの提供そのものは民間に任せること。

・道州単位の行政を中心とし、特色ある地域の自立的発展を促すこと――全国一律という考え方でなく、各地方がそれぞれ将来ビジョンを描いてそれを実施していくのを国が助ける、道州バラバラになっては困ることを道州の協議で解決していくようにする。

現在までのパラダイムとは異なるこうした点につき、日本は明らかに選択していかねばならない。過去の延長線上に未来があることは疑いないが、考え方の上では一大決心をしなくてはならないものが多い。そのため本書で提案した数多くの論点を吟味していただき、為政者は思い切った政策提言をしなくてはならない。ファジーであったり、まともな議論を避けていてはいけない。

日本の戦後の繁栄は素晴らしいものであったし、今ならヨーロッパやアメリカの陥った社会・政治的ジレンマ、トリレンマに陥らずに、少なくとも次の世代の人々にまでは繁栄を手渡すことができる。このままあと五年、一〇年たてば、次の世代の人々はにかわのように固まってしまった「富の配分の論理」のもとにやる気を失い、国全体が重石を背負って沈んでいくようになる。今、その選択を私たちがして、どんなに苦しくとも最後は最大多数の最大幸福が得られる道があるのだ、と信じて大ナタをふるっていかなくてはならない。にかわはすでにかなり固まっているが、しかし戦後の苦しいときや、日本人の良さである（オマエもがまんするならオレもがまんするか、という）共族意識の残っているうちに、またかなりの蓄えのあるうちにやらなくてはならない。ヨーロッパの一部の国のように蓄えが底をついてからビッグバンをやってみてもその効果には限りがある。日本に残された期間はあと数年ではないか、と私は思っている。

あとがき

細川政権が、規制緩和を、と呼びかけたのは官僚と財界である。生活者重視と言いながら、国民から意見を聞こうという姿勢がない。マスコミも文句を言わない。

私たちが「生活者の規制緩和」というテーマで「平成維新の会」会員からアイデアを募集したら、わずか一〇日間で三五〇ものすばらしいアイデアが集まった。本書の中で提案した法案のデッサンで、多くのことが解決するが、それ以外にもまだまだ直さなくてはならないことが多い。政府はもっと国民生活者の意見を直接聞くことが必要だ。その姿勢さえあれば、鉄の三角形がここまで確立されることもなかったのだ。

読者の皆さんには第五章と六章を通じて、私の提案している「平成維新」による国づくりの骨格と構想がある程度ご理解いただけたのではないかと思う。もちろん異論もあるだろう。賛成してくれた法案についても、手段、移行の過程などについて、いろいろ良いアイデアや注意書きに気づかれた方もあると思う。大切なことは一人でも多くの人がそれらを発表し、法案化を要求していくことである。この国は立法によってルールを変えなくては何も本質は変わらないのだ。いつまでも官僚主導を批判しているだけではダメなのだ。彼らが発案し、ルールをつくっている限りにおいて、この国を生活者主権にし、地方自治にしていくなどというパラダイム変換は起こらないのだ。日本企業は社内ではTQCや提案箱制度などで「改善」に全員参加で取り組んできた。これからは社内の改善よりも社会の改革をした方が生活は良くなる。またそれをやらなければ給料も上がらず雇用不安は拡がる。要は今まで社内に向けられていた改革の関心事を社会に向け生活者自身が立法府の議員に対して直接働きかけなくてはならない。

幸い私たち「平成維新の会」の推薦を受けた八二人の議員や、その後加わってきた人たちが「平成クラブ」という超党派の勉強会をつくり、本書で提案した法案のデッサンをより専門的な立場から法文化する作業に入っている。この人たちに勇気を与え、「平成維新」を起こそうという人々が過半数になるまでこの運動を続けなくてはいけない。いやその後もちゃんと実施しているかどうか、とにかく一〇年以上にもわたって市民として政治に参加し、変革を要求していかなくてはならない。気がついたらある日突然変わっていた、なんてことにはならないのである。

日本の近代化はペリーの黒船によって、戦後の民主化はマッカーサーによって与えられた。それぞれの変化にうまく対応し、日本は世界有数の先進国となった。しかし、今忍び寄る老齢化と財政破綻、日本の国際的孤立とそれを防ぐための謝罪と金のタレ流し。こんなことで、明治維新、終戦に次ぐ第三の開国、第三の維新は果たしてできるだろうか。

私は八年前に講談社から出した『世界が見える　日本が見える』以来一貫して、この日本のパラダイム変換を主張してきた。サラリーマン生活を続けながら、できる限り著作を続けてきた。昨年の一一月に「平成維新の会」を発足してからは、これを政策提言型の市民運動として発展さすべく、日本全国を駆け巡って努力してきた。従来からの仕事を続けながら。

その成果として今では、ほとんどの政党が「平成維新」の考え方を理解し、主要な点についてはスローガンとして使ってくれている。しかし本書を読んでくれた方には「平成維新」はスローガンでは達成されないことをよくご理解いただいたことと思う。なぜ私があえて自民党にも連立政権にも、また官僚にも一定の距離を置き、本物の維新をめざす改革派の人々を探し求めているのか、分かってくれたと思う。もちろん政治の世界では妥協が必要だ。数も必要だ。そんなことは十分に理解した上で、なお私はここしばらくは純粋に同志を求めて活動する予定である。私も勝算のないことはやりたくない。しかし、二一世紀に十分耐えられる新しいシステムをつくるのに、形だけ、表面だけの改革では子孫に禍根を残すことになる。私はこれから維新の実現のためには現実的な手段を使うつもりではあるが、それによって変質したり方向転換をするつもりはない。またその必要はない。なぜなら第四章でも触れたように、国民も議員もすでに「平成維新」の主要政策を心の中では支持している人が過半数になっているからだ。あとはこれをどう政治家の勇気と官僚のやる気につなげていくかだけの応用問題なのだ。その分水嶺の勝負は国民生活者の声で決まる。サイレントマジョリティーが沈黙せる多数から、声高なマジョリティーに変わった時、日本の改革は一気に進むのだ。今そこまで国民の意識と意見は近づいてきているように私は思う。世界の日本に対する期待も、実は国民生活者の利害と一致しているのだ。

新・大前研一レポート

1993年11月18日　第1刷発行
1993年12月22日　第2刷発行

著　者　大前研一
発行者　野間佐和子
発行所　株式会社講談社
東京都文京区音羽二丁目12-21　郵便番号112-01
電　話　編集部　03-5395-3523
　　　　販売部　03-5395-3622
　　　　製作部　03-5395-3615
印刷所　豊国印刷株式会社
製本所　黒柳製本株式会社

落丁本・乱丁本は，小社書籍製作部あてにお送りください。送料小社負担にてお取り替えいたします。なお，この本についてのお問い合わせは学芸図書第三出版部あてにお願いいたします。

ISBN4-06-206192-9　(学三)

平成維新

マッキンゼー・ジャパン会長
大前研一

定価1600円（税込）

―日本政府解体論―

■いまのままでは、われわれは幸せになれないし、世界の中でもうまくやっていけない。また、せっかく貯まりかけた富もすぐなくなってしまうだろう。もはや小手先の改革では何も解決できない。政府と霞が関を解体して、すべてをゼロベースでやり直そう。真に国民のための政府を創りだす、新しい日本へのグランド・ヴィジョン

日本人は自ら変化できない、日本では社会変革ができない、と言う人がいるが、私はそうは思わない。明治維新と終戦は、わずかな契機で世の中の大半の人の信じるもの、期待するもの、行動などが大きく変化した好例である。ガリレオやコペルニクスにみられるようなパラダイム変換が、日本ではわずか100年の間に2回も起っているのだ。――大前研一

定価は改定されることがあります。